REBECCA LINA

Grounded

GOLDMANN

REBECCA LINA

GROUNDED

Dein Leitfaden für ein geerdetes Leben im Rhythmus der Jahreszeiten

Achtsamkeitsimpulse und Naturrezepte von ELFENKINDBERLIN

GOLDMANN

Dieses Buch schildert die persönlichen Erfahrungen, Ansichten und Erkenntnisse der Autorin. Es handelt sich dabei nicht um einen medizinischen Ratgeber und kann und soll solchen auch nicht ersetzen. Die im Buch geschilderten Aussagen, Rezepte und Erfahrungen stellen mithin keine medizinischen bzw. psychologischen Behandlungen oder Therapien dar, weshalb Autorin und Verlag keinerlei Heilversprechen abgeben.

MIX
Papier | Fördert gute Waldnutzung
FSC® C147178

Penguin Random House Verlagsgruppe FSC® N001967

1. Auflage
Originalausgabe Februar 2024

Abbildungen: © Rebecca Lina, mit Ausnahme von: © Miriam Ellerbrake: 22, 52, 79, 106, 127, 140, 262; Laéna: 56, 145, 244, 278, 371 Lisi: 166; Nael: 350
Umschlag: Uno Werbeagentur, München
Umschlagmotiv: @ Miriam Ellerbrake
Redaktion: Diane Zilliges
Satz: Satzwerk Huber, Germering
Druck und Bindung: Pixartprinting
Printed in Italy
SC · CB

ISBN 978-3-442-22386-2

www.goldmann-verlag.de

Für Laéna & Nael:

Möget ihr stets eure Wurzeln tief in die Erde schlagen und gleichzeitig euren freien Geist gen Himmel ausrichten.

In Liebe, Eure Mama

Inhalt

Meine Einladung an dich: Ein Jahr im Rhythmus der Jahreszeiten

In einer Zeit, in der Stress im Alltag für viele von uns zur Regel geworden ist, verlieren wir leicht die Fähigkeit, innezuhalten und uns zu erden. Besonders dann, wenn die Natur nicht mehr fest in unser Leben integriert ist, geraten wir schnell aus dem Gleichgewicht. Deshalb will dir dieses Buch ein liebevoller Begleiter sein, der dich auf eine erdende, stärkende und inspirierende Reise durch ein ganzes Jahr, durch alle zwölf Monate mitnimmt. Es wird dich genau an dem Punkt abholen, an dem du dich befindest, und du findest darin zahlreiche Möglichkeiten, wie du eine tiefere Verbindung zur Natur und nicht zuletzt auch zu deinem inneren Selbst herstellen kannst. Es ist eine Reise im Rhythmus der Jahreszeiten, bei der du die Melodie der Natur in deinem eigenen Leben erkennen und sie zu einer harmonischen Komposition werden lassen kannst.

Tauche ein in die Welt von »Grounded«

»Grounded« bedeutet nicht nur, sich zu erden. Der Begriff steht darüber hinaus dafür, in Harmonie mit Mutter Erde zu schwingen, so wie unsere Vorfahren es stets getan haben. Sie gingen barfuß, spürten das Wasser, das Gras, die Erde oder den Sand unter ihren Füßen und lebten insgesamt ganz eng mit dem Wandel der Natur. In der heutigen Zeit sind wir immer mehr von dieser natürlichen Verbindung abgeschnitten. Doch eine gute Erdung ist auch für uns von unschätzbarem Wert. Der Kontakt zur Natur wirkt sich positiv auf unsere körperliche und geistige Gesundheit aus und hilft nachweislich beim Abbau von Stress. Wenn wir uns mit der Natur verbinden, vertiefen wir unsere eigenen Wurzeln und finden innere Ruhe. Schon wenn wir eine natürliche Umgebung einfach beobachten, schärft das unsere Sinne und wir fühlen uns lebendig und vital.

Egal, ob du in der Stadt oder auf dem Land lebst – die Erdung funktioniert überall. Sie erfordert keinen eigenen Garten und nicht mal einen Balkon. Viele der Impulse und Rituale, die ich in diesem Buch für dich zusammengestellt habe, können problemlos in der Wohnung durchgeführt werden. Oder du machst gelegentlich einen kurzen Halt auf einer Wiese, in einem Park oder am Waldrand. Die Erde ist überall bereit, uns zu empfangen und mit ihrer kraftvollen Energie zu erfüllen.

In der Welt von »Grounded« existiert ein harmonischer Einklang zwischen Mensch und Natur. Hier erleben wir einen liebevollen und tiefen Bezug zur Erde. Es ist eine Welt, in der wir die Schönheit und die Kraft der Natur in all ihren Facetten erkennen und ehren. Wir erfahren uns eingebettet in die Natursymphonie, die sich im Laufe der Jahreszeiten entfaltet, und tanzen im Rhythmus der Jahreszeiten.

Durch ein tief erlebtes Erden erkennen wir, dass die Erde mehr ist als nur ein Ort, den wir bewohnen. Sie ist unsere Mutter, unsere Ernährerin, unsere Lehrerin und unsere Quelle der Inspiration. Wir können uns mit jedem Atemzug mit ihr verbunden fühlen und spüren, wie ihre Energie durch unsere Adern fließt.

In der Welt von »Grounded« sind wir feinsinnige Beobachter der Natur. Wir gehen achtsam durch den Wald und hören den leisen Gesang der Bäume. Wir betrachten die Blumen, wie sie im Frühling erblühen, und spüren die Erneuerung, die in der Luft liegt. Im Sommer baden wir im See und fühlen uns vom Wasser getragen. Im Herbst ernten wir die Früchte der Natur und sind dankbar für ihre Großzügigkeit. Im Winter lauschen wir der Stille und finden Frieden in der Kälte.

»Grounded« ist eine Welt, in der wir die Heilkraft der Pflanzen nutzen und uns mit ihren Energien aufladen. Wir sammeln Wildkräuter und spüren ihre Leben spendende Energie. Wir brauen Kräutertees, die Körper und Seele nähren. Wir wissen, dass die Natur uns alles gibt, was wir brauchen, um gesund und glücklich zu sein.

In dieser Welt leben wir im Einklang mit den Elementen. Wir ehren das Feuer, das uns wärmt und Licht in die Dunkelheit bringt. Wir lassen uns vom Wind tragen und spüren die Freiheit in der Luft. Wir verbinden uns mit dem Wasser und finden Ruhe in seiner Sanftheit. Wir stehen fest auf der Erde und fühlen uns geerdet und verwurzelt.

»Grounded« ist eine Welt, in der wir unsere Verantwortung für die Erde erkennen und achtsam mit ihr umgehen. Wir reduzieren unseren ökologischen Fußabdruck und setzen uns für den Schutz der Natur ein. Wir wissen, dass wir Teil des großen Ganzen sind und dass unsere Handlungen Auswirkungen haben.

In dieser liebevollen Welt sind wir in Frieden mit uns selbst und allem, was ist. Wir fühlen uns geliebt und geborgen in den Armen der Natur. Wir wissen, dass wir nie allein sind, solange wir mit der Erde verbunden sind. »Grounded« ist eine Welt der Liebe, des Respekts und der Dankbarkeit für Mutter Natur und für das Leben selbst. Und in genau diese Welt möchte ich dich mit diesem Buch einladen, dessen Kapitel sich am Rhythmus der Jahreszeiten orientieren.

Leben im jahreszeitlichen Rhythmus

In diesem Rhythmus singt die Erde ihr uraltes Lied, eine Melodie, die im Wind flüstert, in den Bäumen tönt und über die Felder klingt. Dieses Buch ist eine Einladung, in diesen Rhythmus einzustimmen, in die Harmonie von Mutter Natur, und die Jahreszeiten als die vollendete Komposition zu erleben, die sie von jeher sind.

Betrachte den Januar, wenn die Erde in einen weißen Schleier gehüllt ist und eine große Stille die Winterlandschaft überzieht. Jetzt finden wir Ruhe und Frieden, lauschen dem leisen Klirren des Eises und spüren, wie die Natur in sich selbst ruht. Es ist die Ouvertüre zu einem neuen Jahr, ein Moment der Einkehr und der Vorbereitung.

Der Februar erwacht langsam und die ersten Anzeichen des Frühlings werden sichtbar. Die Schneedecke beginnt zu tauen und die ersten zarten Knospen brechen hervor. Es ist ein sanftes Erwachen, das uns daran erinnert, dass Veränderung unaufhaltsam ist und dass das Leben immer wieder von Neuem beginnt.

Im März erreicht die Melodie des Frühlings einen Höhepunkt. Die Vögel singen ihr fröhliches Lied, die ersten Blumen blühen in leuchtenden Farben und die Luft ist erfüllt von Düften und Klängen. Es ist eine Zeit des Wachstums und der Erneuerung, in der wir die Energie und Vitalität der Natur in uns aufnehmen können.

Der April bringt Regen und Sonnenschein im Wechsel, eine kraftvolle Mischung des Neubeginns. Die Natur erwacht in ihre volle Pracht hinein und wir können spüren, wie die Energie des Frühlings auch in unseren Adern fließt. Es ist die Zeit, in der wir unsere eigenen Pläne und Träume allmählich zum Blühen bringen können.

Der Mai erstrahlt in einem Crescendo der Farben und Aromen. Die Bäume sind dicht belaubt, die Vögel singen aus voller Kehle, die Welt um uns herum ist lebendig und pulsierend. Wir können die Fülle des Lebens in jedem Augenblick spüren und uns mit ihr verbinden.

Im Juni gelangen wir auf den Gipfel des Sommers, wenn die Sonne ihren höchsten Stand erreicht und die Tage am längsten sind. Die Natur schenkt uns bereits reiche Ernten und wir können die ersten Früchte genießen. Es ist die Zeit, in der wir unsere eigenen Talente und Fähigkeiten zur vollen Entfaltung bringen können.

Der Juli ist eine Zeit der Hitze und des Feuers. Die Natur zeigt sich von ihrer üppigsten Seite. Es ist die Zeit, in der wir uns mit unserer Leidenschaft und Kreativität verbinden können und unsere Sinne in vollen Zügen genießen.

Im August neigt sich der Sommer langsam dem Ende zu und die Erde gibt uns großzügig ihre Früchte. Es ist die Zeit der Ernte, wir kommen in den Genuss der Ergebnisse vieler Bemühungen. Es ist auch eine Zeit des ersten Loslassens, in der wir uns von dem trennen können, was wir nicht mehr brauchen.

Der September bringt eine erfrischende Brise des Wandels, wenn die Blätter langsam zu fallen beginnen und die Natur sich auf den Herbst vorbereitet. Es ist eine Zeit der Weisheit und Reflexion, in der wir die Ernte unseres bisherigen Lebens betrachten können.

Der Oktober zeigt uns die Schönheit des Alterns, wenn die Bäume in leuchtenden Farben erstrahlen und die Welt in warme Töne getaucht ist. Es ist die Zeit der Dankbarkeit und des Loslassens, wenn wir uns auf das konzentrieren können, was uns wirklich wichtig ist.

Im November wird die Natur wieder ruhig und still, eine sanfte Melodie des Abschieds wird hörbar. Es ist eine Zeit der Erinnerung und des Gedenkens, in der wir die Vergangenheit ehren können.

Der Dezember schließlich kehrt zur Stille des Winters zurück, wenn die Erde unter einer Decke aus Schnee scheinbar schläft und die Welt zur Ruhe kommt. Es ist eine Zeit der Besinnung und des Neubeginns, in der wir uns auf das kommende Jahr vorbereiten können.

Was dir dieses Buch geben kann

Ich wünsche mir, dass dich dieses Buch durch das Jahr begleitet, dich mit der Melodie der Jahreszeiten verbindet und dir hilft, in Harmonie mit Mutter Natur zu leben. Jeder Monat, jede Jahreszeit hat eine eigene Musik und du bist eingeladen, sie zu hören und in dein Leben zu integrieren.

Die Rituale, die in diesem Buch vorgestellt werden, sind wie Noten in dieser wunderbaren Symphonie. Sie helfen dir, die Natur um dich herum neu zu entdecken, dich zu erden und im Einklang mit den Jahreszeiten Kraft zu schöpfen.

Es gibt Meditationen, die dich tief in die Stille und Schönheit der Natur führen, und du kannst sie – über den QR-Code am Buchende – auch als Audio erleben, um eine noch tiefere Verbindung herzustellen. Du findest hier Rezepte, die dich schon beim Sammeln von Kräutern und Früchten mit der Fülle der Natur verbinden und deine Erdung stärken. Dazu Impulse, die dich inspirieren, die Natur in deinem Alltag zu ehren und zu schützen.

Jeder Monat beginnt mit einer Einführung und der Einladung, dich ganz auf seine eigene Schwingung einzulassen und in Einklang mit Mutter Natur und mit dir selbst zu kommen. Du kannst jeweils Rituale ausprobieren, weiteren praktischen Impulsen folgen oder einfach nur die Meditationen genießen und die Affirmationen lesen. Dieses Buch kann dich das ganze Jahr über begleiten – du beginnst einfach in dem Monat, der gerade aktuell ist – und sogar zu deinem Lebensbegleiter werden, in dem du jedes Jahr etwas Neues entdeckst und dich immer tiefer mit der Natur um dich her und deiner inneren Natur verbindest.

Die Bedeutung von Ritualen

Rituale sind seit jeher ein fester Bestandteil des menschlichen Daseins und dienten immer auch dazu, uns zu erden und fest im Leben zu verankern. In unserer modernen und meist hektischen Welt kann es schwierig sein, innere Ruhe und Balance zu finden. Doch Rituale bieten uns die Möglichkeit, uns auf das Wesentliche zu konzentrieren und einen Moment der Verbundenheit mit uns selbst und der Welt um uns herum zu schaffen.

Viele von uns kennen Rituale noch aus dem Kindergarten oder der Schule. Auch damals schon hat uns beispielsweise das gemeinsame Anzünden einer Kerze und das stille Betrachten der Flamme Ruhe und Sicherheit vermittelt. Im Jahreskreis stetig wiederkehrende Kinderlieder gaben uns früher Sicherheit und auch heute breitet sich noch dieses wohlig warme Gefühl in vielen von uns aus, wenn wir »Alle Vögel sind schon da« oder »O Tannenbaum« hören. Schon ganz kleine Rituale helfen uns, uns von äußeren Ablenkungen zu lösen und unsere Aufmerksamkeit auf das Hier und Jetzt zu richten. Durch die Wiederholung eines Rituals schaffen wir eine gewisse Vorhersehbarkeit und Struktur in unserem Leben. Für die einzelnen Jahreszeiten biete ich dir daher in diesem Buch auch wertvolle Rituale an.

Warme Zitrone am Morgen

Ein Beispiel für ein erdendes Ritual ist das Trinken von warmem Zitronenwasser am Morgen. Dieses Ritual wird von vielen Menschen auf der ganzen Erde praktiziert und auch für mich ist es ein liebgewonnenes Ritual geworden, das mich durch das ganze Jahr begleitet und mit dem ich den Tag auf eine gesunde und erfrischende Weise beginne. Das Trinken von warmem Zitronenwasser hat sowohl physische als auch spirituelle Vorteile. Es fördert die Hydration und versorgt den Körper mit Vitamin C und Antioxidantien. Auf der spirituellen Ebene kann es als ein Reinigungsritual betrachtet werden, das uns dabei hilft, negative Energien loszulassen und einen klaren Geist zu schaffen.

Im Winter mische ich Zitrone mit Ingwer, um ein wärmendes Gefühl im Körper zu erzeugen. Manchmal füge ich auch guten heilenden Honig hinzu. Im Ayurveda wird gesagt, Honig reinige die Darmwände, und tatsächlich habe ich an manchen Tagen dieses »Honiggefühl« und genau dann ist es gut und richtig, auch mal Honig in die morgendliche Zitrone zu geben.

Wenn du dieses Ritual machst, kannst du dich bewusst auf den Moment konzentrieren. Du spürst die Wärme der Tasse in deinen Händen, atmest den erfrischenden Duft der Zitrone ein und spürst, wie sich das warme Wasser beruhigend in deinem Körper ausbreitet. Während du langsam trinkst, kannst du dich auf deine Absichten für den Tag konzentrieren und dich mit positiver Energie aufladen.

Erdende Rituale für das ganze Jahr

Ein regelmäßig durchgeführtes Ritual stärkt uns von innen und gibt uns Halt. Nutze die positive Wirkung der Rituale und erlebe Tag für Tag und von Jahreszeit zu Jahreszeit den Rhythmus der Natur. Zum Beispiel damit:

- **Spazierengehen:** Ein regelmäßiger Spaziergang in der Natur kann zu einem erdenden Ritual werden. Während des Spaziergangs können wir uns auf die Schönheit und die Klänge der Natur konzentrieren, bewusst atmen und unsere Sinne öffnen. Wir können barfuß gehen, um eine direkte Verbindung zur Erde herzustellen, oder uns an einen Baum lehnen und seine Energie spüren.
- **Tagebuchschreiben:** Das Journaling kann ein heilendes und erdendes Ritual sein. Indem wir unsere Gedanken, Gefühle und Erfahrungen aufschreiben, geben wir ihnen Raum und schaffen Klarheit. Wir beginnen uns selbst besser zu verstehen und unsere innere Stimme zu hören.

- **Räuchern:** Das Verglimmen von heiligen Pflanzen wie Salbei, Palo Santo, Beifuß oder Weihrauch kann ein Ritual der Reinigung und Klärung sein. Beim Räuchern können wir uns auf den aufsteigenden Rauch konzentrieren, während wir negative Energien vertreiben und positive Schwingungen in unseren Raum und unsere Aura bringen.
- **Morgen- oder Abendrituale:** Die Schaffung eines festen Ablaufs am Morgen oder vor dem Schlafengehen kann uns dabei helfen, den Tag bewusst zu beginnen oder abzuschließen. Hierzu kann das Anzünden einer Kerze gehören, das Lesen einer inspirierenden Passage aus einem Buch oder das Ausführen einer kurzen Meditation. Solche Rituale geben uns einen Rahmen und eine Struktur für den Tag und helfen uns, in einen Zustand der Ruhe und Zentriertheit zu gelangen.
- **Dankbarkeit praktizieren:** Das Ausdrücken von Dankbarkeit ist ein kraftvolles und erdendes Ritual. In diesem Sinne können wir ein Dankbarkeitstagebuch führen oder am Ende eines Tages einfach die segensreichen Momente aufzählen, die wir erleben durften. Indem wir uns auf das konzentrieren, wofür wir dankbar sind, lenken wir unsere Aufmerksamkeit auf die positiven Aspekte unseres Lebens und erzeugen eine Atmosphäre der Fülle und Zufriedenheit.

Diese Beispiele zeigen, dass Rituale uns helfen können, uns mit unserem Inneren, der Natur und unserer spirituellen Seite zu verbinden. Möglicherweise praktizierst du schon das eine oder andere dieser Rituale oder du fühlst dich nun beim Lesen zu einem besonders hingezogen. In dem Fall möchte ich dich ermutigen, es einfach mal auszuprobieren. All diese Beispiele geben uns den Raum, uns zu zentrieren, unsere Absichten zu setzen und unsere Verbindung zur Welt um uns herum zu stärken. Indem wir solche Rituale in unser tägliches Leben integrieren, können wir eine tiefere spirituelle Erdung erfahren und ein Gefühl der Harmonie und Ausgeglichenheit erreichen.

Impulse zur Erdung im Alltag

In diesem Buch finden sich viele Impulse, die dich dazu anregen wollen, über das Jahr hinweg neue Erfahrungen und Sinneswahrnehmungen zu sammeln. Diese Impulse verhelfen dir dazu, im Alltag innezuhalten und wieder bewusst zu erleben, was um dich herum ist. Dabei stärken sie dein Empfinden für Dankbarkeit und Wertschätzung für die Dinge, die dich umgeben. Viele der Impulse in diesem Buch sprechen verschiedene Sinne an und schenken dir das intensive Wahrnehmen der Jahreszeiten in kleinen Momenten der Achtsamkeit. Im Folgenden findest du einen allerersten Impuls dieser Art. Dafür kannst du es dir ganz entspannt zu Hause gemütlich machen und dich nach innen wenden, um deine Erdung und Rückverbindung zur Natur zu spüren.

Impuls zum Einssein mit Mutter Erde

Stell dir vor, du stehst barfuß auf einem weichen, mit Morgentau benetzten Boden. Die ersten Sonnenstrahlen berühren sanft dein Gesicht, während ein leichter Windhauch durch deine Haare streicht. Um dich herum erstreckt sich eine scheinbar endlose Blumenwiese. Die Blüten leuchten in den verschiedensten Farben und ihr Duft erfüllt die Luft.

In diesem Moment spürst du eine tiefe Verbundenheit mit der Natur, als ob du eins wärst mit allem, was dich umgibt. Die Blumen, die Bäume, die Vögel – sie alle sind ein Teil von dir und du bist ein Teil von ihnen. Diese Einheit mit Mutter Natur schenkt dir Frieden und Erfüllung.

In einem solchen Zustand des Einsseins mit Mutter Natur kannst du auch ihre Schätze und Geschenke ehren, während du Blumen, Kräuter oder Blätter sammelst. Geh behutsam vor, als ob du die Hand einer alten Freundin berührst. Nimm nur, was du wirklich brauchst, und tu dies mit Respekt.

Im Folgenden findest du ein paar erdende Impulse, die du das ganze Jahr über hinweg durchführen kannst. Anders als die Impulse in den Monatskapiteln werden diese zeitlosen Ideen durch den Wandel und die Vergänglichkeit der Natur bereichert. Die Einheit mit Mutter Natur ist ein kostbares Geschenk. Wenn wir achtsam in die Natur gehen, ihre Schätze und Gaben ehren und unser Herz für ihre Schönheit öffnen, können wir das ganze Jahr über in dieser Einheit verweilen. Lass uns diese wunderbare Verbindung mit Mutter Natur zelebrieren und unsere Kreativität nutzen, um ihre Schönheit in die Welt zu tragen.

Blumensträuße und kreative Projekte

Wenn du Blumen für einen Strauß pflückst, um dein Zuhause mit ihrer Schönheit zu schmücken, bedenke, dass diese Blüten auch ein Teil deiner weiteren kreativen Reise sein können. Trockne sie, um ihre Pracht zu bewahren. Im Herbst und Winter kannst du sie dann in verschiedenen kreativen Projekten verwenden. Jede Blume, die du gepresst hast, wird zu einer Erinnerung an deine Einheit mit Mutter Natur.

Natur Journaling

Du kannst nicht nur äußerlich in der Natur sein, sondern auch innerlich. Führe dazu gern ein Naturtagebuch und halte deine Erfahrungen, Gedanken und Begegnungen fest. Zeichne die Blumen, die du gesehen oder gesammelt hast, oder notiere, wie du dich gefühlt hast, als du draußen auf Erkundungstour warst. Das Natur Journaling wird zu einer Brücke zwischen deinem Herzen und dem Herzen der Natur.

Der Jahreskräutertee

Diese wahre Schatztruhe der Natur begleitet dich über das Jahr hinweg auf eine besondere Reise: ein großes Tee-Glas, gefüllt mit den vielfältigen Aromen und Heilkräften der Natur, das mit jeder Jahreszeit weiter anwächst. In jeder Jahreszeit sammelst und trocknest du, was die Natur an Teekräutern oder -blüten und -früchten bereithält, und gibst es in ein großes Glas mit Verschluss.

Im Frühling sammelst du die ersten zarten Blätter und Blüten, die deinen Tee mit ihrem frischen und belebenden Geschmack erfüllen. Diese Frühlingsboten sind voller Leben und regen dich an, genau wie die Natur, die aus ihrem Winterschlaf erwacht.

Im Sommer, wenn die Sonne die Kräuter und Früchte kraftvoll reifen lässt, sammelst du die reichsten Schätze. Dein Tee-Glas füllt sich mit den Aromen der warmen Jahreszeit und jeder Schluck erinnert dich später an sonnige Tage und laue Nächte.

Der Herbst bringt eine Fülle von Farben und Geschmäckern in deinen Kräutertee. Die Ernte wird reicher und die Kräuter entwickeln ein tiefes und vollmundiges Aroma. Dies ist die Zeit der Ernte und der Dankbarkeit für die Gaben der Natur.

Im Winter, wenn die Welt zumindest zeitweise in eine Decke aus Schnee gehüllt ist, erinnert dich dein Tee-Glas an die Kraft der Stille und der inneren Einkehr. Die Kräuter und Früchte, die du im Laufe des Jahres gesammelt hast, verbinden sich zu einem harmonischen und beruhigenden Trank.

Jeder Schluck dieses Jahreskräutertees ist eine Reise durch die Jahreszeiten und eine Verbindung zur Natur. Du spürst die Energie und die Heilkraft der Pflanzen in jedem Schluck und fühlst dich gestärkt und genährt. Dieser Tee ist mehr als nur ein Getränk: Er ist ein Symbol für die Fülle und den Reichtum, den die Erde uns schenkt.

Das Jahreszeiten-Salzglas

Ein Jahreszeiten-Salzglas ist eine wunderbare Möglichkeit, die Schönheit und die energetische Kraft der Natur in Form von Salz zu erfassen. Indem du verschiedene Salze in bunten Farben, die jeweils zu den gerade vorherrschenden Blüten und Kräutern passen, kombinierst, erschaffst du ein einzigartiges und vielseitiges Gewürz für das ganze Jahr. Das Salzglas wird zu einem Symbol deiner Verbundenheit mit den Jahreszeiten und erinnert dich daran, die Geschenke der Natur zu würdigen und zu nutzen.

Dein Jahreszeiten-Salzglas

Sammle verschiedene Salzsorten in grober oder feiner Konsistenz, je nach deinen Vorlieben. Wähle Salze in verschiedenen Farben, die zu den jeweiligen Jahreszeiten passen. Zum Beispiel könntest du für den Frühling Bärlauchsalz (grün), für den Sommer Löwenzahnsalz (gelb), für den Herbst Rosmarinsalz (braun) und für den Winter Lavendelsalz (violett) verwenden. Du kannst nach Belieben andere Blüten oder Kräuter in getrockneter Form hinzufügen.

Achte darauf, dass die Salze keine Feuchtigkeit enthalten. Zerkleinere sie nach Wunsch jeweils in einem Mörser oder verwende einen Mixer, um sie zu einem feinen Pulver zu verarbeiten. Achte darauf, jedes Salz separat vorzubereiten und mit dem zu versehen, was dir jahreszeitlich passend erscheint. Tu das Monat für Monat oder auch Woche für Woche im Sommer, wenn es viel zu verwerten gibt. Verbinde dich in dem Moment immer ganz bewusst mit den Gaben der Natur.

Beginne zu einem für dich passenden Zeitpunkt mit einer Schicht des ersten Salzes am Boden eines großen schönen Glases. Verwende eine kleine Schaufel oder einen Löffel, um das Salz gleichmäßig zu verteilen. Füge dann eine Schicht des nächsten Salzes hinzu, wenn es schon fertig ist oder im Monat darauf fertiggestellt wird. Mach das so, bis alle Salze schichtweise in das Glas gefüllt sind. Dieses Jahreszeiten-Salzglas kann wunderbar deine Küche schmücken und dort natürlich auch genutzt werden.

Kleine Gebrauchsanweisung für dieses Buch

Willkommen also zu deiner Reise im Rhythmus der Jahreszeiten! Dieses Buch ist mehr als nur Seiten und Worte. Es ist ein lebendiger Begleiter, der dich durch die Wunder der Natur führt und dir hilft, dich mit ihr zu verbinden. Die Seiten hier sind wie Pforten, die dich in die verschiedenen Jahreszeiten und Monate entführen. Jeder Monat bietet dir eine neue Perspektive auf die Natur und gibt dir Anregungen, wie du dich tiefer mit ihr verbinden kannst.

Dieses Buch ist für alle Menschen gedacht, die sich von ihm angesprochen fühlen, unabhängig von Wohnort, Familienkonstellation oder Vorerfahrung in Bezug auf die Natur. Ob du in einer Stadtwohnung lebst oder einen eigenen Garten hast, ob du allein lebst oder in einer Familie – die Natur ist für dich da. Du kannst die Rituale allein durchführen oder sie mit deinen Liebsten teilen. Viele der Rituale und Impulse lassen sich auch mit Kindern erleben.

Es gibt keine festen Regeln dafür, wann oder wie du dieses Buch genießen sollst. Es ist für alle Jahreszeiten und Tageszeiten geeignet. Ob du es am Morgen in der Stille des Sonnenaufgangs liest oder am Abend, wenn die Sterne den Himmel schmücken – die Natur ist immer präsent. Du kannst dieses Buch in deinem Lieblingssessel lesen, im Garten, auf einer Parkbank unter einem Baum oder in der Bahn auf dem Weg zur Arbeit. Die Wahl liegt bei dir und die richtigen Impulse werden sich aus dem Moment heraus zeigen.

Die Kapitel sind vollgefüllt mit Ideen, Anregungen und Impulsen, mit Rezepten, Ritualen und Meditationen. All das kannst du auf deine Weise nutzen, um die Natur tiefer zu erleben und dich immer entspannter zu erden. Die Natur nimmt dich so an, wie du bist. Du kannst daher mit den Anregungen hier auch keine Fehler machen. Intention und Achtsamkeit sind die Schlüssel.

Du brauchst auch keine spezielle Ausrüstung – lediglich deine Sinne und die Bereitschaft, dich auf die Natur einzulassen. Wenn du die vorgeschlagenen Rezepte ausprobieren möchtest, findest du immer eine Liste der benötigten Zutaten.

Ich wünsche dir viel Freude beim Lesen und dass dich dieses Buch dazu inspiriert und anregt, deine Erfahrung mit der Natur zu vertiefen. Es ist ein Weg, um die Melodie der Jahreszeiten in deinem eigenen Leben zu erkennen und in Harmonie mit der Natur und dir selbst zu leben.

Alles Liebe für dich
Deine Rebecca

FRÜHLING

Die Bedeutung des Frühlings zum Verinnerlichen

Mit dem Erwachen des Frühlings öffnet sich die Tür zu einer Welt voller Wunder und voller Schönheit. Es ist, als ob die Natur aus einem tiefen Schlaf erwacht, um uns mit neuer Vitalität zu verzaubern. Die ersten wärmeren Sonnenstrahlen kitzeln die Erde und die Welt um uns herum beginnt zu blühen. Wir können förmlich spüren, wie die Energie des Frühlings alles durchdringt. Die Bäume recken ihre Äste neu gen Himmel und zarte Blütenblätter entfalten sich in den unterschiedlichsten Farben und Formen. Dieses Fest der Sinne bereichern auch die Vögel, die aus ihren Winterquartieren zurückkehren und die Luft mit ihrem fröhlichen Gesang erfüllen.

Wir können uns dem Zauber des Frühlings kaum entziehen. Er ist mehr als nur eine Jahreszeit, er ist ein Symbol für Erneuerung und Wachstum. Ähnlich wie die Natur sich von ihrem grauen Wintergewand befreit hat und nun frisches Grün hervorbringt, dürfen auch wir uns von Altlasten befreien und Platz für Neues schaffen. Es ist die Zeit des Neubeginns, in der wir unsere Träume und Ziele neu ausrichten können. Der Frühling ist nicht nur eine äußere Verwandlung, sondern auch eine innere.

Wie die Wurzeln der Bäume tief in die Erde drängen, um Nahrung und Wasser aufzunehmen, dürfen auch wir uns mit Mutter Erde verbinden. Das schenkt uns Stabilität und Kraft, genau wie die Wurzeln einen Baum im Wind halten. Wir dürfen uns aber auch mit den Steigkräften der Erde verbinden und vielleicht mal unser Ohr an einen Baumstamm legen – wenn du gut lauschen kannst, hörst du das Wasser nach oben schießen. Ich probiere es gern an Birke oder Ahorn an den ersten warmen Frühlingstagen.

Nicht nur die Bäume, auch die Blumen des Frühlings sind wahre Meisterwerke der Natur. Sie erinnern uns daran, dass aus kleinen unscheinbaren Dingen große Schönheit erwachsen kann. Die Schneeglöckchen, Krokusse und Tulpen – aus simpel wirkenden Zwiebelchen hervorgegangen – sind Boten des Frühlings und zeigen uns, dass das Leben immer neu Blüten treibt. Ihre Farbenpracht und ihre Vielfalt lassen unser Herz aufgehen.

Primeln, Schlüsselblumen, Narzissen und Küchenschellen haben ihre eigene Bedeutung im beginnenden Frühling. Sie sind ebenfalls Symbole für das Erwachen der Natur und die Entfaltung unserer Seele. Diese zarten Blumen ermutigen uns, unser inneres Licht erstrahlen zu lassen und uns zu entfalten.

Der Frühling ist eine Zeit der Schönheit und Fülle. Es ist eine Zeit, in der wir uns auf das Positive im Leben konzentrieren dürfen und unsere Herzen für Neues öffnen können. Wir sind Teil dieser wundervollen Welt und der Frühling erinnert uns daran, dass wir in jedem Moment die Chance haben, zu erblühen und zu wachsen.

Lass dich von der Kraft der Blumen des Frühlings verzaubern. Spüre die Erde unter deinen Füßen und verbinde dich mit ihr, als hättest auch du starke Wurzeln. Nutze diese magische Zeit, um dich zu erden. Der Frühling ist eine Einladung zur Erneuerung – nimm sie an und blühe auf! Du darfst dich mit der Natur verbinden und dich von ihrer Energie und Schönheit beschenken lassen.

MÄRZ: DAS ERWACHEN DER NATUR ERLEBEN

»Ich bin Wachstum«

Der Monat März ist im Besonderen die Zeit, wenn die Natur aus ihrem Winterschlaf erwacht und das Leben von Neuem beginnt. Die ersten zarten Pflänzchen sprießen aus dem Boden und die Luft ist erfüllt von einem frischen Duft. Der März ist eine Zeit des Erwachens, der Entstehung, Entwicklung und Entfaltung. Wir können uns dem Zyklus der Natur anschließen und uns jetzt auf unsere eigene Entfaltung konzentrieren.

In der ersten Hälfte des Monats lohnt es sich, nach innen zu lauschen und sich für die eigene Traumwelt zu öffnen. Wir können unsere Durchlässigkeit nutzen und uns auf unsere Visionen und Wünsche konzentrieren. Genau dabei hilft uns die Energie des März.

In der zweiten Hälfte des Monats spüren wir eine neue Energie, die uns nun restlos aus unserem Winterschlaf erwachen lässt. Wir können uns aus einer gewissen Erstarrung des Ich lösen und unsere Sinne für eine größere Wirklichkeit öffnen. Wir erkennen immer mehr, wer und was wir wirklich sind. Diese Erkenntnis lässt uns tiefer in uns selbst eintauchen und eröffnet uns neue Dimensionen. Wir können uns nicht nur mit der Natur, sondern überhaupt mit den Kräften des Universums verbinden.

Die Natur ist unsere Lehrmeisterin. Sie zeigt uns, wie sie sich nach dem Winter entfaltet und neu erstrahlt. Wir können im März in vielen Bereichen unseres Lebens einen ersten Schritt wagen, unsere Visionen mit Kraft aufladen und uns auf eine neue Zeit des Miteinanders in unserer Welt einstimmen. Der März ist ein Monat des Wandels und der Transformation, in dem wir uns auf unsere innere Stimme besinnen können. Indem wir uns tief verankern, können wir die Schönheit im Außen in uns aufnehmen.

Die Blumen und Pflanzen, die uns durch den frühen Frühling begleiten, sind unter anderem Bärlauch, Brennnessel, Löwenzahn, Gänseblümchen, dazu die zarten Triebe von Melisse und Minze. Sie zeigen uns, dass auch vermeintlich Unscheinbares eine besondere Kraft in sich tragen kann. Verbinden wir uns mit ihrer Energie, kann uns das helfen, uns auf unsere eigene Entfaltung zu konzentrieren.

Die wilden Narzissen, die zu dieser Zeit auf den Wiesen blühen, erinnern uns an die Auferstehung und das Erwachen der Natur, den Neubeginn. Wir können uns von ihnen inspiriert fühlen, um uns von alten Begrenzungen und Mustern zu befreien und uns auf das Neue und Schöne zu konzentrieren. Sie geben uns die Kraft, uns von der Dunkelheit zu lösen und uns auf das Licht auszurichten. Jeden Tag gewinnen wir durch die zunehmende Helligkeit mehr Kraft und Energie, um unsere Träume in die Tat umzusetzen. Jeden Tag gewinnen wir drei Minuten mehr an Licht, was uns daran erinnert, dass das Wachstum greifbar ist und wir ganz neu beginnen können.

Wir können die Botschaft des Wachsens und Gedeihens erforschen und uns ein Beispiel an der Erle nehmen, die ihre Wurzeln sogar im Wasser bildet und auch dort fest verankert ist. Die Erle wächst wild und frei wie die Natur um sie herum. Auch wir können uns auf unsere Wurzeln besinnen und uns in unserer Freiheit und Individualität entfalten. Dieser Baum gibt uns die Kraft, unsere Visionen zu verwirklichen und uns nicht von äußeren Hindernissen davon abhalten zu lassen. Ein starkes Wurzelwerk gibt uns die Erdung und die Stabilität, die wir brauchen, um unseren eigenen Weg zu gehen.

Die Zeit der Tagundnachtgleiche um den 21. März markiert den Übergang vom Winter zum Frühling ganz konkret und steht für Balance und Gleichgewicht. Der Moment, wenn die Sonne über die sogenannte kosmische Spalte »springt«, ist wie ein Atem-Anhalten – ein Moment der vollkommenen Balance. Ein Moment des Innehaltens, in dem wir uns bewusst machen können, was wir in der Vergangenheit erreicht haben und welche Ziele wir in Zukunft verfolgen wollen.

Die Natur gibt uns zahlreiche Vorbilder für unsere eigene Entfaltung im März: Der Bärlauch, der zu dieser Zeit sprießt, steht für Reinigung und Heilung. Wir können uns von ihm leiten lassen, um alte Blockaden und Ängste loszulassen und Platz für Neues zu schaffen. Die Brennnessel, die zu dieser Zeit ebenfalls sprießt, steht für Durchhaltevermögen und Mut. Sie gibt uns die Kraft, unsere Ziele mit Entschlossenheit und Zielstrebigkeit zu verfolgen. Der Löwenzahn symbolisiert den Mut, ausgetretene Pfade zu verlassen und neue Wege zu beschreiten. Das Gänseblümchen, das jetzt auf den Wiesen blüht, steht für Unschuld und Reinheit. Wir können uns von ihm inspirieren lassen, unsere Herzen zu öffnen und uns auf das Schöne zu fokussieren. Es gibt uns die Kraft, unsere eigenen Werte zu leben und uns nicht von äußeren Einflüssen ablenken zu lassen. Lass uns also im März den Frühling begrüßen und uns auf eine neue Reise des Wachstums und der Entfaltung begeben!

Affirmation für den März

Mit jedem Tag spüre ich die frische Energie des Erwachens, während ich fest verankert und voller Vorfreude in meinem Leben stehe.

Der Beginn des Frühlings: Tagundnachtgleiche

Dieser Tag um den 21. März herum markiert das Gleichgewicht von Tag und Nacht. Diese besondere Zeit lädt uns ein, innezuhalten und unsere innere Balance zu spüren. Die Natur erwacht zum Leben und die Erde atmet aus, als ob sie nach dem langen Winter wohlig seufzt. Nutze diese Zeit, um dich mit dem Atem der Erde zu verbinden und in dich selbst hineinzuspüren.

Indem wir unsere männlichen und weiblichen Energien annehmen und ehren, schaffen wir Raum für inneres Wachstum und Harmonie. Es ist wichtig, beide Aspekte ebenso wie Hell und Dunkel in uns zu würdigen und in Einklang zu bringen, um ein erfülltes und ausgeglichenes Leben zu führen.

Nutze die Tagundnachtgleiche gern auch, um ein altes Kapitel abzuschließen und dich für Neues zu öffnen. Lass die Vergangenheit hinter dir und richte deinen Blick auf das Licht der Zukunft. Erinnere dich daran, liebevoll und wertschätzend mit dir selbst umzugehen, denn nur so kannst du wachsen und dich weiterentwickeln.

Ich wünsche dir, dass diese Tagundnachtgleiche der Beginn deiner Reise zur inneren Harmonie sein wird, auf der du immer mehr im Einklang mit den natürlichen Rhythmen der Natur lebst und deine innere Balance stärkst.

Kraftvolles Erdungsritual zur Tagundnachtgleiche

Dieses Ritual zur Tagundnachtgleiche ermöglicht es dir, dich mit dem Gleichgewicht der Energien in dir selbst und in der Natur zu verbinden und die Harmonie zwischen dem weiblichen und männlichen Prinzip zu feiern.

Materialien

- eine Kerze
- Räucherwerk (zum Beispiel Salbei oder einfach eines deiner Lieblingskräuter)

- zwei Steine oder Kristalle (ein dunkler für das weibliche und ein heller für das männliche Prinzip)
- eine Schale mit Wasser
- eine Schale mit Erde

Schritte

- Suche dir einen Ort in der Natur oder in deinem Zuhause, an dem du dich wohlfühlst und ungestört bist. Falls erforderlich, räume den Bereich auf, um eine angenehme Atmosphäre zu schaffen. Leg alle genannten Gegenstände bereit.
- Zünde die Kerze an und platziere sie in der Mitte deines Ritualplatzes. Die Kerze symbolisiert das Gleichgewicht von Licht und Dunkelheit, das zur Tagundnachtgleiche gehört.
- Zünde das Räucherwerk an, um den Raum energetisch zu reinigen und eine heilige Atmosphäre zu schaffen. Lass den Rauch um dich herumziehen und über die Kerze, die Steine sowie die Schalen mit Wasser und Erde.
- Stehe oder sitze bequem und schließe deine Augen. Atme tief ein und spüre, wie deine Verbindung zur Erde und zum Himmel stärker wird. Lass dich von der Energie der Tagundnachtgleiche erfüllen, die das Gleichgewicht von Licht und Dunkelheit ebenso wie zwischen männlichem und weiblichem Prinzip repräsentiert.
- Stell dir vor, wie die weibliche Energie (Yin) aus der Erde aufsteigt und sich in deinem Körper ausbreitet, während die männliche Energie (Yang) aus dem Himmel herabfließt und dich ebenfalls erfüllt. Spüre, wie diese beiden Energien in dir verschmelzen und ein Gleichgewicht schaffen.
- Nimm die beiden Steine oder Kristalle in deine Hände. Fühle ihre Energie und lade sie mit deiner Absicht auf, das Gleichgewicht zwischen dem weiblichen und männlichen Prinzip in dir und in der Welt zu fördern. Leg sie dann vor der Kerze ab.
- Gieße etwas Wasser in die Schale mit Erde und vermische die beiden Elemente mit deinen Händen. Spüre die Verbindung von Wasser und Erde und erkenne, wie sie das Gleichgewicht von Weiblichem und Männlichem symbolisieren.

- Nun ist es an der Zeit, das Ritual abzuschließen und die Verbindung zu festigen. Gieße das Gemisch aus Wasser und Erde behutsam an einem geeigneten Ort in der Natur aus, damit sich die Energien in die Erde einbetten können. Spüre deine tiefe Verbindung zu Mutter Erde und lass los, während du die Schale leerst.
- Schließe deine Augen erneut und atme tief ein und aus, während du die Energien in dir spürst und dich bewusst mit der Natur verbindest. Lass die Energie in deinem Herzen und deiner Seele ruhen. Nimm dir einen Moment und spüre deine Absicht, das Gleichgewicht in deinem Leben zu bewahren und die Harmonie zwischen dem weiblichen und männlichen Prinzip in dir zu feiern. Sprich leise oder in Gedanken Worte der Dankbarkeit aus. Öffne deine Augen und verbinde dich mit der Gegenwart.

Wenn du das Ritual zu Hause durchgeführt hast, kannst du die Schalen mit Wasser und Erde in einen Blumentopf geben oder vor deiner Haustür in ein Beet. Spüre dabei die Verbindung zu den Elementen Wasser und Erde und wie sie in dein Leben fließen.

Achtsamkeitsmomente im März

- Verbinde dich mit deinen Sinnen: Wenn du eine Blüte betrachtest oder an ihr riechst, nimm dir einen Moment Zeit, um dich ganz auf das Erlebnis einzulassen. Lass deine Sinne zur Ruhe kommen und konzentriere dich auf die Schönheit, die Energie und den Duft der Blüte.
- Sei achtsam im Genuss: Wenn du essbare Blüten wie Gänseblümchen oder Löwenzahn probierst, nimm dir Zeit, um das Aroma und den Geschmack zu genießen. Lass sie langsam auf der Zunge zergehen und achte darauf, wie sie sich auf deinen Gaumen auswirken.
- Nimm die Natur bewusst wahr: Wenn du im Freien bist, nimm dir Zeit, um die Natur um dich herum bewusst wahrzunehmen. Achte auf die Geräusche, die Düfte und die Schönheit der Pflanzen und Tiere, auch das Nature-Journaling kann eine schöne Möglichkeit sein, sich durch das Zeichnen und Schreiben mit der Natur zu verbinden.
- Verbinde dich mit deinem Atem: Atme in der Natur tief ein und aus und lass die Energie und die Schönheit durch dich hindurchströmen. Spüre, wie dein Atem dich erdet und dich mit dem Wunder der Welt um dich herum verbindet.
- Weitere achtsame Momente: Trinke jeden Morgen nach dem Aufstehen warmes Wasser mit Ingwer und Zitrone und, wenn du magst, ein wenig Honig. Steh einfach mal am Fenster und schau, was passiert; vielleicht siehst du ein Eichhörnchen. Pflanze einen Frühblüher in eine schöne Keramikschale und erfreue dich an ihm.

Reinigende Räuchermischung für den März

Diese Räuchermischung ist speziell auf den März ausgerichtet, wenn die Natur zu erwachen beginnt und frische Energie in die Welt bringt. Die verwendeten Pflanzen können im März gesammelt oder auch gekauft werden. Diese Mischung fördert Reinigung, Erneuerung und Neubeginn.

Zutaten

Salbei: Dieser Klassiker unter den Räucherkräutern wird traditionell für die Reinigung und Klärung von Energien verwendet. Wenn du welchen im Garten hast, kannst du ihn einfach ernten und trocknen.

Wacholderbeeren: Wacholder hat reinigende und schützende Eigenschaften.

Fichten- oder Kiefernnadeln: Die Nadeln dieser Bäume sind reich an ätherischen Ölen und verleihen der Mischung einen erdigen, frischen Duft.

Lavendelblüten: Lavendel hat beruhigende und reinigende Eigenschaften und trägt zur Entspannung bei.

Zitronen- oder Orangenschale (Biofrüchte): Zitrusdüfte sind erfrischend und heben die Stimmung, sie verleihen der Mischung einen belebenden Duft.

Anleitung

- Lass die gesammelten Pflanzenteile an der frischen Luft trocknen, bis sie vollständig trocken sind. Dies kann einige Tage bis zu einer Woche dauern, abhängig von der Luftfeuchtigkeit. Zerstoße die Wacholderbeeren leicht, um ihren Duft freizusetzen.
- Mische alle Zutaten in einer Schüssel in den gewünschten Anteilen. Du kannst mit den Verhältnissen experimentieren, je nachdem, welchen Duft und welche Intensität du bevorzugst.
- Verwende ein Räucherstövchen oder eine Räucherkohle, um die Mischung zu verbrennen. Zünde die Kohle an, lass sie durchglühen und lege dann einen Teelöffel der Mischung auf die Kohle.
- Lass den Rauch aufsteigen und gehe mit einem Räucherfächer oder einer Feder durch den Rauch, um die Energie in deinem Raum zu klären und zu reinigen. Währenddessen konzentriere dich auf Reinigung und Erneuerung und lass die frische Energie des März in dein Leben einströmen.

Die Pulsatilla: Eine liebevolle Umarmung

Die zarten Blüten der Pulsatilla, auch als Küchenschelle oder Windblume bekannt, erfüllen die Landschaft mit einer erhabenen Energie und einer Aura des Geheimnisvollen. Diese faszinierende Pflanze, die sich sanft im Wind wiegt, ist nicht nur ein Symbol für den erwachenden Frühling, sondern auch ein Zeugnis für die Heilkraft der Natur und ihre spirituelle Dimension. In der Welt der alternativen Heilkunde öffnet uns Pulsatilla eine verzauberte Tür zur Harmonisierung von Körper, Geist und Seele. Die besondere Energie dieser Pflanze hilft uns, tief in unser Innerstes vorzudringen, um unsere verborgenen Ängste, Sorgen und Blockaden aufzulösen. Pulsatilla wirkt wie ein sanftes Flüstern der Natur, das uns daran erinnert, dass wir alle Teil eines großen, liebevollen Ganzen sind. Wenn du Glück hast, entdeckst du sie in deinem Garten oder beim Spazierengehen. Du kannst diese wunderschöne Pflanze aber auch im Pflanzenmarkt kaufen, um sie dir in deine vier Wände zu stellen.

Impuls: Pulsatilla

Nimm dir einen Moment Zeit, um dich ganz auf dich selbst und die Pulsatilla zu konzentrieren. Wenn du keine Pflanze in deiner Nähe hast, kannst du auch das Bild von ihr nutzen. Atme tief ein und spüre, wie die sanfte, heilende Energie dieser wunderbaren Blume deinen Körper und deinen Geist durchströmt. Schließe deine Augen und stell dir die zarten Blüten und die weichen Blätter der Pulsatilla vor, die sanft im Wind tanzen.

Fühle, wie die Kraft der Pulsatilla dein Herz berührt und dir ein Gefühl von tiefer Verbundenheit und Liebe vermittelt. Lass dich von dieser Energie durchdringen und spüre, wie sie dich von innen heraus nährt und stärkt.

Atme weiterhin tief und bewusst ein und aus, während du dich immer mehr mit der heilenden Schwingung der Pulsatilla verbindest. Stell dir vor, wie diese sanfte Kraft alle Sorgen, Ängste und Blockaden in dir auflöst und durch eine liebevolle, warme Energie ersetzt.

Wenn du bereit bist, öffne langsam deine Augen und kehre zurück ins Hier und Jetzt. Trage diesen Impuls der Heilung und Verbundenheit in deinem Herzen und erinnere dich daran, dass du immer Zugang zu dieser universellen Liebe und alle Unterstützung hast, die in der Natur und in dir selbst zu finden ist.

Eichhörnchen beobachten

Der Frühling ist eine Zeit, in der im Außen Veränderungen sichtbar werden und uns auffordern, uns auch selbst zu wandeln. Die Sonne kitzelt uns an der Nase und wir spüren die wärmer werdende Luft auf unserer Haut. Auch in dieser Zeit können wir viel von der Natur lernen, von ihrer Schönheit und ihrer Kraft.

Ich stehe am Fenster und beobachte ein Eichhörnchen, ein emsiger Mitbewohner in unserem Garten. Den ganzen Herbst und Winter schon beobachte ich es fast täglich. Heute, mitten im März, springt es wieder fröhlich von Ast zu Ast, zwischen den blühenden Bäumen. Es ist spürbar, wie gut es diesem Kleinen tut, das die Luft milder, die Sonne stärker und die Nahrung reichhaltiger wird. Dieses liebe braune Hörnchen hat dieses uns zuweilen fehlende Urvertrauen in sich, dass es alles schaffen kann, wenn es nur an sich glaubt. Auch wir Menschen kommen mit diesem Vertrauen auf die Welt, doch im Laufe unseres Lebens scheinen wir es oft zu vergessen.

Das Eichhörnchen wagt sich an einen großen Sprung heran, zögert kurz noch mal, bevor es dann doch den Mut aufbringt, den sicheren Ast loszulassen. Für einen Moment verweilt es wie schwerelos in der Luft. Dann fängt es sich geschickt an einem zarten Ast der blühenden Pflaume und schwingt hin und her, bevor es zum nächsten Baum weiterspringt. Sein Schweben war ein magischer Moment für mich als Beobachterin, ein Moment, in dem ich nicht zu atmen wagte und die Welt stillzustehen schien.

Wir können viel vom Eichhörnchen lernen, denn es zeigt uns, wie wichtig es ist, unseren eigenen Fähigkeiten zu vertrauen und mutig zu sein. Es zeigt uns, dass wir uns auf unsere Instinkte und unser Urvertrauen verlassen können, um unsere Ziele zu erreichen, und sei es, dass wir heute einfach nur den nächsten Schritt machen.

Wenn wir uns hin und wieder Zeit nehmen, um die Schönheit und Kraft der Natur zu beobachten und zu bestaunen, können wir uns daran erinnern, dass wir ein Teil des großen Ganzen sind. Wir werden getragen und gehalten von Mutter Erde. Dieses Wissen gibt uns die Sicherheit und den Mut, die wir brauchen, um unser Leben zu gestalten.

Durch einen einfachen Spaziergang in der Natur können wir uns erden und uns mit der Welt um uns herum verbinden. Wenn du nicht nach draußen gehen kannst, dann stell dich einfach mal kurz ans Fenster und beobachte das Treiben all der Tiere, die mit uns diesen schönen Planeten bewohnen. Das geht fast überall. Wenn wir uns darauf einlassen, können wir uns tief verwurzeln und auch uns selbst besser zu verstehen beginnen. Ich kann aus Erfahrung sagen: Wenn wir uns erden und mit der Natur in Einklang bringen, können wir all das, was in uns schlummert, noch besser erkennen und unsere Träume verwirklichen. Lass uns also dem Beispiel des Eichhörnchens folgen, mutig sein und uns auf unsere Fähigkeiten verlassen.

Wenn wir uns mit der Natur verbinden, lernen wir auch, achtsamer und respektvoller mit ihr umzugehen. Wir erkennen, wie wichtig es ist, sie zu schützen und zu bewahren, damit wir und auch kommende Generationen noch lange von ihrer Schönheit und Kraft profitieren können.

Wenn wir uns erden und mit der Natur verbinden, können wir uns auch besser auf unser Inneres besinnen. Wir können uns Zeit nehmen, um in uns zu gehen und unsere Gedanken und Gefühle zu ordnen. Denn nur wenn wir uns selbst verstehen und akzeptieren, können wir auch im Einklang mit unserer Umwelt leben. Lass uns also immer wieder einen Moment innehalten und uns erinnern, wie schön es ist, tief verwurzelt zu sein und der Natur offen zu begegnen. Nur so können wir die Welt um uns herum positiv beeinflussen und zu einem harmonischeren Miteinander beitragen.

Das Eichhörnchen springt noch immer voller Freude und Leichtigkeit von Ast zu Ast und zeigt mir, dass das Leben ein Abenteuer ist, das es zu erleben gilt. Geerdet zu sein bedeutet auch, im Hier und Jetzt zu sein und die kleinen Dinge zu schätzen. Wenn wir uns erden und uns auf das Wesentliche besinnen, können wir uns von unnötigem Ballast befreien und unser Leben bewusster gestalten. Das Eichhörnchen ist ein wunderbares Beispiel dafür, wie wir als Menschen zwischen Himmel und Erde leben können: wenn wir uns erden und uns gleichzeitig auf unsere Träume und Ziele konzentrieren, uns unserer Selbstwirksamkeit bewusst werden und unsere Visionen verwirklichen. Das Eichhörnchen zeigt uns auch, dass wir uns immer wieder auf unsere Wurzeln besinnen dürfen, gerade wenn wir hoch hinauswollen. »Wie ein Eichhörnchen zwischen Himmel und Erde leben und mich gleichzeitig auf meine Wurzeln besinnen«, dieses kleine Mantra darf dich im März begleiten. Denn nur in dieser Klarheit zwischen Himmel und Erde können wir unsere Träume verwirklichen und uns selbst und unsere Umwelt zum Guten beeinflussen.

Eichhörnchen-Impuls

Ein erdender Impuls, den du durchführen kannst, um dich mit der Energie des Eichhörnchens zu verbinden, ist das Setzen von Samen. Wähle ein paar Samen von einer Pflanze oder einem Baum aus, die dir besonders am Herzen liegen, und suche dir einen Ort im Freien aus, an dem du sie in die Erde setzen kannst. Samen, die du in dieser Jahreszeit gut säen kannst, sind Gänseblümchen, Radieschen, Schwertlilien, Ranunkeln oder Kapuzinerkresse.

Schließe deine Augen und atme tief ein und aus. Stell dir vor, dass du wie das Eichhörnchen zwischen Himmel und Erde lebst und dich auf deine Wurzeln besinnst. Dann leg die Samen in die Erde und bedecke sie sanft mit Erde. Während du dies tust, sprich ein Gebet oder einen Wunsch aus, der für dich wichtig ist. Stell dir vor, wie aus den Samen etwas Schönes und Kraftvolles wächst, das dich und die Welt um dich herum bereichert.

Essbare Blüten im März

Gänseblümchen: Sie sind nicht nur hübsch anzusehen, sondern auch essbar. Sie können in Salaten, als Tee oder als essbare Dekoration für Desserts verwendet werden. Das Gänseblümchen erinnert uns daran, dass Schönheit in der Einfachheit liegen kann. Es ist die Essenz des Schönen, was uns berührt und erdet. Das kleine Blümchen erinnert uns an unsere Kindheit und berührt so tief unsere Seele.

Veilchen: Sie haben einen süßen, blumigen Geschmack und duften verführerisch. Ernte sie ganz bewusst und bedächtig, sie sind eine schöne Nahrungsquelle für Insekten und stehen unter Naturschutz. Es reicht tatsächlich eine kleine Handvoll, um Veilchenzucker, kandierte Veilchen oder etwas Räucherwerk herzustellen. Um sie in der freien Natur zu finden, muss man häufig ein wenig suchen, und allein das Entdecken der kleinen zarten Blume, das Sich-ihr-Zuwenden und An-ihr-Riechen (ohne sie abzupflücken) ist schon ein erdender Prozess, wenn man sich darauf einlässt. Das Veilchen lehrt uns, dass es wichtig ist, die Schönheit im Verborgenen zu suchen. Es erinnert uns daran, dass die Dinge, die am meisten zählen, manchmal diejenigen sind, die man nicht auf den ersten Blick erkennt.

Löwenzahn: Die Blüten des Löwenzahns sind essbar und haben einen etwas bitteren Geschmack. Ich mag ihn sehr gern in Salaten. Für meine Kinder mache ich im Frühling oftmals ein Schokoladen-Fondue und neben Obst werden auch Löwenzahnblüten in die Schokolade getaucht – das ist wunderbar. Der Löwenzahn erinnert uns daran, dass wir auch in schwierigen Zeiten wachsen und gedeihen können. Wir können uns anpassen und überleben, auch wenn die Bedingungen nicht ideal sind. Schau mal beim Spazierengehen in urbanen Umgebungen, wie oft dir der Löwenzahn an den unmöglichsten Orten begegnet.

Schlüsselblume: Die Blüten der Schlüsselblume haben einen milden, süßen Geschmack und können zu Desserts oder als Garnitur verwendet werden. Natürlich steckt in ihnen auch ganz viel Heilkraft und daher ist ein Tee bei kratzendem Hals und Husten sehr heilsam. Die Schlüsselblume erinnert uns daran, dass wir alle einen Platz in der Natur haben. Wir haben alle unsere eigene Rolle zu spielen und können dazu beitragen, Schönheit und Harmonie in der Welt zu fördern.

Wichtig: Schlüsselblume und Veilchen stehen unter Naturschutz und dürfen nicht einfach gepflückt werden. Wenn du mit einer dieser Blumen arbeiten möchtest, dann kaufe sie in Bioqualität und pflanze sie in deinen Garten, auf deinen Balkon oder in einen Topf in deiner Wohnung und vermehre sie mit der Zeit.

Ritual zur Erdung: Samen setzen

Das Ausbringen von Samen ist ein wahrhaft magischer Moment, der uns tief mit Mutter Erde verbindet. Wenn du einen Samen in die Erde legst, spürst du das Versprechen von Leben und Wachstum in deinen Händen. All die Schönheit, die aus diesem kleinen Samen erwachsen kann, liegt in seiner zierlichen Unscheinbarkeit in deinen Händen.

In diesem Moment der Verbindung mit der Natur kannst du auch deine eigenen Samen setzen – die Samen deiner Träume, Wünsche und Hoffnungen. Indem du dich mit dem Wunder des Samens verbindest, erinnerst du dich daran, dass auch du in der Lage bist, etwas Kleines in etwas Großes und Schönes zu verwandeln.

Die Pflanze, die aus diesem Samen wächst, wird dich nicht nur mit ihrer Schönheit erfreuen, sondern dich auch daran erinnern, dass alles im Leben einen Prozess durchläuft. Jeder Samen braucht Zeit und Aufmerksamkeit, um zu wachsen und sich zu entwickeln. Es gibt keine Abkürzung und keinen schnellen Erfolg, aber das Ergebnis wird umso schöner sein, wenn du dich auf die Reise einlässt.

Das Setzen der Samen hilft dir, dich auf das Wesentliche zu besinnen. Es erdet dich und gibt dir das Gefühl, Teil eines größeren Ganzen zu sein. Wenn du dich auf diese Weise mit der Natur verbindest, wirst du dich inspiriert und erneuert fühlen – wie der beginnende Frühling.

Dies ist ein im Laufe des Jahres wiederkehrendes Ritual. Im April und Mai säen wir Blumen aus, im Oktober setzen wir Frühblüher- und Tulpenzwiebeln, im Dezember zur Wintersonnenwende weitere Samen.

Die Natur als Künstlerin und Muse

In unserer hektischen Welt kann die Natur eine Zuflucht des Friedens und der Inspiration sein. Allein, wenn wir Blumen, Kräuter und Blätter pressen, erinnert uns das daran, wie wunderbar die Natur als Künstlerin ist. Sie kreiert Werke, die oft übersehen werden, es sei denn, wir nehmen uns die Zeit, genauer hinzusehen. So kannst du im März – und darüber hinaus – gemeinsam mit Mutter Natur kreativ werden:

- Regelmäßige Naturausflüge: Erinnere dich daran, regelmäßig in die Natur zu gehen, um ihre Schönheit zu erleben. Ganz gleich, ob du in einem städtischen Park spazieren gehst oder im Wald wanderst, die Natur hält stets wertvolle Schätze für dich bereit.
- Achtsame Ernte: Wenn du Blüten, Kräuter oder Blätter sammelst, sei achtsam. Pflücke nur, was du wirklich brauchst, und tue dies respektvoll. Achte darauf, die Pflanzen nicht zu beschädigen, und danke der Natur für ihre Gaben.

- **Blumensträuße:** Wenn du Blumensträuße für besondere Anlässe oder einfach nur zur Freude pflückst, denke daran, dass du auch aus diesen Blüten später Kunstwerke schaffen kannst. Trockne die Blumen, indem du sie aufhängst oder zwischen den Seiten eines Buches presst. Diese gepressten Blüten können für kreative Projekte wie Karten, Rahmen und Dekorationen genutzt werden.

- **Zeit für Kreativität:** Bewahre das, was du gesammelt hast, auf und nutze die Zeit im Herbst und Winter, wenn die Natur draußen ruht, um deine Schätze kreativ einzusetzen. Gestalte Blumenbilder, Collagen oder Notizbücher. Lass deiner Fantasie freien Lauf und finde Wege, die Schönheit der Natur in dein Leben zu bringen.

Die Natur schenkt uns nicht nur Ruhe und Inspiration, sondern auch die Materialien für viele kreative Projekte. Indem wir achtsam in die Natur gehen und ihre Geschenke wertschätzen, können wir das ganze Jahr über mit ihrer Schönheit verbunden bleiben und unsere künstlerische Seite zum Ausdruck bringen. Wenn du magst, baue dir doch in diesem Monat eine Blumenpresse (oder kauf dir eine fertige), um die Schönheiten, die du sammelst, zu konservieren.

Selbst gemachte Blumenpresse

Materialien

- 2 Sperrholzplatten oder Holzplatten (etwa 25 x 25 cm oder in deiner Wunschgröße)
- Schrauben und Muttern
- Löschpapier oder Transparentpapier (gibt es als A4-Blöcke)
- dünner Karton
- normales Papier
- Bohrmaschine und Bohrer

Schritte

- Lass zwei Sperrholzplatten im Baumarkt auf die gewünschte Größe zuschneiden, etwa 25 mal 25 Zentimeter. Dies werden die Deckel deiner Blumenpresse.
- In jede Ecke der Sperrholzplatten bohrst du ein Loch, groß genug, dass später die Schrauben hindurchpassen.
- Leg eine der zugeschnittenen Sperrholzplatten auf eine ebene Fläche.
- Führe Schrauben durch die Löcher in den Ecken der Platten.
- Platziere den dünnen Karton auf die untere Seite, darüber ein Blatt Löschpapier.
- Ordne die Blumen oder Pflanzen auf dem Papier so an, wie du sie haben möchtest.
- Leg nun wieder Löschpapier oder Transparentpapier auf die Blumen. So sind sie geschützt und kleben nicht zusammen.
- Es folgt wieder die dünne Pappe.
- Setze nun immer weitere Blätter normales Papier auf neue Blumen, gefolgt von dünnem Karton und einem Blatt Löschpapier oder Transparentpapier.
- Platziere am Schluss die zweite Sperrholzplatte auf die oberste Schicht. Achte darauf, dass die Löcher in den Ecken übereinstimmen.
- Auf der Vorderseite der Platten befestige die Schrauben mit Muttern und ziehe sie fest, um die Blumenpresse zusammenzuhalten.
- Lass nun die Blumen in der Presse trocknen.

Eine Blumenpresse selber zu machen, ist wirklich einfach. Solltest du keine Lust dazu haben, dann kannst du auch ein schönes Modell kaufen.

Osterbrauch:
Färben von Eiern mit Pflanzenfarben

In der aufblühenden Pracht des Frühlings, wenn Mutter Erde ihr Farbenkleid mit einem sanften Lächeln erneuert, feiern wir das Osterfest – oft im März, manchmal im April. Eine Tradition, die uns an unsere Verbindung zur Natur erinnert und tief in der Erde verwurzeln kann, ist das Eierfärben. Eier, die Symbole für Ursprung und Fruchtbarkeit, werden zu Leinwänden für unseren kreativen Ausdruck und unsere Verbundenheit mit der Erde.

Diese Praxis führt dich zu einem besonderen Osterbrauch, bei dem wir die Eier auf natürliche Weise färben. Wir verwenden die Gaben der Natur, um unsere Eier in Farben zu tauchen, die uns mit Mutter Erde, unserer ewigen Wurzel, verbinden. Dieser Akt erdet uns buchstäblich, während wir die Erneuerung des Lebens und die aufblühende Schönheit der Natur feiern.

DIY: Die Magie des Eierfärbens

Die Pflanzenfarben, von Mutter Erde selbst geschaffen, tragen die Energie des Frühlings in sich. Wenn du dich auf diesen Prozess einlässt, verbindest du dich nicht nur mit den natürlichen Farben, sondern auch mit der erdenden Kraft der Pflanzen. Deine Hände werden zu Werkzeugen der Natur und die von dir gestalteten Eier werden zu lebendigen Kunstwerken.

Während du die Eier in die Farben tauchst, spüre die Verbindung zur Erde, die dich trägt und nährt. Die Farben erinnern dich an die Magie des Lebens, das jedes Jahr aufs Neue erblüht. So wird der Akt des Eierfärbens zu einem heiligen Ritual, das dich mit der Erde und ihrer unendlichen Schönheit in Einklang bringt.

Die folgenden Farben aus der Natur kannst du sehr gut nutzen.

- **Spinat oder Spirulina:** Ein Bad in Spinat oder Spirulina ergibt ein sattes Grün, das an frisches Frühlingsgras erinnert.
- **Kurkuma:** Das sonnige Gelb der Kurkuma bringt die warme Frühlingssonne auf unsere Eier.
- **Rote Beete:** Die Knolle schenkt ein leuchtendes Rot, als ob wir einen Sonnenuntergang am Horizont beobachten würden.
- **Zwiebelschalen:** Für Orange oder Braun.
- **Rotkohl:** Für Blau.

Materialien

- Eier (ausgeblasen oder nicht ausgeblasen)
- Utensilien für die natürlichen Pflanzenfarben
- Wasser
- Essig
- Töpfe und Löffel

Schritte

- Koche die natürlichen Pflanzenfarben vor: Dazu einen Topf mit Wasser zum Kochen bringen und die jeweilige Zutat hinzufügen. Lass sie etwa 20 bis 30 Minuten köcheln, bis sich die Farbe im

Wasser intensiviert hat. Verwende ein Sieb oder Teesieb, um die Farbe von festen Rückständen zu trennen. Gib Essig hinzu, um die Farben zu fixieren (ungefähr 1 Esslöffel Essig pro Tasse Farbstoff).

- Wenn du keine ausgeblasenen Eier verwenden möchtest: Koche die rohen Eier in einem separaten Topf hart (10 bis 12 Minuten). Lass sie abkühlen.
- Tauche die Eier in die vorbereiteten Farbstoffe. Je länger du sie drin lässt, desto intensiver wird die Farbe.
- Nachdem du die Eier aus der Farbe genommen hast, lass sie auf Küchenpapier oder Tüchern trocknen. Du kannst sie auch auf einen Eierhalter setzen, damit sie gleichmäßig trocknen.

Tipp

Die Einsatzmöglichkeiten von natürlichen Farbstoffen beschränken sich nicht nur auf Eier. Du kannst auch Servietten, Stoff oder Ostereierbeutel in den Farbstoff eintauchen, um sie beispielsweise passend zu den gefärbten Eiern zu gestalten.

Dinge, die du im März verinnerlichen darfst

Heilung und Neubeginn: Im März haben wir die Gelegenheit, uns auf die Schönheit und das Erwachen der Natur zu konzentrieren und uns auf unsere innere Welt zu besinnen. Indem wir uns auf diese Weise erden, können wir uns mit der Natur verbinden und uns an unsere eigene innere Schönheit und Weisheit erinnern. Wenn wir uns erlauben, uns »zu verinnerlichen« und uns auf unsere Wurzeln zu besinnen, können wir uns auf einer tieferen Ebene mit uns selbst und mit der Welt um uns herum in Einklang bringen. Achte in diesem Monat im Besonderen auf deinen achtsamen Umgang mit dir selbst. Du darfst heilen und das Neue begrüßen.

Aufräumen: Nutze die Frühlingssaison, um in deinem Leben aufzuräumen, physisch und emotional. Lass Dinge los, die du nicht mehr brauchst. Reinige dein Zuhause und deine Gedanken, um Platz für Neues zu schaffen. Vielleicht magst du auch einmal dein ganzes Heim räuchern, nutze dafür gern die reinigende Räuchermischung.

Dankbarkeit: Praktiziere tägliche Dankbarkeit, um die Schönheit und Fülle des Lebens zu schätzen. Achte auf die kleinen Wunder und Geschenke, die dir begegnen. Es können die ersten Blumen sein, die du am Wegesrand erblickst, oder einfach die Ruhe am Morgen, wenn du deine Hände auf den Bauch legst und tief durchatmest.

Selbstpflege: Sei achtsam im Umgang mit dir selbst. Nimm dir Zeit für Entspannung. Meditiere, mach Spaziergänge in der Natur oder praktiziere Yoga, um Körper und Geist zu nähren. Deine Gesundheit und dein Wohlbefinden stehen im Mittelpunkt.

Nutze deine Kreativität, sei es durch Kunst, Musik, Schreiben oder andere künstlerische Ausdrucksformen. Der März ist eine Zeit des Erwachens, in der auch du deine kreativen Talente entfalten kannst.

Wo willst du hin? Nutze die Energie des März, um neue Ziele zu setzen und Pläne für das Jahr zu schmieden. Dies ist eine Zeit des Starts und des Wachstums. Wenn es dir Spaß macht, visualisiere, was du erreichen möchtest, und setze Schritte in diese Richtung.

Erdungsmeditation für den März

Schließe deine Augen und atme tief ein und aus. Stell dir vor, dass du dich auf einer Wiese befindest, umgeben von einem Blütenmeer. Die Luft ist erfüllt von einem frischen Duft und die Sonne scheint warm auf deine Haut. Du spürst, wie sich deine Füße in das weiche Gras eingraben und wie du eins wirst mit der Natur.

Plötzlich tritt eine junge Frau vor dich. Sie strahlt eine Energie des Neubeginns und der Entfaltung aus. Sie lächelt dich an und nimmt deine Hand. Gemeinsam beginnt ihr einen Spaziergang durch die Wiese. Ihr fühlt euch verbunden mit allem um euch her, ihr spürt, dass ihr ein Teil dieses Ganzen seid.

Die junge Frau führt dich zu einem Baum, einer mächtigen Erle. Sie zeigt dir, wie sie sich mit ihren Wurzeln fest im Wasser verankert und wie sie wild und frei wächst, ganz so wie die Natur um sie herum. Du spürst die Kraft des Baumes und fühlst dich in diesem Moment inspiriert, deinen eigenen Weg kraftvoll zu beschreiten.

Die junge Frau führt dich weiter durch die Wiese. Ihr entdeckt überall im frischen Grün Gänseblümchen, die in euch die Energie des Neubeginns, der Unschuld, Reinheit, aber auch des mutigen Immer-wieder-Aufstehens wecken. Du kannst dich mit dieser Energie verbinden und dich ganz der für dich anstehenden Entfaltung hingeben. Du spürst, wie die Natur dich inspiriert und in Harmonie bringt. Du fühlst dich geborgen und sicher. Du erkennst, dass du ein Teil von allem bist und dass du deinen eigenen Weg in Harmonie mit der Natur gehen darfst.

Die junge Frau reicht dir ihre Hand und ihr schaut gemeinsam in Richtung Sonne. Sie beschenkt euch mit ihrer Wärme und Energie. Du spürst die Kraft, die dir aus der Erde entgegenströmt und dich dazu ermutigt, deine Träume zu leben. Du fühlst dich genährt von Mutter Erde, die dir ihre Kraft und Energie schenkt.

Die junge Frau lächelt dich an und sagt: »Es ist Zeit für einen Neubeginn. Lass uns gemeinsam wachsen und gedeihen, uns auf das Neue und das Schöne konzentrieren. Lass uns die Natur als unsere Lehrmeisterin betrachten und uns von ihr inspirieren. Lass uns jede ihren eigenen Weg gehen und uns mit allem um uns herum in Harmonie bringen.«

Du spürst, wie du eins wirst mit der Natur und wie du dich auf deine ureigene Reise begibst. Du bist bereit, deine Visionen erstarken zu lassen und dich auf das Neue und Schöne zu konzentrieren. Du bist eins mit allem um dich herum und weißt, dass du deine Bestimmung finden wirst.

Du spazierst gemeinsam mit der jungen Frau durch das Blütenmeer und lässt dich von den Düften und Farben berauschen. Die junge Frau führt dich zu einem sonnigen Plätzchen auf der Wiese und ihr setzt euch hin, um die warmen Strahlen der Sonne auf euren nackten Füßen zu genießen. Die Verbindung von Himmel und Erde wird spürbar und du fühlst dich tief verwurzelt und gleichzeitig frei und weit.

Die junge Frau bittet dich, deine Augen zu schließen und tief einzuatmen. Du spürst, wie der Atem in deinen Körper strömt und ihn mit neuer Energie erfüllt. Du fühlst dich leicht, alle Gedanken und Sorgen sind verschwunden.

In diesem Moment tritt ein Baum in den Fokus deines inneren Auges, es ist wieder die starke Erle. Ihre Wurzeln sind fest im Boden verankert und ihre Äste strecken sich weit in den Himmel. Du spürst auf ganz neue Weise, wie du dich mit der Kraft des Baumes verbindest und seine Stärke und Entschlossenheit in dich aufnimmst. Du fühlst dich unbesiegbar und stark.

Die junge Frau führt dich nach einer Weile weiter durch die Natur und ihr entdeckt am Wegesrand zarte Löwenzahnblüten. Sie erinnern daran, dass auch vermeintlich unscheinbare Pflanzen eine besondere Kraft in sich tragen und uns auf unserem Weg begleiten können.

Du spürst, wie du von der Energie der Pflanzen und der Natur erfüllt wirst und dich mit Mutter Erde und Vater Sonne verbunden fühlst. Du fühlst dich getragen und genährt.

Die junge Frau lädt dich ein, dich noch einmal auf die Blumen zu konzentrieren, die euch begegnet sind. Du fokussierst dich nun voller Hingabe auf das weiße Gänseblümchen und den noch zarten Löwenzahn, der schon voller Stärke ist. Du nimmst die heilende Energie der Blüten in dich auf und spürst, wie du dich von innen heraus heilst und neue Kraft tankst.

Die junge Frau umarmt dich zum Abschied und dankt dir, dass du dir Zeit genommen hast, um mit ihr durch die Natur zu gehen. Du fühlst dich erfüllt und tief verbunden mit der Natur und deiner eigenen inneren Kraft. Du weißt, dass du jederzeit hierher zurückkehren darfst und dich gemeinsam mit der jungen Frau oder auch allein von der Natur inspirieren lassen kannst.

APRIL: DEINE ENERGIE AKTIVIEREN

»Ich bin Blüte«

Das Erwachen der Natur ist wie ein erdender Atemzug, der uns mit Energie erfüllt und uns inspiriert. Die Verbundenheit zwischen der Erde und uns wird spürbar, wenn wir unseren Blick auf die Schönheit um uns richten. Wir fühlen uns eins mit allem, was lebt und atmet.

Die erdenden Kräfte der Natur verbinden sich mit der himmlischen Schöpfungsenergie und schenken uns neue Lebenskraft. Wir spüren, wie wir selbst wachsen und uns entfalten können. Die Zeit des Neubeginns ist in vollem Gange, diese Zeit des Wachsens und der Veränderung in der Natur.

Der April ist immer ein wenig unberechenbar, er macht bekanntermaßen, was er will. Das Wetter wechselt durch alle Jahreszeiten und vermag uns daran zu erinnern, wie sich jede Energie anfühlt, bis wir uns dann ganz und gar zum Frühling und zur Neuausrichtung hinwenden. Aber genau das macht ihn auch so besonders. Denn in diesem Monat erleben wir die Veränderung an sich. Wir können sehen, wie aus zarten Knospen grüne Blätter sprießen und wie die Natur in voller Pracht erblüht.

Der April ist ein Monat voller Wunder und Wandel, die sich hautnah erleben lassen. Wenn du Anfang April unter einem Baum stehst und ihn genau betrachtest, kannst du spüren, wie sich die Energie langsam nach oben bewegt. Eine Woche später wirst du die Veränderung bereits sehen können – zarte Knospen zeigen sich, die sich langsam zu Blüten öffnen. Noch eine Woche später wirst du von einer Pracht von Blüten umgeben sein, die dich mit ihrer Schönheit verzaubern. Und am Ende des Monats wirst du sehen, wie der Baum eine grüne, starke Krone gebildet hat.

Diese Wunder der Natur zu erleben, ist nicht nur herrlich erdend, sondern auch kraftvoll schön. Indem wir uns mit der Natur verbinden und ihre Veränderungen hautnah erfahren, können wir uns selbst erden und gestärkt in die Zukunft gehen. Wir können uns von der Schönheit und der Energie der Natur inspirieren lassen und uns auf unseren eigenen Wachstumsprozess einlassen – von unten aus unserer Wurzelkraft heraus nach oben in die Krone. In diesem Monat ist alles möglich: Wir müssen uns nur darauf einlassen und uns von der Schönheit und Energie der Natur leiten lassen.

In diesem Monat können wir die Auferstehung der Natur als Symbol für Hoffnung, Heilung, Herzkraft und Willensstärke sehen. Denn wie die Natur jedes Jahr aufs Neue erwacht, können auch wir uns immer wieder erneuern.

Der April ist damit auch ein Monat der Liebe und des Zusammenhalts. Die Vögel beginnen ihre Nester zu bauen und sich auf die Brutzeit vorzubereiten. Das Elsternpaar sucht gemeinsam nach Stöckchen und ist voller Liebe miteinander verbunden. Die Nachtigall singt oft schon jetzt die ganze Nacht hindurch und das Amselmännchen sitzt jeden Abend in den Bäumen und singt die schönsten Liebeslieder, um seine Angebetete zu verzaubern.

Diese wunderbaren Vögel sind ein Symbol für die Hinwendung zum Leben, für die Schöpfungskraft und die Selbstermächtigung. Wir können von ihnen lernen, wie wichtig es ist, uns miteinander zu verbinden und uns auf unsere inneren Kräfte zu konzentrieren. Wir sollten uns darauf besinnen, dass wir Teil einer größeren Gemeinschaft sind und uns in unseren Handlungen und Entscheidungen immer mit dieser Gemeinschaft verbinden sollten.

Der April ermutigt uns, uns ganz und gar auf das Leben einzulassen und uns von seiner Energie und Schönheit inspirieren zu lassen. Wir dürfen uns darauf konzentrieren, unsere Träume und Ziele zu verwirklichen, und uns auf den Weg machen, um unsere Bestimmung zu finden. Denn in diesem Monat ist die Schöpfungskraft enorm ausgeprägt, die eigene Selbstermächtigung und Power darf empfangen und gelebt werden.

Affirmation für den April

»In mir erblüht eine innere Kraft und richtet sich zart zur Sonne aus.«

Pflanzenwelt im April

Im zauberhaften Monat April offenbart sich vor unseren Augen ein Spektrum an grünen Nuancen, das uns in eine Welt voller Lebendigkeit und Wachstum eintauchen lässt. Von den sanften, zarten Grüntönen der ersten Baumtriebe bis hin zu dem tiefen und heilenden Grün des Bärlauchs erweckt die Farbe Grün unsere Sinne und lässt unser Herz vor Freude hüpfen.

Wenn die Sonnenstrahlen im Wald durch das Blätterdach dringen, entfaltet sich ein Meer von leuchtendem Grün, das uns mit Hoffnung und der Gewissheit des Neubeginns erfüllt. Es ist, als ob die Natur nach dem Winterschlaf erwacht und ihre Lebenskraft mit uns teilt. Die zarten Baumtriebe recken sich gen Himmel, sie wollen das Licht geradezu einfangen und in ihre Blätter speichern. Dieses helle Grün wirkt beruhigend auf unsere Seele und erinnert uns daran, dass es immer einen Neuanfang gibt.

Wenn wir durch die Wälder streifen und das satte Grün des Bärlauchs erblicken, fühlen wir uns von seiner kraftvollen Präsenz angezogen. Seine Blätter strahlen eine Energie aus, die unsere Sinne erweckt und uns in der Erde verwurzelt. Es ist, als ob er die Heilkraft der Natur verkörpert und uns mit seiner Essenz nähren will.

Das Gänseblümchen streckt sich auch jetzt mit seinen zarten Blütenblättern der Sonne entgegen und zeigt uns seine Schönheit. Es erinnert uns daran, dass auch im Kleinen die Magie des Lebens steckt.

Der Löwenzahn, kräftig und wild, symbolisiert die Stärke der Erde. Seine gelben Blüten leuchten wie kleine Sonnen und bringen Freude und Lebendigkeit in die Landschaft. Er ist ein Zeichen dafür, dass wir mutig sein und unseren eigenen Weg gehen dürfen, auch wenn der Wind manchmal stürmisch weht.

Im April verbinden sich die Elemente zu einem wundervollen Tanz des Lebens. Die Sonne, die Erde, der Mond und die Pflanzen erschaffen gemeinsam ein harmonisches Gefüge. Sie erinnern uns daran, dass wir Teil dieser großen Schöpfung sind und dass wir in jedem Atemzug die Verbindung zur Natur spüren können.

Die vitalisierende Energie des Bärlauchs

Bärlauch ist eine Heilpflanze und auch ein Lebensmittel, das im April seine ganze Pracht entfaltet. Die kräftigen dunkelgrünen Blätter, denen später die bezaubernden weißen Blüten folgen, zeigen die Magie des Frühlings besonders kraftvoll.

Der Bärlauch lädt uns ein, die Natur mit all unseren Sinnen zu erfassen. Wenn sein fast betörender scharfer Duft unsere Nasen erreicht, wissen wir, dass der Frühling in vollem Gange ist. Es ist ein Zeichen dafür, dass die Zeit des Wachstums, der Erneuerung und der Reinigung genutzt werden kann. Die grünen Blätter des Bärlauchs strahlen Leben und Vitalität aus und erinnern uns an den großen Kreislauf des Jahres, in dem er sich stetig im Fruhling zeigt.

Für mich persönlich ist das Sammeln von Bärlauch der Auftakt zu meinem Gartenjahr. Es markiert den Beginn einer neuen Phase des Wachstums, in der ich mich nach außen wende und meine Energie mit der Natur teile. Der Bärlauch ist für mich ein Symbol der Reinigung und Entgiftung, da er die Leber und den Darm unterstützt und dazu beiträgt, den Körper von alten Energien zu befreien.

Im April begegne ich auch anderen heilenden Pflanzen wie Löwenzahn, Brennnessel und Girsch, die sich in voller Kraft präsentieren und uns mit ihren reinigenden Eigenschaften beschenken. Gemeinsam bilden sie ein kraftvolles Bündnis der Regeneration. Ich möchte mich in diesem Monat aber ganz dem Bärlauch widmen und dich anregen, seine wunderbaren Gaben in deine Küche und dein Leben zu integrieren. Die jungen, zarten Blätter eignen sich perfekt für erfrischende Salate oder als Beigabe zu Suppen und Soßen. Mit dem intensiven Geschmack verleihen sie den Gerichten eine würzige und aromatisch-sanfte Knoblauchnote.

Ein Bärlauchöl ist eine weitere köstliche Möglichkeit, die heilsame Kraft des Bärlauchs zu nutzen. Durch das Einlegen der zerkleinerten Blätter in Olivenöl entsteht ein aromatisches Öl, das sich hervorragend für Dressings, Pasta oder zum Beträufeln von frischem Brot eignet. Und nicht zu vergessen ist das Bärlauchpesto eine wahre Delikatesse. Mit gerösteten Pinienkernen, frisch geriebenem Parmesan und einem Hauch von Zitrone wird es zu einem wahren Gaumenschmaus.

Tauche mit mir ein in die Welt des Bärlauchs und lass dich von seiner heilenden Wirkung und seiner Erdungskraft inspirieren. Wenn wir dem Bärlauch im April begegnen, spüren wir die Lebenskraft, die in jedem seiner Blätter pulsiert. Sein reines Grün erinnert uns daran, dass wir ein Teil der Natur sind und uns von ihrer heilenden Energie tragen lassen können.

Die Magie des Bärlauchs liegt auch darin, dass er uns daran erinnert, achtsam mit der Natur umzugehen und ihre Gaben zu ehren. Beim Ernten gehen wir mit Bedacht vor und nehmen nur so viel, wie wir benötigen, um die Pflanze zu schonen und ihren Fortbestand zu gewährleisten. Diese bewusste Handlung der Ernte bringt uns in einen Zustand der Verbundenheit mit der Natur und lehrt uns Demut und Respekt. Gern darfst du der Natur auch ein kleines Geschenk dalassen.

Wenn sich die weißen Blüten des Bärlauchs zeigen, jetzt im April schon oder dann im Mai, wissen wir, dass die Magie des Frühlings nun vollkommen und allgegenwärtig ist. Diese zarten weißen Blütenblätter sind wie kleine Sterne und wenn wir durch blühende Bärlauchfelder streifen, können wir die Magie förmlich in der Luft spüren. Der Duft der Blüten ist sanft und erfrischend, erfüllt die Landschaft mit einer Aura der Erneuerung. Es ist, als ob die Natur uns in ihre Arme nimmt.

Die weißen Blüten des Bärlauchs erinnern uns auch daran, dass jede Jahreszeit ihre eigene Schönheit und ihren eigenen Zauber hat. Sie symbolisieren Reinheit, Unschuld und die Fülle, die der Frühling mit sich bringt. Wenn wir uns Zeit nehmen, die weißen Blüten des Bärlauchs zu betrachten, werden wir daran erinnert, dass wir uns in jedem Moment mit der Energie des Universums verbinden können.

Ich möchte dir im Folgenden ein paar Rezepte mit dem Bärlauch geben: Bärlauchsalz, Bärlauchöl und Bärlauchpesto ermöglichen es dir, die heilenden und erdenden Kräfte des Bärlauchs in deinen Alltag zu integrieren. In die Zubereitung dieser Köstlichkeiten kannst du deine Absichten und deine Dankbarkeit für die Geschenke der Natur einfließen lassen. Du ehrst die Pflanze und spürst ihre heilsame Energie in jedem Bissen, in jedem Tropfen und in jedem Löffel.

Rezepte mit Bärlauch

Bärlauchsalz: Das erste Salz für unser Jahreszeiten-Salzglas

Zutaten

50 g frischer Bärlauch
100 g grobes Meersalz

Zubereitung

- Den Bärlauch gründlich waschen und trocknen lassen. Dann fein hacken.
- Das Meersalz und den gehackten Bärlauch in einem Mörser vermischen und gut zerstoßen, bis sich die Aromen vermengen. Oder alles in einem Blender pürieren.
- Das Bärlauchsalz auf einem Backblech ausbreiten und an einem warmen Ort, im besten Fall in der Sonne, trocknen lassen.
- Sobald das Salz vollständig getrocknet ist, in ein luftdichtes Glas füllen und gut verschließen.
- Verwende dieses Bärlauchsalz als Gewürz für Salate, Suppen oder andere herzhafte Gerichte, um ihnen eine würzige und aromatische Note zu verleihen.

Bärlauchöl

Zutaten

100 g frischer Bärlauch
250 ml Olivenöl

Zubereitung

- Den Bärlauch gründlich waschen und trocknen lassen, grob hacken.

- Das Olivenöl in einem Topf leicht erwärmen, aber nicht zum Kochen bringen. Den gehackten Bärlauch in das warme Olivenöl geben und für etwa 10 Minuten ziehen lassen.
- Das Bärlauchöl durch ein feines Sieb abseihen. In eine Flasche oder ein Glas füllen und kühl und dunkel lagern.

Tipp

Das Öl kann auch mit dem Bärlauch püriert werden und dann durch einen Nussmilchbeutel abgeseiht werden, so entsteht ein noch aromatischeres Öl. Das eignet sich dann hervorragend zum Beträufeln von Pasta, Pizza oder Bruschetta. Es verleiht den Gerichten einen intensiven Bärlauchgeschmack.

Bärlauchpesto

Zutaten

100 g frischer Bärlauch
50 g Pinienkerne
50 g Parmesan
150 ml Olivenöl

Zubereitung

- Röste die Pinienkerne in einer trockenen Pfanne bei mittlerer Hitze an, bis sie leicht goldbraun werden. Dies verleiht dem Pesto einen nussigen Geschmack.
- Säubere den frischen Bärlauch, zerkleinere die Blätter grob und gib sie in deine Küchenmaschine, dazu den klein geschnittenen Parmesan und die gerösteten Pinienkerne. Beginne, die Zutaten zu mixen, während du langsam das Olivenöl hinzugießt. Du kannst die Menge nach Belieben anpassen, je nachdem, wie dick oder dünnflüssig du dein Pesto bevorzugst.
- Das Bärlauchpesto mit Salz und Pfeffer abschmecken.

- Wenn das Pesto die gewünschte Konsistenz und den gewünschten Geschmack hat, fülle es in ein sauberes verschließbares Glas. Du kannst die Oberfläche mit einer dünnen Schicht Olivenöl bedecken, um das Pesto vor dem Verfärben zu schützen. Es hält sich im Kühlschrank für einige Wochen. Aber noch besser ist es, kleine Portionen einzufrieren.

Achtsamkeitsmomente im April

- Nimm dir Zeit, um die Natur und ihre Tiere zu beobachten. Vielleicht entdeckst du einen Hasen. Achte auf seine eleganten Bewegungen und seine Neugier. Lass dich von seiner Anmut und Schnelligkeit inspirieren. Wenn du keinen Hasen erblickst, dann setze dich einfach in die Natur und stell ihn dir vor deinem inneren Auge vor. Spüre überall um dich her die Lebendigkeit.
- Betrachte eine Taubnessel: Nimm sie vorsichtig in die Hand und betrachte ihre zarten Blüten. Achte auf ihre grazile Schönheit und ihre feinen Farben. Spüre die Sanftheit der Blütenblätter.
- Puste Löwenzahnsamen: Suche nach einem reifen Löwenzahn, einer weißen Pusteblume. Puste die Samen sanft in die Luft und beobachte, wie sie davongetragen werden. Lass den Gedanken los, dass sie sich irgendwo niederlassen müssen, und vertraue darauf, dass sie ihren eigenen Weg finden.
- Sammle Bärlauch: Geh in den Wald und suche nach Bärlauch. Rieche an den Blättern und nimm den würzigen Duft wahr. Achte auf das tiefe Grün der Blätter und die Frische, die sie ausstrahlen. Spüre die Verbindung zur Natur und die Fülle, die sie uns schenkt. Geh auch in Verbindung mit der sanften Schärfe des Bärlauchs und vertraue auf die reinigende Kraft, die mit dieser Pflanze einhergeht.
- Verbinde dich mit einem Gänseblümchen: Nimm ein Gänseblümchen in deine Hand und betrachte es mit liebevoller Aufmerksamkeit. Achte auf die zarten Blütenblätter und die gelbe Mitte. Spüre die Freude und Leichtigkeit, die das Gänseblümchen verkörpert, und lass diese Eigenschaften in dein Leben fließen.

- **Entdecke ein Veilchen:** Suche nach einem Veilchen und betrachte seine kleinen, duftenden Blüten. Achte auf ihre zarten Farben und nimm dir einen Moment, um den angenehmen Duft zu inhalieren und dich von seiner Sanftheit berühren zu lassen.
- **Bewundere blühende Bäume:** Geh in einen Park oder in die Natur und betrachte Bäume, die in voller Blüte stehen. Im April kannst du meist blühen sehen: Magnolie, Blauglockenbaum, Ahorn, Blutpflaume, Kastanie und Kirsche. Achte auf die Fülle der Blüten und die Schönheit, die sie ausstrahlen. Nimm dir Zeit, um unter einem blühenden Baum zu stehen und die Pracht der Natur auf dich wirken zu lassen.
- **Verbinde dich achtsam mit der Natur** und nimm die Schönheit und Fülle des Frühlings in all ihren Facetten wahr. Mach sie für dich erlebbar. Nimm dir bewusst Zeit für diese Momente und lass dich von ihnen inspirieren, um deine Achtsamkeitspraxis zu bereichern und deine Verbundenheit mit dem Leben zu stärken.

Getrocknete Kräutersträuße

Das Trocknen von Kräutern ist wie eine liebevolle Umarmung zwischen uns und Mutter Erde, ein rhythmisches Zusammenspiel von Mensch und Natur. In dieser Handlung spiegelt sich unsere uralte Verbindung zur Erde wider, die uns seit jeher ihre Schätze und ihre Heilkraft schenkt. Stell dir vor, wie du mit jedem Schritt durch Wiesen und Wälder die Lebenskraft der Pflanzen erspürst und sie behutsam in deinen Händen sammelst. Die zarten Blätter und duftenden Blüten, von Tau benetzt, von der Sonne gewärmt und vom Regen genährt, erinnern dich an die unermüdliche Fülle und Schönheit, die die Natur zu bieten hat.

Die Kräuter der verschiedenen Jahreszeiten erzählen Geschichten von der Wandlung der Natur und erlauben es dir, ihre Magie in deinem Leben zu bewahren, sei es im Frühling, im Sommer, Herbst oder Winter. Es ist ein fortwährender Tanz mit Mutter Erde, der in jedem Moment die Möglichkeit bietet, die Schönheit und Kraft der Natur zu schätzen.

Kräuterbündel zum Trocknen

Diese Methode ermöglicht eine unkomplizierte Trocknung von Kräutern und bietet dir die Möglichkeit, sie an einer Schnur oder einem Weidenkranz aufzuhängen, was auch ein hübsches dekoratives Element sein kann.

Sammle fünf bis sieben Kräuterstängel und binde sie an ihren Stielenden zu einem Bündel zusammen. Stelle sicher, dass der Knoten fest ist. Anschließend kannst du die Kräuterbündel an einer Schnur aufhängen, die du durch einen dunklen, gut belüfteten Raum mit Zimmertemperatur gespannt hast. Alternativ kannst du sie an einem Weidenkranz befestigen. Die Kräuter sollten kopfüber hängen, um optimal zu trocknen.

Kürzere Trocknungszeiten bewahren die Qualität und das Aroma. Das Ziel ist, dass die Kräuter gut trocken, aber nicht ausgedörrt sind. Je nach Kraut dauert es zwei Tage bis zwei Wochen.

Sobald die Kräuter knistern, sind sie trocken. Reibe die Blätter mit den Händen von den Stängeln ab und fülle sie in ein Glas, verschließe es gut und beschrifte es für die Aufbewahrung.

Im Frühling kannst du bereits folgende Kräuter sammeln und trocknen: Bärlauch, Löwenzahn, Gänseblümchen, Schafgarbe, Spitzwegerich, Veilchen, Kerbel. Darüber hinaus eignen sich viele andere Kräuter für das Trocknen, darunter Lavendel, Thymian, Oregano, Salbei, Petersilie, Majoran, Rosmarin, Minze, Estragon, Kamille.

Weidenruten-Kranz für getrocknete Kräutersträuße

Ein Weidenruten-Kranz ist nicht nur eine praktische Möglichkeit, getrocknete Kräuter aufzubewahren, sondern er verleiht auch deinem Raum eine einladende und natürliche Note.

Materialien

- mindestens eine Weidenrute, flexibel genug, um gebogen werden zu können
- Schnur oder Draht
- eine scharfe Schere oder Gartenschere
- getrocknete Kräutersträuße, etwa handtellergroß

Schritte

- Wenn die Weidenrute noch frisch ist, weiche sie für etwa 30 Minuten in warmem Wasser ein. Dadurch wird sie flexibler und lässt sich leichter biegen, ohne zu brechen.
- Schneide die Weidenrute auf die gewünschte Länge. Die hängt von der Größe des Kranzes ab, den du herstellen möchtest. Üblicherweise sind Ruten von etwa 60 bis 90 Zentimeter ideal.
- Nimm die vorbereitete Weidenrute und forme sie zu einem Kreis oder einer ovalen Form, je nach Vorliebe. Achte darauf, dass die Enden überlappen, um den Rahmen zu schließen.
- Binde die Enden der Weidenrute zusammen, um die Form zu sichern. Verwende dazu Schnur oder Draht und achte darauf, dass der Rahmen stabil ist.
- Verwende eine Schlaufe aus Schnur oder Draht, um den Kranz an einem trockenen Platz aufzuhängen. Dies kann in der Küche, im Esszimmer oder an einem anderen Ort sein. In den nächsten Monaten kannst du deinen Kranz dazu nutzen, um Kräutersträuße zum Trocknen aufzuhängen.

- Achte darauf, die Sträuße gleichmäßig über den Kranz zu verteilen und einen kleinen Abstand zwischen ihnen einzuhalten, damit sie frei trocknen können. Der Weidenkranz hängt bei uns das ganze Jahr in der Küche und verströmt einen herrlichen Duft. Sobald die Kräuter trocken sind, fülle ich sie in Gläser und hänge neue frische an den Kranz. Am liebsten habe ich den Duft von getrocknetem Waldmeister, den ich auch gern länger hängen lasse. Der Kranz sieht dekorativ aus und ist praktisch, denn Kräuter und Blumen sind immer gleich zur Hand, wenn ich sie brauche.

Ikebana: Kunstvolle Arrangements

Ich liebe es, eine Handvoll gesammelter Blumen und Zweige zusammenzustellen und in Form eines Ikebana auf unserem Tisch oder in der Küche zu platzieren. Ikebana ist eine japanische Kunstform des Blumenarrangements, die eine tiefe Verbindung zur Natur und eine ästhetische Harmonie zwischen Blumen, Pflanzen und dem Raum herstellt. Es ist eine Möglichkeit, die Schönheit des Frühlings individuell zum Ausdruck zu bringen und gleichzeitig eine spirituelle und erdende Energie zu schaffen. Es ist so einfach und eine schöne verbindende Art, sich Mutter Erde und der Natur hinzugeben.

Wenn dich das anspricht, besorge dir einen Ikebana-Igel, den du im gesamten Jahreslauf nutzen kannst. In jedem Monat, zu jeder Jahreszeit wird sich die Natur in einem neuen Gewand zeigen, im Frühling mit der Zartheit der jungen kleinen Blüten, im Sommer in totaler Fülle. Immer verbindend und schön.

Ein selbstgestaltetes Ikebana kann eine erstaunliche Wirkung auf den Raum und auf dich haben. Wenn du die Anordnung betrachtest, wirst du die Schönheit und die energetische Präsenz der jeweiligen Jahreszeit spüren. Das Arrangement erinnert dich daran, dass sich das Leben in einem ständigen Fluss befindet und dass jeder Moment voller Potenzial und Wachstum steckt.

Dein Frühlings-Ikebana

- Die Kunst des Ikebana basiert auf der Schönheit und Vielfalt der natürlichen Welt. Bevor du beginnst, verbinde dich mit der Natur. Geh nach draußen, atme die frische Frühlingsluft ein und betrachte die Blumen und Pflanzen um dich herum. Lass dich von ihrer Farbenpracht und ihrer Anmut inspirieren. Diese Verbindung zur Natur wird dich und dein Ikebana mit einer kraftvollen Energie erfüllen.
- Für dein Frühlings-Ikebana kannst du eine Vielzahl von Frühlingsblumen und -zweigen verwenden. Wähle Blumen wie Tulpen, Narzissen, Ranunkeln oder Kirschblütenzweige, die den Geist des Frühlings verkörpern. Ergänze sie mit frischem Grün wie Farnen oder zarten Gräsern. Achte darauf, Materialien auszuwählen, die in Harmonie miteinander stehen – die Natur ist dabei die beste Lehrerin.
- Beginne die eigentliche Gestaltung damit, eine geeignete Vase oder Schale auszuwählen. Achte darauf, dass sie zur Atmosphäre und zum Stil des Raumes passt. Fülle die Vase mit frischem Wasser und bereite deine ausgewählten Blumen und Zweige vor. Schneide die Stiele in verschiedene Längen, um eine abgestufte Wirkung zu erzielen.
- Leg zuerst einen zentralen Fokuspunkt fest. Dies könnte eine besonders schöne Blume oder ein langer Zweig sein, der in der Mitte der Anordnung platziert wird. Um einen harmonischen Fluss zu schaffen, füge dann nach und nach die anderen Blumen und Zweige hinzu, indem du sie um den zentralen Fokuspunkt anordnest.

- Während du die Blumen und Zweige arrangierst, achte auf das Gleichgewicht der Farben, Formen und Größen. Lass die Materialien auf natürliche Weise miteinander interagieren und schaffe eine angenehme Balance zwischen den Elementen. Achte darauf, dass die Anordnung in alle Richtungen hin offen und ausgewogen wirkt, um eine harmonische Atmosphäre zu schaffen.
- Ein wichtiger Aspekt des Ikebana ist die bewusste Wahrnehmung des Arrangements. Nimm dir Zeit, um es zu betrachten und seine Schönheit zu schätzen. Spüre die Energie und die spirituelle Erdung, die es vermittelt. Lass dich von den Farben, Düften und Formen inspirieren und verbinde dich mit der Natur, die in deinem Frühlings-Ikebana lebendig wird.

Ein Frühlings-Ikebana ist nicht nur eine visuelle Darstellung des Frühlings, sondern auch eine Möglichkeit, sich mit der Natur zu verbinden und ihre heilende und erdende Energie zu spuren. Wenn du dein Ikebana betrachtest, erinnere dich daran, dass du Teil des großen Kreislaufs des Lebens bist und dass jede Blume, jeder Zweig und jeder Moment eine kostbare Manifestation der Natur ist. Indem du dich mit der Kunst des Ikebana beschäftigst, kannst du eine tiefere Wertschätzung für die Schönheit der Natur entwickeln und deine eigene Kreativität und Achtsamkeit fördern. Ein Frühlings-Ikebana ist außerdem eine wunderbare Möglichkeit, die Kraft des Frühlings in dein Zuhause und in dein Leben einzuladen.

Erdende Impulse für den April

Vielfältigste kleine Übungen und Rituale können dich im April erden und mit der Natur in Einklang bringen. Im Folgenden stelle ich dir eine innere Reise vor, die dich zugleich direkt in der Natur mit einer typischen Frühlingspflanze verbindet, dazu einen Tee und eine Räuchermischung.

Impuls: Hase und Taubnessel für erdende Verbundenheit

- Nimm dir Zeit für einen Spaziergang in der Natur. Geh bewusst und achtsam und öffne deine Sinne für die Schönheit um dich herum. Während du gehst, halte Ausschau nach einer Taubnessel am Wegesrand.
- Wenn du eine Taubnessel entdeckst, spüre die Anziehungskraft, die von ihr ausgeht. Achte darauf, wie sie sanft im Wind schwingt und ihre zarten Blütenblätter im Sonnenlicht leuchten. Nimm dir einen Moment, um eine Blüte zu pflücken und sie behutsam in deine Hand zu legen.
- Setze dich damit an einem ruhigen Ort nieder und spüre die Verbindung zur Erde unter dir. Halte die Taubnesselblüte in deinen Händen und betrachte sie sorgfältig. Anerkenne ihre Symbolkraft für Sanftheit, Heilung und Verbundenheit mit der Erde.
- Schließe nun deine Augen. Atme bewusst ein und aus und lass dabei die Anspannung des Alltags los. Spüre, wie dein Atem dich in einen Zustand der Ruhe und Entspannung führt.
- Visualisiere einen Hasen, der mit Leichtigkeit und Anmut vor dir hüpft. Spüre seine Energie der Fruchtbarkeit, des Wachstums und der Schnelligkeit. Lass dich von seiner Lebensfreude und seinem Mut anstecken.
- Öffne deine Augen und betrachte wieder die Taubnesselblüte in deinen Händen. Verbinde dich erneut mit ihrer Energie der Sanftheit, Heilung und Verbundenheit mit der Erde. Nimm wahr, wie sie dich erdet und dich mit dem Fluss des Lebens verbindet.
- Nimm dir einen Moment, um deine Absichten und Wünsche zu reflektieren. Visualisiere, wie du mit der Energie des Hasen, der Taubnessel und der erdenden Verbundenheit in deinem Leben wächst, dich entwickelst und eine tiefe Verbundenheit mit der Natur spürst.
- Leg die Taubnesselblüte zum Abschluss behutsam auf den Boden und lass sie in die Natur zurückkehren. Wenn du dich noch

tiefer verbinden willst, kannst du auch die Süße der Taubnessel spüren und sie essen. Bedanke dich bei der Erde für ihre Unterstützung und Verbundenheit.

Falls es dir nicht möglich ist, eine Taubnessel zu pflücken, kannst du dich auch im Geist mit ihrer Energie verbinden. Stell dir einfach vor, wie du eine Taubnesselblüte in den Händen hältst, und fühle ihre Präsenz und ihre Kraft. Nimm dir einen Moment, um in Stille zu verweilen und dich mit der Natur und der Erde zu verbinden. Lass die Energien des Hasen, der Taubnessel und der erdenden Verbundenheit in dir ruhen und nutze sie in deinem täglichen Leben.

Frühlingstee mit Veilchen

Dieser Frühlingstee mit Veilchen ist nicht nur erdend und erfrischend, sondern auch reich an Antioxidantien und Vitaminen. Er kann dir helfen, dich zu reinigen und dich mit der Energie des Frühlings zu verbinden. Nimm dir Zeit, den Tee bewusst zu trinken und die heilsame Wirkung auf Körper und Geist zu spüren. Er entgiftet auf eine ganz sanfte Weise durch die Brennnessel und regt deinen Organismus durch den Grünen Tee an.

Zutaten

- eine Handvoll Veilchenblüten (frisch gepflückt, wenn du sie im Garten hast, oder getrocknet als Tee, dann reicht 1 TL)
- 1 TL Grüner Tee (oder eine andere Teesorte deiner Wahl)
- 1 TL getrocknete Brennnesselblätter
- 1 Zitronenscheibe
- Honig

Zubereitung

- Spüle die Veilchenblüten vorsichtig ab, um Schmutz oder Insekten zu entfernen.

- Bereite eine Teekanne und eventuell einen Teefilter vor und leg die Veilchenblüten, den Grünen Tee und die getrockneten Brennnesselblätter hinein.
- Koche Wasser auf und gieße es über die Zutaten. Lass den Tee für 5 bis 7 Minuten ziehen, damit sich die Aromen entfalten können. Entferne dann den Filter oder gieße den Tee ab.
- Wenn gewünscht, füge eine Zitronenscheibe und Honig hinzu.
- Genieße den erfrischenden Frühlingstee langsam und spüre, wie sich die Sanftheit der Veilchen und die belebende Wirkung der Brennnesselblätter in dir ausbreiten.

Duftende Räuchermischung für eine erdende und erfrischende Atmosphäre

Diese Räuchermischung vereint die sanfte und erdende Energie der Narzissen, die beruhigende Wirkung der Melisse, die zarte und liebevolle Schwingung der Veilchen, die fröhliche und unbeschwerte Aura der Gänseblümchen und die verbindende Kraft der Taubnessel. Gemeinsam schaffen sie eine Atmosphäre der Ruhe, des Wohlbefindens und des Neubeginns.

Zutaten

- Narzissenblüten
- Melissenblätter
- Veilchenblüten
- Gänseblümchenblüten
- Taubnesselblüten
- Du kannst auch nur einen Teil der Pflanzen nutzen, schau einfach, was du in der Natur findest.

Schritte

- Leg die Blüten auf ein sauberes, trockenes Papiertuch oder ein Gitter, sodass sie nicht übereinanderliegen und gut belüftet sind. Lass sie so an einem warmen, trockenen Ort für einige Tage trocknen.
- Mische die Zutaten dann zu gleichen Teilen in einer Schale gründlich durch.
- Entzünde in einem feuerfesten Gefäß eine Räucherkohle oder verwende einen Räucherstab oder Räucherkegel.
- Sobald die Kohle oder der Räucherstab glüht, leg eine kleine Menge der Räuchermischung darauf.
- Lass den Duft der Kräuter langsam aufsteigen und erlebe mit, wie er den Raum mit seinem Aroma erfüllt. Nimm dir Zeit, die Düfte bewusst wahrzunehmen und dich mit den Energien der Pflanzen zu verbinden. Genieße die erdende und erfrischende Atmosphäre, die von der Räuchermischung geschaffen wird. Lass dich von den

Düften tragen und spüre, wie sie dich mit der Natur und ihren wunderbaren Energien verbinden. Nutze das beispielsweise während einer Meditation oder Traumreise.

Gänseblümchen

Inmitten des hektischen Alltags und der manchmal schwierigen Zeiten gibt es eine Erdungskraft, die uns auch im April Ruhe und Heilung schenken kann: das Gänseblümchen. Von seinen zarten Blüten geht eine besondere Energie aus, die uns mit Gefühlen von Freundschaft und Glück erfüllt.

Das Gänseblümchen, ob wild wachsend oder gezüchtet, ist im Frühling in vielen Formen allgegenwärtig. Es öffnet seine Blüte am Morgen mit der aufgehenden Sonne und schließt sie am Abend. Es gedeiht auf Wiesen, in Gärten und sogar in urbanen Umgebungen wie Straßengräben. Du kannst es fast überall finden und mit seiner heilenden Kraft arbeiten.

Es ist die Blume der Kinder, der Freundschaft und eine große Heilerin in vielen Bereichen. Ein kleiner Strauß dieser hübschen Blüten zaubert immer ein Lächeln auf das Gesicht des Menschen, der ihn betrachtet. Es verbindet uns mit unserer kindlichen Energie, bringt Freude, Verspieltheit und emotionale Freiheit zum Vorschein. Das Gänseblümchen erinnert uns an das strahlende Kind in uns. Es lässt uns die Leichtigkeit eines umherfliegenden Schmetterlings assoziieren, das Gefühl, sich barfüßig im Kreis zu drehen, im Wind flatternde Kleider und Fröhlichkeit.

Um diese Freude und Leichtigkeit in dein Leben zu bringen, kannst du das Gänseblümchen in deinem Zuhause platzieren – sei es als Topfpflanze, als Strauß oder sogar als Blütenkranz auf deinem Kopf. Es schafft eine Verbindung zu deinem inneren Kind und dessen vibrierender Freude. Stell es an deine Eingangstür oder hänge einen getrockneten Strauß im Kinderzimmer auf, um süße und glückliche Träume zu fördern.

Lass das Gänseblümchen auch in deine Träume hinein, um herauszufinden, ob es etwas gibt, das dich daran hindert, dich zu öffnen und den potenziellen Freunden zu vertrauen, die dir begegnen. Nutze das Gänseblümchen als ein Geschenk der Natur, das dich mit Erdung, Freundschaft und Glück erfüllt.

Gänseblümchen sammeln

Indem du für jede weitere Verwendung der Pflänzchen mit dem achtsamen Sammeln der Gänseblümchen beginnst, schaffst du eine tiefe Verbindung zur Natur und öffnest dich für die Erdung und Leichtigkeit, die sie dir schenken. Genieße diese besondere Erfahrung und bleib bei weiteren Ritualen in dieser Verbundenheit. Wenn du magst, geh barfuß durch die Wiesen.

- Finde einen ruhigen Ort in der Natur, wo Gänseblümchen wachsen. Achte darauf, dass es ein Ort ist, an dem keine schädlichen Chemikalien verwendet werden und auch nicht so viele Hunde herumlaufen.
- Nimm dir einen Moment, um zur Ruhe zu kommen. Atme tief ein und aus, um deinen Geist zu beruhigen und im Hier und Jetzt anzukommen.
- Geh langsam und achtsam durch die Wiese und halte Ausschau nach den Gänseblümchen. Beachte dabei ihre Schönheit und ihre zarten Blüten.
- Wenn du ein Gänseblümchen entdeckst, nimm es behutsam zwischen deine Finger und betrachte es mit liebevoller Aufmerksamkeit. Spüre seine Zartheit und die Energie, die es ausstrahlt.
- Danke dem Gänseblümchen für seine Anwesenheit und seine heilende Kraft. Fühle deine Verbindung zu ihm und erkenne, dass es Teil der großen Schöpfung ist.
- Wenn du möchtest, kannst du das Gänseblümchen sanft abzupfen und behutsam in einen Korb oder eine Tasche legen. Sammle nur so viele Gänseblümchen, wie du für dein Vorhaben benötigst, und lass genug Blumen zurück, um ihr Fortbestehen zu sichern.
- Nimm dir Zeit, um den Moment voll und ganz zu genießen. Spüre die Verbindung zur Natur und die Erdung, die durch das achtsame Sammeln der Gänseblümchen entsteht.

Gänseblümchen-Ritual für Erdung und Leichtigkeit

Dieses einfache Ritual ermöglicht dir, dich mit der kraftvollen Erdung und der spielerischen Leichtigkeit dieser wunderbaren Blume zu verbinden. Nutze es, um dich in Zeiten von Unruhe und Stress zu erden und um die Leichtigkeit des Seins in dein Leben einzuladen.

Materialien

- eine Handvoll frische Gänseblümchenblüten
- eine Kerze (vorzugsweise grün oder gelb)
- ein kleines Stück Papier und einen Stift
- ein feuerfester Behälter (eine Keramikschale oder eine Muschel)

Anleitung

- Bereite deinen Raum vor, indem du eine ruhige und gemütliche Atmosphäre schaffst. Du kannst sanfte Musik abspielen und eine angenehm riechende Duftkerze anzünden. Wenn du magst, reinige den Raum mit ätherischem Öl oder Räucherwerk deiner Wahl, um eine klare und positive Energie zu schaffen.
- Setze dich bequem hin und nimm einige tiefe Atemzüge, um dich zu zentrieren und zur Ruhe zu kommen. Zünde die Kerze an und platziere sie vor dir.
- Halte die Gänseblümchenblüten in deinen Händen und schließe deine Augen. Visualisiere dabei, wie du dich mit der Erdkraft und der Leichtigkeit des Gänseblümchens verbindest.
- Öffne deine Augen und schreibe auf das Stück Papier eine Absicht oder Affirmation, die mit Erdung und Leichtigkeit in Verbindung steht. Zum Beispiel: »Ich erde mich tief in der Gegenwart und lasse Leichtigkeit in mein Leben fließen.«

- Leg das Papier vorsichtig in den feuerfesten Behälter und zünde es mit der Kerze an. Beobachte die Flamme, während das Papier verbrennt, und spüre, wie deine Absicht in die Welt entlassen wird.
- Nimm die Gänseblümchenblüten und streue sie sanft über das verbrannte Papier, als Symbol für die Verbindung von Erdkraft und Leichtigkeit.
- Schließe deine Augen erneut und verbinde dich mit dem Gefühl von Erdung und Leichtigkeit in dir. Lass es in deinem gesamten Körper und Geist resonieren. Nimm dir einen Moment, um dankbar für diese Erdung und Leichtigkeit zu sein, die du in deinem Leben erfährst.
- Wenn du bereit bist, puste die Kerze aus und lass die verbrannten Überreste sicher abkühlen. Die Gänseblümchenblüten kannst du auf deinem Altar oder einem anderen besonderen Ort aufbewahren, um dich an deine Erdungspraxis zu erinnern.

Selbst gemachter Gänseblümchentee

Wenn du merkst, dass dir die Verbindung mit dem Gänseblümchen besonders guttut, kannst du dir – auch in den Folgetagen des eben beschriebenen Rituals – immer mal wieder einen Gänseblümchentee zubereiten und so mehr zur verbundenen Leichtigkeit im Alltag finden.

Zutaten

- eine Handvoll frische Gänseblümchenblüten
- 2 Tassen Wasser
- Honig, wenn du möchtest

Zubereitung

- Spüle die Blüten vorsichtig unter kaltem Wasser ab, um eventuellen Schmutz zu entfernen.
- Koche das Wasser in einem Topf und gib die Gänseblümchenblüten hinzu.

- Lass den Tee für etwa 5 Minuten sanft köcheln.
- Nimm den Topf vom Herd und lass den Tee für weitere 5 Minuten ziehen.
- Gieße ihn durch ein feines Sieb, um die Blüten zu entfernen.
- Falls gewünscht, süße den Tee mit Honig oder einem anderen Süßungsmittel.
- Genieße den Tee warm und lass seine beruhigenden und entspannenden Eigenschaften auf dich wirken.

Dinge, die du im April verinnerlichen darfst

Kraft des Neubeginns: Der April zeigt deutlich, dass ein neuer Zyklus in der Natur begonnen hat. Nimm dir Zeit, über die Magie des Neubeginns nachzudenken und wie du diese Energie in dein eigenes Leben integrieren kannst. Betrachte den April als eine Gelegenheit, frische Ziele zu setzen und neue Wege einzuschlagen.

Schönheit der Blumen: Im April bekommen wir eine Ahnung davon, mit welcher Blütenpracht die Natur uns in den nächsten Monaten verwöhnen wird. Nimm dir Zeit, um die verschiedenen Blumen zu betrachten und ihre Schönheit zu bewundern. Wenn du möchtest, lerne ihre Namen und Eigenschaften kennen. Vielleicht nutzt du eine App, die dir sagt, welche Blüte, welcher Baum da gerade vor dir steht. Achte auf die Vielfalt, die die Natur uns schenkt. Geh mit offenen Augen durch die Welt und lass dich von ihrer Farbenpracht inspirieren.

Verbundenheit mit dem Boden: Im April beginnt die Zeit des Pflanzens. Verbinde dich mit dem Boden, indem du in deinem Garten oder auf deinem Balkon, an der Baumscheibe vor deinem Haus einige Pflanzen anbaust. Spüre die Erde zwischen deinen Fingern und erde dich bewusst, während du dich um die Pflanzen kümmerst. Wenn du spazieren gehst, lass hier und da mal Samen von leuchtenden Sommerblumen fallen, um unsere Welt in den nächsten Monaten noch ein wenig bunter zu machen. Nutze dafür insektenfreundliche Blumen oder deine selbst gemachten Seedbombs (siehe Impuls im Februar).

Präsenz im Hier und Jetzt: Die Natur im April ist voller Aktivität und Veränderung. Nimm dir Zeit, diese Momente bewusst wahrzunehmen und im Hier und Jetzt zu sein. Beobachte das Erwachen der Natur, lausche den Vogelgesängen, spüre den Wind auf deiner Haut. Lass dich von der Präsenz der Natur inspirieren und versuche, sie in deinem eigenen Leben zu kultivieren.

Balance zwischen Aktivität und Ruhe: Im April gibt es viel zu tun, sowohl in der Natur als auch in unserem eigenen Leben. Achte darauf, eine gesunde Balance zwischen Aktivität und Ruhe zu finden. Erlaube dir Zeit für Entspannung und regenerierende Momente in der Natur, um deine Erdung zu stärken.

Wertschätzung für die natürlichen Rhythmen: Beobachte und schätze die natürlichen Rhythmen des Jahres. Spüre die Veränderungen in der Luft, den Wechsel der Temperaturen und die zunehmende Helligkeit im April. Lerne, im Einklang mit den natürlichen Rhythmen zu leben und anzunehmen, dass alles seine Zeit hat.

Indem du diese Aspekte verinnerlichst, kannst du eine tiefere Verbindung zur Natur aufbauen und die Kraft des Frühlings für deine eigene persönliche Entwicklung nutzen. Lass dich von der Schönheit und dem Wandel der Natur inspirieren und finde Wege, wie du diese Inspiration in dein tägliches Leben einfließen lassen kannst.

Erdungsmeditation für den April

Schließe deine Augen und lass dich ganz bewusst von der Erde unter dir tragen. Spüre die Stabilität, während du tief ein- und ausatmest. Rieche den Duft des Frühlings, der mit jedem Atemzug in dich einströmt. Es ist der Duft von erwachenden Blumen, von zarten Kirschblüten und dem süßen Nektar der Obstbaumblüte. Stell dir vor, dass du dich in einem blühenden Obstgarten befindest. Über dir erstreckt sich ein Himmel voller leuchtender Lichtstrahlen, die von der Göttin der Morgenröte entsandt wurden. Sie steht sinnbildlich für das Wiedererwachen der Natur und den Beginn neuen Lebens. Spüre ihre Energie und ihre Kraft, die sich um dich herum entfalten. Während du inmitten der Obstbäume stehst, siehst du Wildbienen und Honigbienen fleißig von Blüte zu Blüte fliegen. Ihre emsige Arbeit symbolisiert den Kreislauf des Lebens und die Verbindung zwischen den Pflanzen und den Bestäubern. Beobachte ihre sanfte Bewegung und erfreue dich an ihrem fleißigen Summen. Richte deine Aufmerksamkeit auf den warmen Sonnenschein, der dein Gesicht und deinen Körper umhüllt. Spüre die angenehme Wärme, die dich durchströmt und mit Energie erfüllt. Lass diese wohltuende Wärme tief in dich eindringen und dich von innen heraus erstrahlen.

Nun erscheint vor dir ein Mädchen in einem strahlend weißen Kleid, umgeben von wilden Bienen. Sie scheint eine enge Verbindung zu den Bienen zu haben und trägt einen Krug in ihren Händen. Sie lädt dich ein, ihr durch den Wald zu folgen. Ihr lauft über weiches, warmes Moos, während die zarten Fichtentriebe in der Sonne glitzern. Die Bäume, die euch umgeben, sind vorrangig Nadelbäume, doch auch Birken sind zu sehen, die voller Vitalität das Wasser aus der Erde in die jungen Blätter treiben lassen. Du hörst das weiche Wasser in den Bäumen, das fast melodisch nach oben steigt. Ihr erreicht eine Lichtung, auf der eine sehr alte, große Eiche steht. Ein Teil ihres Stammes ist hohl und wenn du genau hinhörst, erklingt auch hier die Melodie der Bienen. Ihr Summen erzählt von vergangenen Tagen im Sommer, im Herbst, der sie noch mit reichlich Pollen beschenkt hat, und einem Winter, der rau und kalt war, sich in ihrem Zusammensein aber doch warm und sicher anfühlte.

Das junge Mädchen kniet nieder, verbindet sich mit dem Baum und reicht dir ihre Hand. Du nimmst den Duft der Eiche, des Waldes und den warmen Honigduft wahr, der aus dem Baum aufsteigt. Es ist die Ernte des letzten Jahres, der Rest vom Honig, der die Bienen den ganzen Winter über genährt hat. Nun wird er als Geschenk an das junge Mädchen weitergegeben. Aus einem Spalt im Baum läuft der goldene Honig in ihren Krug. Sie bietet dir an, ihn zu probieren. Du hältst deinen Finger unter den nicht enden wollenden Honigstrahl, du spürst die Wärme des Honigs und fühlst dich liebevoll umarmt. In dem Moment, in dem der Honig deine Lippen berührt und sich die Süße in deinem Mund ausbreitet, ist es wie ein heilsamer Kuss, der tief in deine Seele eindringt. Während du den köstlichen Honig genießt, erfüllen dich Gefühle der Verbundenheit mit der Natur. Du spürst die Präsenz der wilden Bienen, die ihre Nahrung aus den Blüten des Frühlings sammeln und so einen essenziellen Beitrag zur Fortpflanzung der Vegetation leisten. Du fühlst dich inspiriert von ihrer Hingabe und ihrem gemeinsamen Wirken im Kreislauf des Lebens. Die Melodie der Bienen begleitet dich, während du in diesem Moment der Harmonie und Heilung verweilst. Die Wärme der Sonne umhüllt dich weiterhin und du spürst, wie sich deine tiefe Verbindung zur Natur verstärkt.

Du erkennst die Schönheit der Jahreszeiten und die stetige Erneuerung des Lebens. Die zarten Kirschblüten und das grüne Blätterkleid der Obstbäume symbolisieren den Übergang in den Frühling, während die majestätische Eiche auf der Lichtung Weisheit und Stärke der Natur verkörpert. In diesem Moment des Zusammenseins mit dem Mädchen, den Bienen, der Eiche und dem Duft des Frühlings spürst du, wie sich in dir ein tiefes Gefühl der Dankbarkeit ausbreitet. Du fühlst dich wie ein Teil dieses wundersamen Kreislaufs des Lebens, immer wieder erblühend und wachsend.

Nimm dir Zeit, um diesen Moment der Verbundenheit zu ehren. Gib den Eindrücken und Gefühlen, die in dir aufsteigen, Raum. Lass die Melodie der Bienen und den Duft des Waldes noch eine Weile in dir nachklingen.

Wenn du bereit bist, öffne langsam deine Augen und kehre zurück in deinen Raum. Nimm die Erinnerung an diese meditative Reise mit in deinen Alltag und lass sie dich daran erinnern, dass du ein Teil des wunderbaren Kreislaufs der Natur bist. Die Bienen, die Blumen und die Jahreszeiten sind stets da, um uns mit ihrer Schönheit und ihrer Weisheit zu erfüllen. Sei achtsam für ihre Kraft, spüre ihre Präsenz und nutze sie als Quelle der Inspiration, der Heilung und der Verbindung mit der Mutter Erde.

MAI: IN DER BLÜTEZEIT AUFBLÜHEN

Es erwacht die Natur aus ihrem Schlaf,
der Duft der Blütenpracht erfüllt den Tag.
Die zarten Knospen öffnen sich weit,
die Welt erstrahlt in neuer Leichtigkeit.
Ich atme tief,
spüre, wie sich der Duft der Blumen in meinem Körper manifestiert,
lasse mich von ihrer Schönheit verführen.
Jeder Schritt, den ich gehe, bringt mich in Verbindung.
Erdung in jedem getanen Schritt, tief verinnerlicht,
verbunden mit Mutter Erde, aus meiner Mitte.
Die Vögel zwitschern ihre Lieder,
singen von Wachstum und Lebenskraft.
Die Sonne strahlt warm auf meine Haut,
Lebendigkeit – tiefes Vertrauen.
Im Mai verinnerliche ich das Geschenk der Natur,
die Fülle, die Pracht, die pure Klarheit.
Ich bin eins mit allem, was um mich herum geschieht,
in vollkommener Erdung und Verbundenheit.
Mutter Erde schenkt mir ihre Energie,
In diesem Mai-Monat, so voller Magie.

»Ich bin Fülle«

Im Monat Mai ist die Natur zu voller Pracht erwacht und wir werden Zeugen des Wachstums und der Fülle, die sich in jedem Moment entfalten. Ein Symbol dafür sind die bunten Bänder, die sich vielerorts noch in alter Tradition um den Maibaum schlingen. Die Blütenpracht umhüllt in ähnlicher Weise uns und zeigt uns das Potenzial für eine reiche Ernte, sowohl im wörtlichen als auch im übertragenen Sinne.

Die Vögel haben ihre Nester gebaut und bringen nun ihre Jungen zur Welt. Das Nest als Aspekt des königlichen Symbols der Sonne findet im Mai seine Vollendung. Zusammen mit den Vögeln kommen jetzt viele andere Tiere auf die Welt: Füchse, Wildschweine, Lämmer, Dachse, Enten, Eichhörnchen und viele mehr. Auch die ersten Rehe sind geboren und erfüllen uns mit Freude und Staunen. Ihre zarte Anmut und ihre kindliche Verspieltheit erinnern uns an die unschuldige Schönheit des Lebens. Der Monat Mai ist ein Fest der Geburt, des neuen Lebens und der Segnung für Jungtiere und Menschenkinder.

Überall begegnet uns das anmutige Grün, das wir den ganzen Winter hindurch so vermisst haben. Nun zeigt es sich in frischen kleinen Blättern und umarmt uns liebevoll. Allgegenwärtig sind auch die Blüten und der Duft des Weißdorns und des Flieders. Der Löwenzahn mit seinem gelben Farbton verbindet Himmel und Erde, er symbolisiert die Energie der Sonne, die uns die erste wohlige Wärme des Jahres schenkt.

Noch einmal bewundern wir die Narzissen in voller Blüte, bevor sie den Raum für die farbenfrohen Tulpen frei machen. Und dann ist da noch der Flieder, der uns mit seinem betörenden Duft verzaubert. Wir betrachten seine violette oder weiße Pracht und lassen uns von seiner Schönheit berühren. Vielleicht ernten wir seine Blüten und konservieren sie, um die Liebe und Glückseligkeit, die von dieser Pflanze ausgehen, auch in den kalten Tagen, die wieder kommen werden, bei uns zu haben.

Der Monat Mai lädt uns ein, uns mit der Schönheit und dem Wachstum um uns herum zu verbinden. Wir können die Fülle und den Reichtum der Natur in uns aufnehmen und uns daran erfreuen. Wir haben die Möglichkeit, blühende Sommerpflanzen auszusäen und unseren eigenen Beitrag zum Leben für all die uns umgebenden Insekten zu leisten. Es sind die Segnungen des Mai, die gefeiert werden dürfen, während wir das Wunder des Lebens in all seinen Facetten erkunden.

Affirmation für den Mai

»Im Mai erblüht nicht nur die Natur, sondern auch meine innere Stärke und Freude. Ich öffne mich für die Fülle des Lebens und lasse meine Träume erblühen. Jeder Tag ist gleichbedeutend mit einem neuen Anfang und ich bin bereit, all die positiven Veränderungen willkommen zu heißen, die dieser Monat mir bringt.«

Der Löwenzahn im Mai

Der Löwenzahn ist eine Pflanze, die meine Aufmerksamkeit immer wieder auf sich zieht. Ihre leuchtend gelben Blüten erstrahlen im Mai in voller Pracht und ziehen mich magisch an. Ich beobachte sie liebevoll, wie sie mit ihrer bemerkenswerten Widerstandsfähigkeit und ihrer unverkennbaren Erscheinung die Natur bereichern. Der Löwenzahn mit seinen leuchtend gelben Blüten ist eine Sonnenpflanze, die uns daran erinnert, dass die wärmende Kraft der Sonne nun immer stärker wird. Er fängt das goldene Licht der Frühlingssonne ein und verbreitet eine Atmosphäre voller Hoffnung und Neubeginn.

Schon allein das Betrachten einer Wiese voller Löwenzahn hat eine vielfältige Wirkung auf unseren Körper und unser Wohlbefinden. Es gibt etwas Besonderes an dieser Pflanze, das mich jedes Mal fasziniert. Wenn ich an meine Kindheit denke, kommen Erinnerungen an Pusteblumen und Wünsche in mir hoch. Der Löwenzahn ist tief mit solchen Augenblicken verbunden, in denen ich die Samen in den Wind blies und mich dabei nach der Erfüllung meiner Träume sehnte.

Für mich ist der Löwenzahn ein Zauber, der zwischen Himmel und Erde wirkt, denn er verbindet beides auf wundervolle Weise. Seine Widerstandsfähigkeit erstaunt mich immer wieder. Egal wie sehr man versucht, ihn aus dem Garten zu verbannen, er findet einen Weg zurück. Mitten in Städten, zwischen Straßen und Brücken, überall findet diese Pflanze einen Weg zu gedeihen. Mit ihren gelben Blüten und tiefen Pfahlwurzeln steht sie für Fülle und Wachstum. Ihr Zauber erinnert mich daran, dass das Leben auch uns immer wieder neue Möglichkeiten bietet, zu wachsen und zu gedeihen.

Der Löwenzahn ist eine Pflanze, die mich mit ihrer Liebe zur Fülle und ihrer Resilienz berührt. Wenn ich den Löwenzahn betrachte, fühle ich mich von seiner Liebe und Glückseligkeit umarmt. Es ist eine Verbindung mit der Natur, die mich tief berührt und meine Seele zum Leuchten bringt. Löwenzahn zeigt auf eine faszinierende Weise Endlichkeit und Unendlichkeit: Seine gelbe Schönheit vergeht – und nach einer zauberhaften Verwandlung erscheint er als weiße Pusteblume wieder, lässt seinen Samen vom Wind weitertragen und der Wachstumsprozess beginnt von Neuem.

Mit den folgenden kleinen Impulsen kannst du dich mit dem Löwenzahn in all seiner Pracht verbinden und seine zauberhafte und auch erdende Energie in dein Leben lassen.

Impuls: Pusteblumenkette

Hierbei werden die geschlossenen Blüten des Löwenzahns vorsichtig abgepflückt und auf ein Band gefädelt. Diese schon fast meditative Handlung verbindet dich mit Mutter Erde. Die Löwenzahnkette kannst du in deinen Wohnräumen aufhängen. Nach einigen Tagen beginnen sich die Blüten zu öffnen und bald hast du eine Pusteblumenkette. Sie symbolisiert die Einheit und Verbundenheit in der Natur und kann dich in deinen Wünschen und Träumen unterstützen, indem du immer bewusst an sie denkst, wenn du dich mit deiner Löwenzahnkette verbindest.

Wenn du die Kette irgendwann wieder abhängen möchtest, kannst du sie in ein Glas geben, das mit Solarkraft beleuchtet wird.

Tee aus Löwenzahn

Ein besonderer Genuss ist es, wenn du einen Tee aus den Blüten und vielleicht auch aus den Wurzeln des Löwenzahns zubereitest. Der Duft, der sich dabei entfaltet, verbindet Himmel und Erde auf eine zauberhafte Weise. Es ist, als ob die Sonne selbst in jedem Schluck des Tees präsent ist. Dein Körper wird unterstützt, entgiftet und deine innere Kraft gestärkt.

Zutaten

- eine Handvoll frische Löwenzahnblüten
- eine Löwenzahnwurzel, wenn du entgiften möchtest
- 2 Tassen Wasser
- Honig, wenn du möchtest

Zubereitung

- Sammle die Blüten am besten vormittags oder in der Zeit der kraftvollen Mittagssonne, leg sie dann einen Augenblick unter ein Baumwolltuch, damit kleine Tierchen die Blüten verlassen können.
- Koche das Wasser in einem Topf und gib die Löwenzahnblüten hinzu. Lass den Tee für etwa 5 Minuten sanft köcheln.
- Nimm den Topf vom Herd und lass den Tee für weitere 5 Minuten ziehen.
- Gieße den Tee durch ein feines Sieb, um die Blüten zu entfernen. Falls gewünscht, süße den Tee mit Honig oder einem anderen Süßungsmittel deiner Wahl.
- Genieße den Löwenzahntee warm und verbinde dich dabei nach oben und nach unten.

Dreiklang aus Löwenzahn, Taubnessel und Gänseblümchen: ein liebevolles Bad für Körper und Seele

Der Dreiklang aus Löwenzahn, Taubnessel und Gänseblümchen schenkt dir ein liebevolles Bad für Körper und Seele. Durch die entgiftende Wirkung des Löwenzahns, die ausgleichende Eigenschaft der Taubnessel und die pflegende Kraft des Gänseblümchens wird das Bad zu einem ganzheitlichen Erlebnis. Es fördert die Entspannung, reinigt den Körper und schenkt dir eine tiefe Verbindung zur Natur. Tauche ein und genieße die heilsame Energie dieser wunderbaren Pflanzen.

Zutaten für ein Voll- oder Fußbad

- 4 bis 5 Löwenzahnblüten
- 20 Taubnesselblüten
- 10 Gänseblümchenblüten
- 0,5 l Wasser

Zubereitung

- Gib die Blüten in eine Schüssel, gieße das Wasser kochend darüber und lass den Absud etwa 10 Minuten ziehen.
- Seihe ab und fülle den Kräutersud in eine Wanne mit warmem Wasser oder ein Fußbad.
- Tauche deinen Körper in das Bad und genieße die wohltuende Wirkung der Pflanzen. Verweile im Badwasser und lass die Kräuter ihre heilsame Energie entfalten. Atme dabei tief ein und aus, spüre die Verbindung zur Natur und lass dich von ihrer liebevollen Energie umhüllen.

Wirkung der Pflanzen

- **Löwenzahnblüten:** Löwenzahn ist bekannt für seine entgiftende Wirkung. Er unterstützt die Leber und regt regenerierende Prozesse im Körper an. Löwenzahn als Gold des Frühlings bringt Sonne und Wärme in unsere Herzen.
- **Taubnesselblüten:** Die Taubnessel wirkt beruhigend und ausgleichend. Sie kann bei stressbedingten Beschwerden helfen und eine harmonisierende Kraft entfalten. Zudem ist sie reich an ätherischen Ölen, die eine positive Wirkung auf das Wohlbefinden haben.
- **Gänseblümchenblüten:** Gänseblümchen sind für ihre heilende und hautpflegende Wirkung bekannt. Sie können Hautreizungen lindern und die Regeneration der Haut unterstützen. Zudem haben sie eine beruhigende und entspannende Wirkung auf den Geist.

Der wunderbar duftende Flieder

Im Mai, wenn die Natur in ihrer vollen Pracht erblüht und der Duft des Flieders wie ein verführerischer Hauch durch die Luft zieht, bist du eingeladen, dich tief mit der Energie dieser zauberhaften Blüten zu verbinden. Der Strauch hat seit alters her eine große Bedeutung für den Menschen. Flieder wird oft genutzt, um das Zuhause vor negativen Energien zu schützen. Als Frühlingsblüher symbolisiert er Neubeginn und persönliche Transformation. Flieder kann Körper, Geist und Seele reinigen, indem er negative Emotionen lindert und innere Klarheit schafft. Nur daran zu riechen, reicht manchmal schon. Die duftenden Blüten werden mit Liebe und Freude in Verbindung gebracht. Der Flieder stärkt die Intuition und erleichtert den Zugang zur eigenen inneren Welt. Er erinnert uns an die Bedeutung einer engen Verbindung zur Natur und ihrer Schönheit.

Wenn du Flieder in einer Vase länger frisch halten möchtest, hier sind einige Tipps: Schneide die Blumen am besten morgens und nicht zur Mittagszeit. Wähle Blütenstände aus, die sich noch nicht vollständig geöffnet haben. Entferne alle Blätter von den Stielen und füge stattdessen ein paar grüne Laubzweige ohne Blüten hinzu. Schneide die Stiele mit einem scharfen Messer schräg ab. Verwende lauwarmes Wasser und wechsle es täglich. Schneide dabei auch die Stielenden erneut an.

Beachte, dass Flieder in der Vase trotz allem nicht lange frisch bleibt, aber er bringt Freude und Ausgeglichenheit in dein Zuhause. Eine schöne Idee ist es, die Blüten kurz vor dem Welken zu pflücken und einen Fliedersirup herzustellen oder die Blüten für Räucherungen zu trocknen. So kannst du die Magie des Flieders noch länger genießen.

Fliedersirup

Fliedersirup eignet sich hervorragend zum Verfeinern von Getränken wie Mineralwasser, Prosecco oder Champagner. Genieße den frischen, blumigen Geschmack des Flieders in diesem Sirup!

Zutaten

- 15 bis 20 Fliederblütenrispen (ungespritzt und duftend)
- 1/2 l Wasser
- 1/2 kg Zucker
- 2 Biozitronen
- 10 g Zitronensäure (optional, für die Haltbarkeit)

Zubereitung

- Schneide die Fliederblütenrispen vorsichtig ab und entferne so gut wie möglich die kleinen grünen Stiele, die unter den Blüten verlaufen.
- Leg die Blütenrispen in eine große Schüssel oder einen Topf.
- Koche das Wasser auf und gieße es über die Blütenrispen. Füge eine gewaschene und in Scheiben geschnittene Biozitrone hinzu.

Decke die Schüssel oder den Topf ab und lass die Blüten mindestens 8 Stunden oder über Nacht darin ziehen.

- Nach der Ziehzeit gieße die Flüssigkeit durch ein feines Sieb oder ein sauberes Tuch, um die Blütenreste und Zitronenscheiben zu entfernen.
- Gib den Blütenextrakt zusammen mit dem Zucker in einen Topf.
- Die Schale der anderen Zitrone abreiben und den Saft auspressen. Gib beides ebenfalls in den Topf.
- Koche die Mischung unter Rühren auf und lass sie etwa 5 Minuten köcheln. Wenn du die Haltbarkeit des Sirups erhöhen möchtest, gib die Zitronensäure hinzu und rühre gut um.
- Lass den Sirup etwas abkühlen, seihe ihn ab und gieße ihn dann in saubere, sterilisierte Flaschen. Verschließe die Flaschen und bewahre den Fliedersirup im Kühlschrank auf.

Flieder-Meditation draußen in der Natur

Suche dir einen stillen Platz ganz nah bei einem Fliederbaum oder -strauch, dessen zarte Blüten in den schönsten Farben des Frühlings leuchten. Schließe deine Augen und tauche ein in den süßen Duft, der deine Sinne sanft umschmeichelt. Spüre, wie dich seine vitalisierende Energie umschwebt, wie eine zärtliche Umarmung der Natur. Nimm einige der duftenden Fliederdolden in deine Hände, ertaste ihre Zartheit und Schönheit, rieche an ihnen und lass dich von ihrem Duft noch tiefer verzaubern.

Öffne nun behutsam deine Augen und lass dich von der Melodie des Frühlingswindes tragen. Beginne, dich sanft zu bewegen, fast so, als würdest du schweben. Lass deine Füße die Erde berühren und spüre die Erdung, die dir der Boden schenkt. Deine Hände halten die Fliederdolden und du lässt sie leicht im Wind tanzen.

Die Fliederblüten, die sanft hin und her schwingen, erinnern dich an die Leichtigkeit des Seins, an die kindliche Unbeschwertheit, die in dir schlummert. Du fühlst dich eins mit der Natur, mit dem Flieder, mit dem Frühling. Dein Herz öffnet sich für die Schönheit des Augenblicks, für die Freude des Tanzes.

In dieser harmonischen Verbindung zwischen dir und dem Flieder, zwischen dir und der Natur gibst du dich dem Augenblick hin. Du lässt los und tanzt, als würde niemand zusehen außer den Blüten und den Vögeln der Umgebung. Du spürst die Erde unter deinen Füßen und die Energie des Flieders in deinem Herzen.

Mit jedem Tanzschritt verankerst du dich tiefer in der Erdung und gleichzeitig erhebst du dich in die Leichtigkeit des Seins. Der Flieder lehrt dich, im Hier und Jetzt zu verweilen, die Schönheit des Moments zu erkennen und das Leben in vollen Zügen zu genießen.

Wenn du deinen Tanz beendest und dich langsam hinsetzt, die Fliederdolden in deinen Händen, spürst du eine tiefe Verbundenheit mit der Natur und mit dir selbst. Du spürst die Schönheit des Flieders in deinem Herzen und erinnerst dich daran, wie wichtig es ist, die Magie der Natur in dein Leben zu integrieren. Lass den Flieder zu deinem Begleiter auf deinem Weg werden und finde in seiner Schönheit und Leichtigkeit Inspiration für dein eigenes Leben.

Der Zauber der Obstblüten

Ein Obstblüten-Sonnenauszug hat einen herrlich erdenden Effekt. Während die Sonne ihre warme Energie auf die in Wasser eingelegten Blüten überträgt, entfalten sich deren Duft- und Wirkstoffe und verwandeln die Flüssigkeit in ein wunderbares Elixier. Die Obstblüten repräsentieren das Wachstum, die Fülle und den Zyklus des Lebens. Sie sind ein Symbol für den Übergang vom Winter zur Frühlingszeit und stehen für den Neubeginn und das Erblühen. Der Sonnenauszug ermöglicht es uns, diese erdenden und regenerierenden Eigenschaften in uns aufzunehmen. Wenn wir den Auszug auf unsere Haut auftragen oder als Raumspray verwenden, spüren wir die Kraft der Erde.

Der Duft der Obstblüten wirkt beruhigend und harmonisierend. Er hilft uns, im Hier und Jetzt anzukommen. In der Hektik des Alltags kann uns dieser erdende Auszug dabei unterstützen, inneren Frieden und Balance zu finden. Er erinnert uns daran, dass wir ein Teil der Natur sind. Mit seiner Hilfe können wir unsere Wurzeln festigen und uns mit der Kraft der Natur aufladen. Er ist eine Einladung, in unserer eigenen Mitte anzukommen.

Obstblüten-Sonnenauszug mit destilliertem Wasser

Zutaten

- eine Handvoll frische Obstblüten (zum Beispiel Apfel-, Birnen-, Kirschblüten)
- 500 ml destilliertes Wasser
- ein sauberes Einmachglas mit Deckel
- ein Sieb oder ein Baumwolltuch zum Abseihen
- Alkohol zum Haltbarmachen

Zubereitung

- Sammle eine Handvoll frischer duftender Obstblüten. Achte darauf, dass die Blüten ungespritzt sind und sauber sind.
- Spüle die Blüten vorsichtig unter kaltem Wasser ab oder puste sie sauber. Lass die kleinen Tiere herauskrabbeln, die sich möglicherweise darin verbergen.
- Gib die Obstblüten in ein sauberes Einmachglas. Gieße das destillierte Wasser darüber, sodass sie vollständig bedeckt sind.
- Stell das Glas an einen sonnigen Ort, an dem es mindestens 4 bis 6 Stunden lang der Sonne ausgesetzt ist. Während dieser Zeit gibt die Sonne Energie und Wärme an den Auszug ab und intensiviert den Duft und die Wirkstoffe der Blüten.
- Nachdem der Auszug genügend Zeit hatte, in der Sonne zu wirken, seihe ihn durch ein Sieb oder ein Baumwolltuch ab. Du erhältst einen klaren, duftenden Auszug.
- Gieße ihn in eine saubere Flasche oder ein Glas mit Verschluss und bewahre den Auszug an einem kühlen und dunklen Ort auf.
- Um die Haltbarkeit zu verlängern, kannst du den Auszug mit Alkohol aufgießen (2 Teile Auszug, 1 Teil Alkohol). Das eignet sich vor allem für ein Raumspray.

Verwendung

- Nutze den reinen Obstblüten-Sonnenauszug als erfrischendes Gesichtswasser, indem du ihn mit einem Wattepad auf die gereinigte Haut aufträgst. Er kann auch als duftendes Raumspray verwendet werden, indem du ihn in eine Sprühflasche gibst und in deinem Zuhause versprühst. Genieße den herrlichen Duft und die belebende Energie der Obstblüten.
- Achte darauf, den Sonnenauszug kühl und dunkel aufzubewahren, um die Frische und Wirksamkeit der Blütenessenz zu erhalten. Verändert sich die Flüssigkeit oder beginnt sie unangenehm zu riechen, solltest du sie nicht mehr verwenden.

Ritual: Einen goldenen Samen setzen

Einen Samen zu setzen, ist ein wundervoll erdender Prozess, der uns mit der Natur verbindet und uns ermöglicht, aktiv am Wachstum und der Entfaltung von Pflanzen teilzuhaben. Ein schönes Beispiel dafür ist die Calendula, auch bekannt als Ringelblume, die mit ihren leuchtend orangefarbenen Blüten eine warme und heilende Energie ausstrahlt.

Wähle einen sonnigen Standort aus, an dem die Calendula gut wachsen kann. Bereite den Boden vor, indem du ihn lockerst und von Unkraut befreist. Stelle sicher, dass der Boden gut durchlässig ist, um Staunässe zu vermeiden. Natürlich kannst du deine Calendula auch einfach in einen Topf setzen.

Nimm die Calendulasamen und streue sie gleichmäßig über den vorbereiteten Boden. Drücke die Samen leicht in die Erde, sodass sie etwa ein bis zwei Zentimeter tief liegen. Achte darauf, genügend Abstand zwischen den Samen zu lassen, damit die Pflanzen Platz zum Wachsen haben.

Gieße die Samen vorsichtig, sodass der Boden feucht, aber nicht zu nass ist. Achte darauf, die Pflanzen regelmäßig zu bewässern, insbesondere in trockenen Phasen. Entferne immer wieder Beikräuter, die um die Ringelblumen herum wachsen, um ihnen ausreichend Platz und Nährstoffe zu bieten.

Sei geduldig und beobachte die Samen, wie sie keimen und sich zu kleinen Sämlingen entwickeln. Halte Ausschau nach den ersten grünen Blättern, die sich aus der Erde erheben, und freue dich über das Wunder des Wachstums. Gib den Pflanzen Zeit, um zu gedeihen, und sei achtsam in deiner Pflege.

Wenn die Calendulapflanzen in voller Blüte stehen, kannst du die Blüten vorsichtig pflücken und verwenden: Die Blütenblätter können getrocknet und zu Heilkräutertees, Salben oder Tinkturen verarbeitet werden. Nutze die Blüten auch, um deine Räume zu schmücken. Mehr dazu im Kapitel zum Juli.

Der erdende Prozess des Samensetzens eröffnet dir die Möglichkeit, die Wunder der Natur hautnah zu erleben. Du bist direkt über deine Hände in Verbindung mit der Erde und das bewusste Setzen des Samens zeigt, dass du aktiv an der Schaffung von neuem Leben teilhast. Bring dabei bewusst deine Wertschätzung für die Natur zum Ausdruck.

Die erdende Kraft der Fichte

Die Fichte ist ein Baum mit einer starken erdenden Kraft. Ihre majestätischen Wipfel ragen hoch in den Himmel und ihre Wurzeln reichen tief in den Boden. Sie verkörpern Stärke und Ausdauer, die uns helfen können, uns in Zeiten des inneren Wandels zu erden.

Die neuen Triebe der Fichte stehen für den Wachstumsprozess, den die Natur jedes Jahr aufs Neue durchläuft. Im Frühling sprießen diese zarten grünen Triebe aus den Zweigen und signalisieren den Beginn eines neuen Zyklus. Diese Wipfel, wie man sie auch nennt, symbolisieren das Streben nach Licht und die Fähigkeit, sich zu erheben.

Wenn wir uns mit den Wipfeln der Fichte verbinden, können wir uns von ihrer Kraft inspirieren lassen. Sie erinnern uns daran, dass wir, egal welche Herausforderungen uns begegnen, die Fähigkeit haben, zu wachsen und uns weiterzuentwickeln. Die Wipfel stehen für das Potenzial, das in uns allen steckt und darauf wartet, entfaltet zu werden.

Ein Prozess des Wachstums und des Neubeginns ist immer mit Unsicherheiten verbunden. In solchen Zeiten können wir uns an der erdenden Kraft der Fichte orientieren. Sie ermutigt uns, unsere Wurzeln zu festigen, uns auf das Wesentliche zu konzentrieren und aus unserer inneren Stärke heraus zu handeln. Lass also die Kraft der Fichte und den Wachstumsprozess ihrer Wipfel deine Quelle der Inspiration sein. Vertraue darauf, dass du die Fähigkeit hast, dich zu erden, zu wachsen und dich immer wieder neu zu entfalten. Sei offen für die Möglichkeiten des Neubeginns und nimm die Stärke und Ausdauer der Fichte in dich auf, während du deinen eigenen Weg gehst.

Beim Sammeln der Fichtenwipfel, umgeben von dem betörenden Duft der Fichte, spüren wir die erdende Kraft der Verbindung mit Mutter Natur. Jeder Atemzug, den wir im Wald nehmen, füllt uns mit den wohltuenden Terpenoiden, die von den Bäumen abgegeben werden. Diese aromatischen Verbindungen dringen in unsere Sinne ein und wirken erdend auf unseren Geist und unsere Seele. Sie wirken wie eine sanfte Umarmung, die uns fest mit der natürlichen Welt verbindet.

Während wir sorgsam die hellgrünen neuen Triebe sammeln, spüren wir die Stärke und Ausdauer der Fichte. Sie hat Jahrzehnte überdauert und ihre Wurzeln tief in den Boden geschlagen. Durch das achtsame Sammeln der Wipfel nehmen wir einen Teil dieser erdenden und stabilisierenden Kraft in uns auf.

Der Duft der Fichte und die Terpenoide, die wir aufnehmen, wirken nicht nur erdend, sondern auch belebend auf unseren Geist. Sie können unsere Sinne erfrischen, unseren Geist klarer werden lassen und unsere Kreativität anregen. Wenn wir uns bewusst auf den Duft der Fichte einlassen, lösen wir uns von der Hektik des Alltags und tauchen in einen Zustand der inneren Ruhe und Ausgeglichenheit ein. Ein Waldspaziergang ist also immer eine gute Idee, ob du nun Wipfel sammelst oder einfach so im Wald »badest«.

Fichtenwipfel in Schokolade

Die Kombination aus dem herben Geschmack der Schokolade und dem frischen, leicht harzigen Geschmack der Fichtenwipfel ist eine einzigartige Gaumenfreude und verbindet dich im Moment des Genusses direkt wieder mit der schönen Energie, die du im Wald beim Sammeln empfangen durftest.

Achte darauf, nur Fichtenwipfel von Bäumen zu verwenden, die nicht mit Chemikalien behandelt wurden und keine anderen schädlichen Substanzen enthalten. Es ist wichtig, dass die Fichtenwipfel frisch und in einem sauberen Umfeld gesammelt werden.

Zutaten

- etwa 20 frische Fichtenwipfel (sorgfältig ausgewählt und gewaschen)
- 200 g dunkle Schokolade (mindestens 70 Prozent Kakaoanteil)

Zubereitung

- Pflücke sorgfältig frische Fichtenwipfel von den Bäumen. Achte darauf, nur die zarten grünen Spitzen zu verwenden und nicht zu viele vom gleichen Baum zu nehmen.
- Hacke die dunkle Schokolade grob und schmelze sie über einem Wasserbad. Achte darauf, dass kein Wasser in die Schokolade gelangt, da sie dies verklumpen lassen kann. Rühre gelegentlich um, bis die Schokolade vollständig geschmolzen ist und eine glatte Konsistenz hat.
- Tauche die vorbereiteten Fichtenwipfel mit einer Gabel oder Zange einzeln in die geschmolzene Schokolade. Stelle sicher, dass sie vollständig mit Schokolade bedeckt sind, und lass die überschüssige Schokolade abtropfen.
- Leg die schokolierten Fichtenwipfel auf ein mit Backpapier ausgelegtes Tablett oder einen Teller. Sobald die Schokolade fest geworden ist, sind die Fichtenwipfel bereit, genossen zu werden.

Frühlingsbote zum Genießen: Wildkräuterbutter

Beim Sammeln heimischer Wildkräuter und ihrer Verarbeitung zu einer köstlichen Wildkräuterbutter entsteht eine wundervolle Verbindung zwischen uns und der Natur. Wenn wir durch die Wiesen wandern und die Kräuter mit Bedacht auswählen, spüren wir die lebendige Energie der Pflanzen und die Wunder der Natur um uns herum.

Wir sammeln die Kräuter und nehmen sie behutsam in unsere Hände, achtsam darauf bedacht, sie nicht zu beschädigen. Wir spüren ihre zarten Blätter und fühlen die sanfte Berührung der Natur auf unserer Haut. Mit jedem Schritt in der Natur verbinden wir uns tiefer mit ihr.

Zurück zu Hause füllen wir die gesammelten leicht zerpflückten Kräuter in ein Glas und geben einen Schuss Sahne dazu. Mit liebevollen Bewegungen beginnen wir, das Glas zu schütteln. So verwandelt sich die Sahne langsam zu Butter und während wir den Prozess beobachten, erkennen wir die Magie, die in der Natur liegt.

Die Wildkräuterbutter, die in diesem Prozess entsteht, ist mehr als nur eine einfache Butter. Sie ist ein Symbol für unsere Verbundenheit mit der Natur und eine Speise, die Körper und Seele nährt. Jeder Bissen, den wir von dieser Wildkräuterbutter nehmen, ist erfüllt von der Essenz der Natur, von der reinen Energie und den gesunden Eigenschaften der Kräuter.

Indem wir die Wildkräuter sammeln und unsere eigene Butter herstellen, ehren wir die Fülle und Vielfalt der Natur. Wir nehmen uns Zeit, um die Schätze unserer Umgebung zu entdecken und die Gaben der Erde zu nutzen. Die Magie der Wildkräuterbutter beginnt bereits während des Sammelns zu wirken, wenn wir mit jeder bewussten Bewegung eine Verbindung zur Natur herstellen. Durch das Pflücken und Berühren der Wildkräuter setzen wir einen Prozess in Gang, bei dem die natürlichen Fette in den Pflanzen freigesetzt werden und sich allmählich, unter der Zugabe der Sahne, zu einer Butter verfestigen. Es ist ein wunderbares Zusammenspiel zwischen uns und der Natur, bei dem unsere Energie und die lebendige Kraft der Kräuter verschmelzen. In diesem Sinne bist du frei zu entscheiden, ob du erst einmal die Kräuter sammelst und sie zu Hause zu Butter verarbeitest oder ob du die Sahne im Glas schon auf die Wanderung mitnehmen und den Prozess des Butterns schon unterwegs erleben möchtest.

Hier ist eine Liste von heimischen Wildkräutern, die du für deine Wildkräuterbutter verwenden kannst:

- Gänseblümchen
- Brennnessel
- Löwenzahn
- Spitzwegerich
- Gundermann
- Vogelmiere
- Scharfgarbe
- Wiesenkerbel
- Klee
- Sauerampfer
- Giersch
- Knoblauchrauke
- Schnittlauchblüten
- Vergissmeinnicht

Es gibt noch viele weitere heimische Wildkräuter, die du nutzen kannst. Achte jedoch immer darauf, dass du die Kräuter richtig identifizierst und nur sammelst, wenn du sicher bist, dass sie essbar und nicht mit Schadstoffen belastet sind.

Nimm dir Zeit, die Natur zu erkunden und mit allen Sinnen in sie einzutauchen. Jeder Schritt, den du dabei gehst, jede Berührung der Kräuter und die Bewegung deiner Hände tragen zur Entstehung der köstlichen Wildkräuterbutter

bei. Genieße diesen erdenden Prozess und freue dich darauf, bald ein Stück Natur in Form der Butter zu kosten, die du mit deiner eigenen Energie und Liebe kreiert hast.

Wenn du vegan lebst, mische deine Kräuter zu Hause in eine pflanzliche Butter ein oder stell dir ein Wildkräuter-Pesto her, indem du die Kräuter zusammen mit Olivenöl pürierst.

Wundervolle Nachtigall

In der Zeit, in der ich dieses Buch schrieb, zeigten sich immer wieder Tiere und Pflanzen, die meine Aufmerksamkeit auf sich zogen und so schließlich ihren Platz in den einzelnen Kapiteln hier fanden. Unter ihnen ist die Nachtigall, die den gesamten Monat Mai über sehr präsent in meinem Leben war. Ihr zauberhafter Gesang erfüllte die Luft und begleitete mich Tag für Tag. Sein melodischer Fluss durchdrang meine Gedanken und erinnerte mich täglich neu an die Schönheit und Magie des Lebens. So oft ich auch ihrem Gesang lauschte, ich konnte nicht genug davon bekommen.

Die Nachtigall hat einen Ehrenplatz in diesem Buch, denn sie symbolisiert für mich wie kaum etwas anderes die Verbundenheit zur Erde und den harmonischen Fluss des Daseins. Ihr Gesang ist eine Botschaft der Natur, die uns daran erinnert, im gegenwärtigen Moment zu sein und die Schönheit um uns herum wahrzunehmen. Ihre Präsenz und ihr Gesang führen uns zu einer tieferen Verbindung mit unserem eigenen Wesen und eröffnen uns die Möglichkeit, die melodische Harmonie des Lebens zu erfahren.

Inmitten der Stille und der Dunkelheit der Nacht erhebt sich dieser zauberhafte Gesang der Nachtigall, der die Herzen der Menschen berührt. Es ist ein Klang, der eine Atmosphäre der Magie und des Staunens schafft. Die Nachtigall ruft uns dazu auf, auch selbst unsere einzigartige Stimme zum Ausdruck zu bringen. So wie sie mit ihrem Gesang die Welt verzaubert, haben auch wir die Möglichkeit, durch unsere Kreativität und unseren Ausdruck die Herzen der Menschen zu erreichen.

Ihr Gesang erinnert uns daran, dass das Leben ein ständiger Fluss ist, in dem wir uns immer wieder neu erfinden können. Sie ermutigt uns, alte Muster loszulassen und uns auf den Tanz des Lebens einzulassen, im Einklang mit den natürli-

chen Rhythmen und Zyklen. So lehrt uns die Nachtigall die Bedeutung der Hingabe und des Vertrauens in den gegenwärtigen Moment. Ihr Gesang im Einklang mit der Natur erfüllt uns mit tiefer Freude und bringt uns in Verbindung mit der Quelle der Schöpfung. Wir spüren die Magie und die Liebe, die in jedem Augenblick vorhanden sind.

Solltest du in den nächsten Tagen den Gesang der Nachtigall hören, dann versuche einen Augenblick zu verweilen und die Melodie in dein Herz zu lassen. Gib dich der melodischen Umarmung hin. Spüre die Verbundenheit zur Natur, zur Musik und zu deiner eigenen Essenz. Lass dich die Nachtigall daran erinnern, dass du ein Teil dieser wundervollen Schöpfung bist und dass du eine einzigartige Stimme hast, die gehört und gefeiert werden möchte. Die Nachtigall ist eine Botschafterin der Erde und ihrer Weisheit und sie lädt dich ein, dich in diesem Moment zu verlieren und dabei selbst zu finden.

Nachtigall-Meditation

Du sitzt an einem ruhigen Ort im Garten und lauschst dem Gesang der Nachtigall. Die Melodie hallt in deinem Inneren nach und du fühlst dich vollkommen eingehüllt von der Schönheit der Natur.

Während du dort sitzt, spürst du, wie sich die Energie des Mai in dir ausbreitet. Es ist eine tiefe Erdung, die dich fest mit der Erde verbindet und dich mit einer starken Basis ausstattet. Du fühlst dich gestärkt und verwurzelt, bereit, die Herausforderungen des Lebens anzunehmen.

In diesem Zustand der Erdung und Verbundenheit öffnest du dich für die Botschaften und Weisheiten der Natur. Du nimmst wahr, wie die Bäume um dich herum ihre Arme zum Himmel ausstrecken und den Reichtum des Lebens empfangen. Du erkennst, dass auch du ein Teil des großen Kreislaufs bist, empfangend und gebend, verbunden mit allem, was ist.

Du spürst eine erneuernde Kraft, die dich ermutigt, alte Muster loszulassen und Neues in dein Leben einzuladen. Die Energie fließt durch dich hindurch und gibt dir den Mut und die Zuversicht, dich neuen Möglichkeiten zu öffnen und deine Träume zu verwirklichen.

Die Melodie der Nachtigall, die noch immer in deinem Herzen schwingt, erinnert dich daran, dass du mit deinem eigenen Gesang und Ausdruck ein Teil des großen Ganzen bist. Du hast eine einzigartige Stimme und eine einzigartige Gabe, die Welt zu bereichern. Lass dich die Melodie der Nachtigall daran erinnern, deine einzigartige Schönheit zum Ausdruck zu bringen.

Nimm dir nun einen Moment, um in Stille zu verweilen und das Geschenk dieser Meditation zu würdigen. Atme tief ein und aus und spüre die Erdung und Leichtigkeit, die du in dir trägst. Lass die Energie des Mai und die Melodie der Nachtigall weiterhin in dir wirken, während du dich langsam aus dieser Meditation zurückziehst.

Wenn du bereit bist, öffne sanft deine Augen und kehre mit einem Gefühl von Erdung, Stärke und innerer Schönheit in den Alltag zurück. Trage die Erkenntnisse und Energien dieser Meditation mit dir und lass sie dich in deinem Leben unterstützen.

Achtsamkeitsmomente im Mai

- Blütenpracht: Nimm dir Zeit, um die vielfältigen Blüten, die den Mai schmücken, bewusst wahrzunehmen. Ob es die zarten Blütenblätter einer Magnolie, die leuchtend gelben Löwenzahnblüten oder die duftenden Blüten des Flieders sind – lass dich von ihrer Schönheit berühren und spüre die Fülle des Frühlings in jedem Moment. Geh achtsam durch die Natur, erblicke auch die kleinen Blüten wie Taubnessel, Gänseblümchen, die zarten Wiesenblüten oder die des Weißdorns und der Schlehe.
- Vogelgesang: Lausche den morgendlichen Konzerten der Vögel, wenn sie voller Freude und Lebenskraft ihre Lieder singen. Schenke ihnen deine Aufmerksamkeit und spüre, wie ihre Melodien dein Herz erfüllen und dich mit der Natur verbinden. Nimm dir bewusst Zeit, um ihre Klänge zu genießen und dich daran zu erfreuen.
- Das Grün der Natur: Sei achtsam für das lebendige Grün, das sich im Mai überall in der Natur zeigt. Ob es das frische Laub an den Bäumen, die saftigen Blätter der Büsche oder das satte Gras auf den Wiesen ist – erkenne die Kraft, die das Grün symbolisiert, und fühle dich von dieser Vitalität inspiriert.

- **Verbindung mit der Erde:** Spüre bewusst den Boden unter deinen Füßen, wenn du in der Natur gehst. Nimm die Energie der Erde auf und fühle, wie sie dich unterstützt und nährt. Achte auf die Berührung des Grases, des Sandes oder des Waldbodens und fühle deine Verbindung zur Erde.
- **Dankbarkeit für das Wachstum:** Nimm dir Zeit, um dankbar zu sein für das Wachstum und die Fülle, die der Mai mit sich bringt. Sei dir bewusst, dass alles um dich herum lebendig ist und sich entfaltet. Spüre den Zauber des Neubeginns und erkenne die Geschenke des Lebens, die dir jeden Tag begegnen.
- **Der Duft des Mai:** Geh in die Natur und atme, atme, atme ... Spüre, wie sich die Luft verändert hat und wie fein sie duftet.
- **Tanze!** Ob für dich allein zu Hause, im Wald oder auf einer Wiese, tanze und fühle dich frei. Genieße deine Lebendigkeit.

Diese Achtsamkeitsmomente im Mai helfen dir dabei, dich bewusst mit der Natur und den energetischen Schwingungen dieser besonderen Zeit zu verbinden. Nutze diese Momente, um im Hier und Jetzt zu sein, deine Sinne zu öffnen und die Schönheit und den Reichtum des Lebens in all seinen Facetten zu erfahren.

Dinge, die du im Mai verinnerlichen darfst

Verbindung mit der Natur: Nutze die milden Temperaturen und das blühende Leben in der Natur, um eine tiefere Verbindung zu ihr aufzubauen. Geh regelmäßig nach draußen, spaziere durch Wälder oder Parks und genieße die Schönheit der blühenden Pflanzen und singenden Vögel. Achte bewusst auf die Details und die Energie, die du in der Natur spürst.

Dankbarkeit für die Fülle: Der Mai ist eine Zeit der Fülle und des Überflusses. Nimm dir jeden Tag einen Moment, um für die reichen Gaben des Lebens dankbar zu sein. Schätze die blühenden Blumen, die frischen Früchte und das erneuernde Wachstum um dich herum. Spüre die Dankbarkeit tief in dir und lass sie dich mit Freude erfüllen.

Düfte: Atme bewusst ein und spüre, wie sich der Duft des Frühlings in dir ausbreitet. Dieser Geruch ist so außerordentlich und einzigartig – der Flieder, die ersten Wildrosen, Maiglöckchen, Löwenzahn, Narzissen, Tulpen, Obstblüten, Ginster und so viel mehr erfüllt die Luft mit diesem sanften Blütenzauber, den es so nur im Mai gibt.

Leichtigkeit und Freude: Der Mai ist eine Zeit der Leichtigkeit und Freude. Erlaube dir selbst, Spaß zu haben und das Leben zu genießen. Nimm dir Zeit für Aktivitäten, die dir Freude bereiten, sei es das gemeinsame Grillen mit Freunden, ein Picknick im Park oder einfach nur das Lachen und Spielen mit deinen Kindern. Lass die Leichtigkeit des Mai in dein Herz und deine Seele fließen.

Diese Dinge kannst du im Mai verinnerlichen, um eine tiefere Verbindung zur Natur, zu dir selbst und zum Leben im Allgemeinen herzustellen. Sei achtsam, sei dankbar und sei bereit für Wachstum und Veränderung. Genieße die Fülle und die Leichtigkeit des Mai und lass sie dein Leben bereichern.

Erdungsmeditation für den Mai

Schließe deine Augen und stell dir vor, du befindest dich inmitten eines majestätischen Waldes. Spüre den weichen Boden unter deinen Füßen und höre das sanfte Rascheln der Blätter im Wind. Du atmest tief ein und aus und spürst, dass die Luft mit dem Duft von frischem Grün und blühenden Blumen erfüllt ist.

Während du langsam durch den Wald gehst, fühlst du dich von einer unsichtbaren Kraft geführt. Plötzlich hörst du das Zwitschern eines Vogels und folgst seinem melodischen Gesang. Der Vogel führt dich tiefer in den Wald hinein und enthüllt dir die Geheimnisse und Wunder der Natur, die im Monat Mai erwachen.

Ihr kommt an einem klaren Bach vorbei, der sich harmonisch durch das Dickicht schlängelt. Das kühle Wasser sprudelt erfrischend und belebend. Du nimmst dir einen Moment, um deine Hände in das klare Wasser zu tauchen, und spürst die verbindende Kraft, die von dieser reinen Naturquelle ausgeht.

Der Vogel führt dich weiter durch den Wald, vorbei auch an üppigen grünen Lichtungen, auf denen sich bunte Blumen entfalten. Du nimmst die

Fülle und Schönheit der Natur in dich auf und spürst, wie sich deine Verbindung zur Erde vertieft. Jeder Schritt, den du machst, erdet dich noch mehr und lässt dich die tiefe Verbundenheit mit Mutter Erde spüren. Du gehst behutsam und durch deine Fußsohlen nimmst du wahr, wie die verwurzelnde Kraft des Waldes und der Bäume um dich herum immer intensiver in dir aufsteigt. Schritt für Schritt wirst du energetischer, spürst aber auch, wie sich eine wunderschöne Ruhe in dir ausbreitet.

Der Gesang des Vogels wird lauter und du erkennst, dass du dich einem besonderen Ort näherst. Du kommst an eine Lichtung, auf der ein majestätischer Baum steht, dessen Äste bis in den Himmel reichen. Es ist eine Pappel. Dieser Baum steht für tief empfundene Sensibilität und weitreichendes Verständnis. Er ist ein Symbol für Wachstum, Neubeginn und tiefe Verwurzelung.

Du nimmst Platz unter dem Baum und spürst, wie seine Wurzeln tief in die Erde hineinreichen und dich mit ihrer Kraft umgeben. Du fühlst dich sicher, geerdet und verbunden mit der vitalen Energie des Momentes, die voller Schönheit und Lebenskraft ist.

Während du unter dem Baum sitzt, lässt du die Kraft, die der Monat Mai für dich bereithält, durch dich fließen. Du spürst, wie sich deine Wurzeln mit denen des Baumes verbinden und du dich tief in die Erde hinein verbindest. Du fühlst dich gestärkt, geerdet und voller Vertrauen, dass du den Herausforderungen des Lebens standhalten kannst.

Langsam öffnest du nach einer Zeit wieder deine Augen und nimmst die Umgebung bewusst wahr. Du bist nun kraftvoll verwurzelt in der Natur und fühlst die tiefe Verbundenheit mit Mutter Erde, während du ins Hier und Jetzt zurückkommst. Ruh dich noch einen Augenblick aus und überlege, welcher Vogel es war, der dich gerade begleitet hat. Wenn du später nach draußen gehst, dann beobachte mal, welcher Vogel als Erstes an dir vorbeifliegt. Vielleicht ist es ja der Vogel, der dich durch diesen Monat begleiten möchte.

SOMMER

Die Bedeutung des Sommers zum Verinnerlichen

Das goldene Sonnenlicht ergießt sich großzügig über die Welt und taucht alles in sein strahlendes Gewand. Die Farben des Sommers leuchten in einer Intensität, die das Herz erfüllt und die Sinne berauscht. Mit jedem Atemzug spürt der Körper die wärmende Umarmung des Sommers und die Liebe scheint allerorten wie ein goldener Strahl durch die Luft zu schweben.

In den Momenten, in denen wir den Sommer ganz und gar erleben, fühlen wir uns tief verwurzelt und geerdet, als ob wir eins wären mit der Erde selbst. Wir spüren den Puls Lebenskraft in uns, die Natur feiert ein rauschendes Fest der Sinne.

Die Blumenwiesen zeigen sich erfüllt von einem Farbenrausch, der die Augen erfreut und die Seele berührt. Die Bienen summen im fröhlichen Tanz von Blüte zu Blüte und erzählen von der unermüdlichen Arbeit des Sommers. Die Bäume neigen ihre grünen Kronen im sanften Wind und die Blätter tanzen im goldenen Licht.

Der Sommer ist eine Zeit der Liebe, eine Zeit der Hingabe und der Fülle. Die langen Tage laden uns ein, nach draußen zu gehen, unsere Arme auszubreiten und uns im freudigen Tanz zu drehen. Wir stürzen uns kopfüber in die erblühte Natur, tauchen in klare Seen ein und genießen die sanfte Brise auf unserer Haut.

In dieser Jahreszeit der Hingabe und Fülle erkennen wir, dass wir ein Teil dieser wunderbaren Welt sind. Wir fühlen uns tief mit Mutter Natur verbunden, als ob wir ihr Lied mitsingen und ihren Rhythmus tanzen würden. In dieser magischen Zeit finden wir unsere Erdung, unsere innere Ruhe und unser tiefstes Glück beinahe von selbst. Wir sind lebendig, wir sind Teil dieses großen Ganzen und wir sind voller Liebe für den Sommer und das Leben. Die Blüten, Früchte und Blätter, in der Sonne gereift, tragen die Energie des Sommers in sich.

Der Sommer lädt uns ein, die Zeit zu vergessen und uns in den Moment hineinzugeben. Wir lassen uns von der Sonne küssen und von warmen Regentropfen erfrischen. Die langen, lauen Abende locken uns, unter dem funkelnden Sternenhimmel zu verweilen und uns von der Schönheit der Nacht verzaubern zu lassen.

Der Sommer ist eine Liebeserklärung an das Leben, eine Zeit des Erwachens und der Entfaltung. Sei getragen von seiner Leichtigkeit und seinem Zauber und spüre in jedem Sonnenstrahl, in jedem Lachen und in jedem Augenblick der Stille die Liebe, die den Sommer durchdringt. Möge der Sommer in deinem Herzen weiterleben, auch wenn die Blätter nach seiner Zeit wieder fallen und die Tage kürzer werden. Möge dich die Erinnerung durch die kalten Tage tragen.

JUNI: DIE SONNENENERGIE SPÜREN

»Ich bin Strahlen«

Und schon ist er da, der Höhepunkt der Pflanzenenergie und Blütenpracht. Die Natur erreicht ihren vollen Glanz und zeigt uns die Fülle ihrer Schöpfungskraft. Die Sonne schickt ihre warmen Strahlen auf die Erde und schenkt uns den längsten Tag und die kürzeste Nacht des Jahres. Die Sommersonnenwende ist ein magischer Moment, der uns mit der kosmischen Energie verbindet und uns aufs Neue zeigt, dass wir ein Teil des großen Ganzen sind.

Schließe deine Augen und spüre die Kraft der Sonne auf deiner Haut. Fühle, wie sie dich mit neuer Energie auflädt und dich mit ihrer Wärme erfüllt. Atme tief ein und aus und lass dich beleben. Spüre, wie sie dich erdet und dich mit der Fülle des Lebens verbindet.

Geh hinaus in die Natur und lass dich von der Blütenpracht verzaubern. Betrachte die leuchtenden Farben der Blumen und nimm den betörenden Duft wahr, der in der Luft liegt. Spüre die Lebenskraft, die in jedem Grashalm, jedem Blatt und jeder Blüte pulsiert. Nimm dir Zeit, diese Schönheit und Fülle zu würdigen und dankbar zu sein für die wundervollen Kräfte der Natur.

Öffne dein Herz für die Liebe und Freude, die der Juni mit sich bringt. Die Natur erstrahlt in ihrer vollen Schönheit und zeigt uns, dass auch wir in unserem Inneren diese Fülle tragen. Lass diese Energie in dir aufsteigen und erlaube dir, dich von ihr tragen zu lassen.

Spüre die Verbundenheit mit allem, was ist. Fühle, wie du eingebettet bist in das große Netz des Lebens, wie jeder Baum, jede Blume und jedes Lebewesen Teil dieses Ganzen ist. Nimm dir Zeit, diese Verbundenheit zu spüren und dich daran zu erinnern, wie untrennbar wir alle miteinander verwoben sind.

Der Juni ist eine Zeit der Fülle, des Wachstums und der Verbundenheit. Nutze diese Energie, um dich zu erden, zu feiern und dein Leben in vollen Zügen zu genießen. Sei dankbar für die Geschenke des Juni und nimm sie in dein Herz. Nimm diese Zeit als Einladung, deine Träume und Ziele zu verwirklichen und dich voll und ganz zu entfalten.

Sommersonnenwende: Hinwendung zur Fülle

Die Sommersonnenwende um den 21. Juni markiert den längsten Tag des Jahres. An diesem besonderen Tag erreicht die Sonneneinstrahlung ihren Höhepunkt und die Natur ist in voller Blüte. Die Pflanzen zeigen sich in ihrer kraftvollsten und heilkräftigsten Form. Es ist ein höchst markanter Punkt im ewigen Zyklus des Lebens, des Werdens und des Seins, der uns mit Mutter Erde verbindet.

Die Natur erlebt das Maximum ihrer Kraft, Fruchtbarkeit und Ausdehnung. Wir haben die Möglichkeit, uns mit dieser Energie zu verbinden und sie zu feiern. Überall sind Licht und Feuerkraft präsent, sie symbolisieren die männliche Kraft, während Mutter Erde in ihrer Weiblichkeit erstrahlt. Die Fruchtbarkeit der großen Mutter schenkt uns Lebenskraft aus der Wurzel heraus, vereint mit dem kraftvollen Licht des Himmels. Nährende Weiblichkeit, die Leben schenkt, erfahren wir zugleich durch den Regen, fließende Gewässer und Quellen – vergleichbar dem Fruchtwasser der Gebärmutter.

Die Sommersonnenwende ist ein Wendepunkt – das Maximum an Licht ist da. Gib dich jetzt dem Wendepunkt deines eigenen Seins hin und geh diesen Schritt mit all deiner Kraft. Überlege dir, was du in die zweite Jahreshälfte mitnehmen möchtest. Richte dich neu aus und schau, was dir wirklich wichtig ist und was gehen darf. Während dieser Zeit des Wandels und des Wachstums können wir uns von alten Mustern und Belastungen befreien. Wir können loslassen, was uns nicht mehr dient, und Platz für Neues schaffen. Indem wir uns von Ballast befreien, schaffen wir Raum für Klarheit, Wahrheit und Freude in unserem Leben.

Es ist eine Zeit der Selbstreflexion und der Neuausrichtung. Du bist eingeladen, nach vorn zu schauen und den Moment zu leben. Es ist eine Zeit, in der wir uns mit unserer inneren Kraft und unserem Mut verbinden können. Wir können der Veränderung vertrauen und unser inneres Feuer entfachen, um unsere Träume und Ziele zu verwirklichen.

Es ist eine Zeit, in der wir uns unserer eigenen Kraft und Heiligkeit bewusst werden und uns in Liebe und Mitgefühl mit der Welt verbinden. Der Sommer kann uns viel Klarheit und Wahrheit bringen. Er will uns mit unserem höheren Selbst, unserer größten und höchsten Kraft, verbinden. Wir dürfen diese Essenz wiederfinden und nutzen. Mit der Sommersonnenwende dürfen wir unser heiliges Feld öffnen und uns der Liebe hingeben. Schau nach vorn und lebe im Moment. Bleib in deiner heiligen, mutigen Verbindung mit Mutter Erde, die sich in all ihrer Heiligkeit und Liebe zeigt. Vertraue der Kraft der Veränderung und lebe dein inneres Feuer.

Die Sommersonnenwende ist eine Einladung, uns mit unserer Essenz zu verbinden und unsere Herzen für die Liebe zu öffnen. Indem wir uns der Liebe hingeben, können wir nicht nur uns selbst, sondern auch anderen gegenüber mitfühlend und großzügig sein. Auch das Essen, mit dem wir die Gaben der Natur in uns aufnehmen, wird zur puren Liebe und zum reinen Frieden, die uns nähren und stärken.

Pflanzen, mit denen du dich im Juni verbinden kannst

Im Juni gibt es eine Vielzahl von Pflanzen, mit denen du in Resonanz treten kannst:

- Johanniskraut: Es blüht im Juni und symbolisiert die Fülle des Sommers. Es ist bekannt für seine erdende und stimmungsaufhellende Wirkung und kann dich mit seiner kraftvollen Energie unterstützen.
- Holunder: Der Holunder zeigt sich im Juni mit duftenden weißen Blüten. Er steht für Schutz und Heilung und kann dir helfen, eine tiefere Verbindung zur Natur und den spirituellen Dimensionen herzustellen.
- Mohnblume: Mohn blüht im Juni in verschiedenen Farben und bringt Schönheit und Leichtigkeit in den Garten. Die Mohnblume symbolisiert Wandel und Transformation, da sie ihre Blütenblätter nach und nach freigibt.
- Kornblume: Die blau-violette Blume entfaltet im Juni ihre volle Pracht. Sie steht für Klarsicht, Inspiration und innere Weisheit. Durch ihre leuchtenden Farben kann sie Freude und Lebendigkeit vermitteln.

- Kamille: Sie trägt zarte weiße Blüten mit dem beruhigenden Duft. Sie wird oft mit Entspannung, Gelassenheit und innerer Balance assoziiert. Eine Verbindung mit der Kamille kann dir helfen, Stress abzubauen und dich zu zentrieren.
- Lavendel: Er blüht ab Juni und verströmt einen betörenden Duft. Er steht für Ruhe, Harmonie und spirituelles Wachstum. Eine Verbindung mit dem Lavendel kann dir helfen, innere Klarheit zu finden und deine Intuition zu stärken.
- Engelwurz: Sie ist eine majestätische Pflanze mit einer starken erdenden Wirkung. Sie symbolisiert Schutz und spirituelle Verbindung. Ihre großen Blätter und duftenden Blüten können dich dabei unterstützen, dich mit der Erde zu verbinden und deine Wurzeln zu stärken.
- Calendula: Die Ringelblume ist eine leuchtend orange Blume, die im Juni ihre volle Blüte entfaltet. Sie symbolisiert Freude, Sonnenenergie und kreative Inspiration. Eine Verbindung mit der Calendula kann dir helfen, deine Lebensfreude zu stärken und dich mit der Fülle des Sommers zu vereinen.
- Borretsch: Mit seinen auffälligen blauen Blüten steht Borretsch für Mut, Optimismus und Freude am Leben. Er kann dich daran erinnern, den Moment zu genießen und dich von seinen heiteren Schwingungen inspirieren zu lassen.
- Erdbeeren: Sie werden im Juni reif und stecken voller süßer Aromen. Sie symbolisieren Liebe, Fülle und Genuss. Das Sammeln und Essen von Erdbeeren kann eine sinnliche Erfahrung sein und dich dazu einladen, die natürliche Süße des Lebens zu kosten.
- Honigklee: Diese Pflanze mit ihren gelben Blüten verströmt einen süßen honigähnlichen Duft. Honigklee symbolisiert Leichtigkeit, Freude und Harmonie. Eine Verbindung mit ihm kann dir helfen, dich zu entspannen, negative Energien loszulassen und positive Schwingungen anzuziehen.
- Nelkenwurz: Diese heimische Wildpflanze mit ihren leuchtend gelben Blüten steht für Erdung, Stabilität und innere Stärke. Die Nelkenwurz kann dir dabei helfen, dich in Zeiten des Wandels zu zentrieren und eine feste Basis zu schaffen.
- Melisse: Die aromatische Pflanze mit zarten zitronigen Blättern symbolisiert Ruhe, Entspannung und geistige Klarheit. Die Verbindung mit der Melisse kann dir dabei helfen, Stress abzubauen, den Geist zu beruhigen und dich mit innerem Frieden zu erfüllen.
- Wildrose: Sie ist im Juni in voller Blüte und verströmt einen betörenden Duft. Wildrosen stehen für Liebe, Schönheit und Herzöffnung. Eine Verbindung mit ihnen kann dir helfen, deine Herzenswünsche zu erkennen, Liebe zu empfangen und Mitgefühl zu kultivieren.

- Frauenmantel: Die zarte Pflanze mit auffällig geformten Blättern und kleinen gelbgrünen Blüten symbolisiert Weiblichkeit, Fruchtbarkeit und Schutz. Eine Verbindung zum Frauenmantel kann dir dabei helfen, deine weibliche Kraft zu stärken, dich mit den Naturzyklen zu verbinden und einen geschützten Raum für dich selbst zu schaffen.
- Schafgarbe: Die robuste Wildpflanze mit den kleinen weißen Blüten steht für Heilung, Schutz und spirituelles Wachstum. Die Verbindung mit der Schafgarbe kann dir dabei helfen, alte Wunden zu heilen, energetische Blockaden zu lösen und auf deinem spirituellen Pfad voranzugehen.
- Gänseblümchen: Die zarte Blume mit strahlend weißen Blütenblättern und einem gelben Zentrum symbolisiert Unschuld, Reinheit und Freude. Eine Verbindung mit dem Gänseblümchen kann dir dabei helfen, dich an die Schönheit der einfachen Dinge zu erinnern, deine kindliche Seite zu umarmen und das Leben mit Leichtigkeit zu nehmen.
- Alant: Die imposante Pflanze mit gelben Blüten und großen, behaarten Blättern steht für Stärke, Schutz und Erdung. Eine Verbindung mit Alant kann dir dabei helfen, deine eigene Kraft zu entfesseln, dich vor negativen Einflüssen zu schützen und eine tiefe Verbindung zur Erde herzustellen.
- Beifuß: Beifuß ist eines der großen Mutterkräuter und wird verwendet, um Dinge loszulassen oder einzuladen, er ist ein mächtiges Wende- und Zauberkraut.

Diese Pflanzen eröffnen eine weite Palette an Energien und Eigenschaften, die dich im Juni begleiten können. Nutze die Gelegenheit, um dich mit ihnen zu verbinden, ihre Schönheit zu bewundern und ihre heilenden Eigenschaften in dein Leben einzuladen. Entdecke die Kraft der Natur immer wieder neu und lass dich von ihr inspirieren.

Holunder

Der Holunder gilt als Türöffner zwischen den Welten und wird oft mit Heilung und Schutz in Verbindung gebracht. Die Pflanze hat eine starke Verbindung zur Erdenergie und kann uns daher sehr gut helfen, uns zu erden und mit der Natur in Kontakt zu treten. Durch das Sammeln und die Verarbeitung der Blüten und

Früchte des Holunders können wir diese Verbindung vertiefen und von den vielen Vorzügen dieser wunderbaren Pflanze profitieren.

Das Sammeln von Holunderblüten und -beeren ist ein besonderes Erlebnis, das uns die Möglichkeit gibt, die Fülle der Erde zu schätzen. Es ist dabei wichtig, achtsam und respektvoll vorzugehen. Achte darauf, nur reife und gesunde Pflanzenteile zu sammeln und die natürlichen Bestände zu schonen. Nimm dir Zeit, die Pflanze zu beobachten und ihre Energie zu spüren, bevor du erntest. In der Zeit von Mai bis Ende Juni kannst du die Blüten sammeln und im September die dunklen Beeren.

Die Blüten eignen sich hervorragend zur Herstellung von Tee, Sirup, Holunderwasser oder Holunderblüten-Honig. Die Beeren können zu Saft, Gelee, Likör oder Marmelade verarbeitet werden. In verschiedenen Rezepten kannst du die heilenden und erdenden Eigenschaften der Pflanze in deinen Alltag integrieren. Der Holunder ist nämlich nicht nur ein kulinarischer Genuss, sondern auch eine Quelle der Heilung. Die Blüten und Beeren enthalten wertvolle Inhaltsstoffe wie Flavonoide, Antioxidantien und ätherische Öle, die entzündungshemmend, immunstärkend und beruhigend wirken können. Der Holunder wird traditionell bei Erkältungen, Husten, Fieber und anderen gesundheitlichen Beschwerden eingesetzt.

Außerdem wird er von jeher als Schutzpflanze angesehen und kann uns dabei helfen, uns energetisch zu reinigen und negative Einflüsse abzuwehren. Der Holunder steht auch für Transformation und Neubeginn, da er uns dabei unterstützt, Altes loszulassen und Platz für Neues zu schaffen.

Wenn du dich dem Holunder hingibst, wirst du feststellen, dass er nicht nur eine Pflanze ist, sondern ein Wesen, das dich mit seiner erdenden und heilenden Energie bereichert. Nimm dir Zeit, dich mit dem Holunder zu verbinden, sei es beim Sammeln, beim Verarbeiten oder beim Genießen seiner köstlichen Gaben.

Erfrischendes Holunderwasser

Zutaten

- eine Handvoll Holunderblüten
- 1 Orange, in Scheiben geschnitten
- 1 l Wasser

Zubereitung

- Spüle die Holunderblüten vorsichtig ab, um eventuelle Verunreinigungen zu entfernen.
- Gib die Blüten und die Orangenscheiben in eine große Karaffe oder einen Krug. Gieße das Wasser darüber und rühre vorsichtig um.
- Decke den Krug ab und stell ihn für mindestens 4 Stunden in den Kühlschrank, damit sich die Aromen entfalten können. Nach der Ruhezeit kannst du das Holunderwasser durch ein Sieb abgießen.
- Das erfrischende Holunderwasser ist nun bereit zum Servieren. Du kannst es mit Eiswürfeln garnieren und nach Belieben mit Minzblättern oder Zitronenscheiben verfeinern.

Holunderblüten-Honig

Achte für dieses Rezept darauf, hochwertigen Honig (am besten aus deiner Region) zu verwenden.

Zutaten

- eine Handvoll Holunderblüten (nur die Blüten, nicht die Stiele)
- 1 Glas Honig

Zubereitung

- Klopfe die Holunderblüten vorsichtig ab, damit Verunreinigungen oder kleine Tiere herauspurzeln.
- Gib die Holunderblüten in ein sauberes Glas mit einem luftdichten Deckel.
- Wenn du festen Honig nutzt, erwärme ihn in einem Wasserbad, bis er flüssig wird. Oder nutze gleich flüssigen Honig.
- Gieße den flüssigen Honig über die Holunderblüten im Glas. Verschließe das Glas gut und lass den Honig mindestens eine Woche lang an einem kühlen und dunklen Ort ziehen. Dreh das Glas mehrmals am Tag, damit sich Honig und Blüten schön verbinden.
- Nach der Ruhezeit kannst du den Holunderblüten-Honig durch ein Sieb abgießen. Gib den Honig dann in ein sauberes Glas und verschließe es wieder luftdicht.
- Der Holunderblüten-Honig ist nun bereit zum Genießen. Verwende ihn als süßen Brotaufstrich, zum Süßen von Tee oder als Zutat in verschiedenen Rezepten.

Achtsamkeitsmomente im Juni

- Suche dir einen ruhigen Ort in der Natur, sei es im Park, in einem Garten oder im Wald. Nimm eine bequeme Sitzposition ein und schließe sanft deine Augen. Richte deine Aufmerksamkeit auf deinen Atem und spüre, wie du ein- und ausatmest. Lass deinen Atem ruhig und entspannt fließen. Öffne nun deine Augen und lass deinen Blick sanft über die umgebende Natur schweifen. Betrachte die grünen Bäume, die blühenden Blumen, das lebendige Gras und den blauen Himmel.

- Nimm die Geräusche der Natur wahr, das Zwitschern der Vögel, das Rauschen der Blätter im Wind, das Summen der Insekten. Lass diese Klänge zu dir durchdringen und spüre ihre beruhigende Wirkung.
- Nimm den Duft der Natur wahr, den frischen Geruch von Gras, die süßen Aromen der Blumen, den erdigen Geruch des Bodens. Atme tief ein und genieße diese natürlichen Düfte.
- Nimm die verschiedenen Texturen der Natur wahr, berühre sanft ein Blatt, streiche über die Rinde eines Baumes oder spüre das weiche Gras unter deinen Füßen. Lass dich von den unterschiedlichen Empfindungen berühren. Verweile einen Moment in dieser Verbundenheit mit der Natur und spüre die tiefe Ruhe und Harmonie, die sie dir schenkt. Lass alle Gedanken und Sorgen los und genieße den Moment des Seins.
- Danke: Bedanke dich innerlich für jede Zeit der Achtsamkeit. Nimm die positiven Gefühle und Empfindungen, die du während eines solchen Moments erlebt hast, mit in den Rest deines Tages und in dein Leben. Erinnere dich immer wieder daran, die Verbindung zur Natur und zu dir selbst zu pflegen. Jeder Achtsamkeitsmoment im Juni kann dir helfen, im Hier und Jetzt zu sein und die Schönheit des Sommers voll und ganz zu genießen. Nutze diese Zeit, um dich zu erden, zu entspannen und deine Sinne mit den Geschenken der Natur zu nähren.

Johanniskraut

Johanniskraut ist eine bemerkenswerte Pflanze, die sowohl erdende als auch »himmlische« Eigenschaften besitzt. Mit ihren strahlend gelben Blüten und ihrem intensiven Duft zieht sie die Aufmerksamkeit auf sich und symbolisiert die Verbindung von Erde und Himmel.

Das Johanniskraut hilft uns, uns zu verwurzeln und in unserer Mitte zu bleiben. Es unterstützt uns dabei, mit den Herausforderungen des Alltags umzugehen und uns gegen negative Energien abzuschirmen. Das Kraut bringt Licht und Wärme in unsere Dunkelheit und stärkt unsere Widerstandsfähigkeit und innere Stabilität.

Gleichzeitig hat das Johanniskraut eine starke Verbindung zum Himmel. Die Pflanze wird oft mit der Sonne assoziiert und symbolisiert die Kraft und Energie des Lichts. Sie erinnert uns daran, dass es immer einen Ausweg aus dunklen Zeiten gibt und dass das Licht letztendlich siegt. Das Johanniskraut kann uns dabei helfen, uns mit höheren Bewusstseinsebenen zu verbinden, und spirituelles Wachstum fördern.

Ein beliebtes Anwendungsgebiet für Johanniskraut ist die Herstellung von Rotöl, das auch als Johanniskrautöl bekannt ist. Dieses Öl wird durch das Ausziehen der Blüten in einem Trägeröl hergestellt. Rotöl hat eine wärmende und durchblutungsfördernde Wirkung und wird oft bei Muskelverspannungen, Rückenschmerzen und Rheuma eingesetzt. Es kann auch als beruhigendes und stimmungsaufhellendes Massageöl verwendet werden.

Rotöl

Zutaten

- 1 Tasse getrocknete Johanniskrautblüten
- 2 Tassen Trägeröl (zum Beispiel Olivenöl oder Mandelöl)

Zubereitung

- Zerstoße die getrockneten Johanniskrautblüten leicht, um ihre ätherischen Öle freizusetzen.
- Gib die Blüten in ein sauberes Glasgefäß und fülle es mit dem Trägeröl auf.
- Verschließe das Glas gut und stell es an einen sonnigen Ort. Lass das Öl für etwa 4 bis 6 Wochen ziehen, wobei du es täglich schüttelst.
- Nach der Ziehzeit filtere das Öl durch ein feines Sieb oder ein Baumwolltuch und gieße es in eine dunkle Glasflasche. Beschrifte die Flasche mit Datum und Inhalt.
- Das Rotöl ist nun gebrauchsfertig und kann zur äußerlichen Anwendung genutzt werden. Genieße die erdende und himmlische Energie des Johanniskrauts und erfahre seine wohltuende Wirkung auf Körper, Geist und Seele.

Der Zauber der Wildrose

Die Wildrose, diese zarte Schöpfung der Natur, gleicht einer liebevollen Umarmung von Mutter Erde. Ihre Anmut und ihre Vielfalt berührt unser Herz. Von der prächtigen Blüte, die sich sanft dem Himmel entgegenreckt, bis hin zur nährstoffreichen Hagebutte, die in ihrem Inneren die Geheimnisse des Lebens birgt, schenkt uns die Wildrose Schutz, Liebe und eine tiefe Verbindung zur Intuition.

Die Hagebutte, die süße Frucht der Wildrose, ist nicht nur ein kulinarischer Leckerbissen, sondern auch eine Quelle des Lebens. Ihr Fleisch ist reich an Vitamin C, ein kostbares Geschenk der Natur für unsere Gesundheit. Wir können ihr Öl liebevoll auf unsere Haut auftragen und ihre nährenden Kräfte genießen oder wir verwandeln das Hagebuttenpulver in leuchtende Smoothies, die uns mit Energie erfüllen.

Doch die Wildrose ist weit mehr als nur Medizin und Nahrung. Sie trägt eine tiefe magische Bedeutung in sich, die in vielen Kulturen verehrt wird. Als Symbol der Liebe und der zeitlosen Schönheit erinnert sie uns daran, wie wichtig es ist, unsere Augen für die Schönheit der Welt zu öffnen. Die Wildrose lehrt uns, dass

Liebe und Schutz grundlegende Prinzipien des Lebens sind. Bei ihrem Anblick erkennen wir, dass Glück und Schönheit in jeder Blüte, in jedem Sonnenstrahl und in jedem Atemzug existieren. Sie erinnert uns daran, wie wunderbar es ist, ein Teil dieser großen, liebevollen Familie zu sein – Teil des Lebendigen auf unserer Erde.

Wildrosenöl

Wildrosenöl kann für verschiedene Zwecke verwendet werden. Es eignet sich hervorragend für die Hautpflege, da es feuchtigkeitsspendend und beruhigend wirkt. Du kannst es als Körperöl verwenden, um trockene Haut zu pflegen, es in selbst gemachte Cremes, Lotionen oder Salben einarbeiten oder einfach als Badezusatz nutzen. Genieße die natürliche Schönheit und die erdende Energie der Wildrose mit diesem selbst gemachten Wildrosenöl – auch an kalten Wintertagen.

Zutaten

- 1 Tasse Wildrosenblütenblätter
- 1 Tasse Trägeröl (zum Beispiel Mandelöl oder Jojobaöl)

Anleitung

- Sammle frische Wildrosenblütenblätter. Achte darauf, dass sie sauber und unbeschädigt sind. Klopfe oder puste vorsichtig eventuelle kleine Tierchen heraus.
- Gib die Blütenblätter in ein Glas mit Schraubdeckel. Gieße das Trägeröl darüber, sodass die Blätter vollständig bedeckt sind und noch etwas Öl darübersteht.
- Verschließe das Glas gut und stell es an einen warmen und sonnigen Ort. Lass das Wildrosenöl für mindestens 2 Wochen ziehen,

idealerweise sogar 4 bis 6 Wochen. Während dieser Zeit kannst du das Glas regelmäßig schütteln, um die Blütenblätter im Öl zu bewegen und die Extraktion zu fördern.

- Nach der Ziehzeit kannst du das Wildrosenöl abseihen. Verwende dazu ein feines Sieb oder ein Baumwolltuch.
- Fülle das Wildrosenöl in eine saubere verschließbare Flasche oder ein Schraubglas. Lagere es an einem kühlen und dunklen Ort, um die Haltbarkeit zu gewährleisten.

Impuls: Mandala aus Wildrosen

Das Legen eines Blütenmandalas mit Wildrosenblüten und kleinen Edelsteinen ist eine wundervolle Möglichkeit, die Schönheit der Natur zu ehren und eine Verbindung zur erdenden Energie der Wildrose herzustellen.

Sammle dafür eine Auswahl frischer Wildrosenblüten. Achte darauf, dass die Blütenblätter unbeschädigt und schön sind. Wähle zudem einige kleine Edelsteine aus, die du in deinem Mandala platzieren möchtest.

Finde dann einen geeigneten Platz im Freien, an dem du dein Blütenmandala legen möchtest. Es kann eine ebene Fläche im Garten, auf einer Wiese oder sogar am Strand sein. Es geht aber auch einfach bei dir zu Hause in der Küche oder im Wohnzimmer.

Beginne damit, einen Kreis aus Wildrosenblüten und Blütenblättern auf den Boden zu legen. Platziere die Blüten und Blütenblätter eng aneinander, sodass ein klar definierter Kreis entsteht. Dieser Kreis symbolisiert die Einheit und Ganzheit der Natur.

Füge weitere Schichten hinzu, indem du neue Kreise oder Muster aus Wildrosenblüten legst. Du kannst deiner Kreativität freien Lauf lassen und verschiedene Formen und Symbole gestalten.

Platziere nun die kleinen Edelsteine in deinem Blütenmandala. Wähle Steine aus, die eine besondere Bedeutung für dich haben oder die energetischen Eigenschaften, die du in dein Mandala integrieren möchtest. Leg die Steine vorsichtig in das Muster und positioniere sie nach deinem ästhetischen Empfinden. Wenn du keine Steine zur Hand hast, dann kannst du einfach nur mit den Blüten und Blättern arbeiten.

Nimm dir einen Moment, um das vollendete Blütenmandala zu betrachten und dich mit seiner Schönheit und Energie zu verbinden. Spüre die erdende Kraft der Wildrosenblüten und die energetische Präsenz der Edelsteine. Lass diese Energie auf dich wirken und nimm sie in dich auf.

Wenn du bereit bist, kannst du das Blütenmandala als Zeichen der Dankbarkeit und Wertschätzung der Natur wieder auflösen. Du kannst die Blüten und Blütenblätter sorgfältig entfernen und sie zurück in die Natur geben, zum Räuchern trocknen oder in deiner Blumenpresse (siehe Monat März) pressen.

Das Legen eines Blütenmandalas mit Wildrosenblüten und Edelsteinen ist nicht nur eine schöne künstlerische Praxis, sondern auch eine spirituelle Verbindung mit der Natur. Genieße diese Einheit, die aus dem Moment heraus entsteht.

Meditatives Legen eines Mandalas

Mit dieser Praxis vertiefst du deine Erdung. Sie ist ähnlich wie der vorherige Impuls, aber meditativer. Beginne damit, den Platz, an dem du arbeiten möchtest, zu reinigen und energetisch vorzubereiten. Leg dafür einen kurzen Moment der Stille ein und konzentriere dich auf deine Atmung.

Leg wieder den Grundstein für dein Mandala, indem du einen kleinen Kreis aus Wildrosenblüten in die Mitte legst. Dieser Kreis repräsentiert die Mitte und den Ursprung deiner Meditation. Füge nach und nach weitere Schichten hinzu, indem du die Wildrosenblüten und andere Naturmaterialien in symmetrischen Mustern und Formen um den zentralen Kreis herum platzierst. Lass das Mandala organisch wachsen und gestalte es nach deinem inneren Empfinden. Konzentriere dich auch immer wieder auf deine Atmung und die spielerische Leichtigkeit deines Tuns.

Nimm dir dann Zeit, das vollendete Mandala zu betrachten, und spüre die Energie und Schönheit, die es ausstrahlt. Lass das Mandala eine Weile wirken und nimm seine Harmonie und Ausgewogenheit in dich auf.

Wenn du möchtest, kannst du jetzt meditieren: Setze dich dafür in die Nähe des Mandala und finde eine bequeme Sitzposition. Schließe sanft deine Augen und nimm ein paar tiefe Atemzüge, um dich zu zentrieren und zu entspannen. Stell dir vor, wie die Energie der Wildrosen in dein Herzzentrum fließt und dich mit Liebe und Schutz umhüllt.

Öffne deine Augen und lass deine Aufmerksamkeit sanft über das Mandala schweifen. Betrachte die Farben, Formen und Muster und lass die Schönheit auf dich wirken. Spüre die Harmonie und Ausgewogenheit, die im Mandala zum Ausdruck kommen.

Fokussiere deine Aufmerksamkeit nun auf eine bestimmte Wildrosenblüte oder ein Blatt im Mandala. Stell dir vor, wie du mit dieser Blüte energetisch verschmilzt und ihre heilende und nährende Energie in dich aufnimmst. Fühle, wie dich diese Energie erdet und dein Herz öffnet.

Lass dich von der Meditation tragen und erlaube deinen Gedanken und Gefühlen, frei zu fließen. Öffne dich für Botschaften oder Inspirationen, die dir während der Meditation kommen können. Spüre die tiefe Verbundenheit mit der Natur und der Energie der Wildrosen.

Verweile so lange, wie du möchtest, in dieser meditativen Erfahrung. Wenn du bereit bist, öffne sanft deine Augen, wenn du sie wieder geschlossen hattest, und nimm noch einmal die Energie und Schönheit des Mandala in dich auf.

Zum Abschluss kannst du das Mandala behutsam auflösen, indem du die Blüten und Naturmaterialien zurück in die Natur gibst. Dabei kannst du deine Dankbarkeit für die Erfahrung und die Verbindung mit den Wildrosen zum Ausdruck bringen.

Kräuter sammeln und genießen

Wenn wir uns den Pflanzen zuwenden, öffnen wir uns für die tiefe Weisheit und die heilende Energie, die sie in sich tragen. Insbesondere beim Sammeln von Kräutern gehen wir in einen Prozess hinein, der uns mit der Natur verbindet, aber auch mit unseren eigenen Wurzeln. Es beginnt damit, dass wir uns achtsam auf den Weg machen und die Umgebung mit offenen Augen betrachten. Wir suchen nach den uns bekannten Anzeichen der Kräuter, ihren charakteristischen Formen, Farben und Düften. Wir lassen uns von unserer Intuition leiten und folgen dem Ruf der Pflanzen, die uns magisch anziehen.

Während wir die Kräuter sammeln, spüren wir unsere Verbindung zu Mutter Erde. Wir berühren sanft die Blätter und Blüten, atmen den Duft ein und nehmen die Pflanzenenergie in uns auf. Wir danken den Pflanzen für ihre Gaben und fühlen uns in ihrer Gegenwart beschenkt.

In diesem Prozess des Sammelns erden wir uns. Wir fühlen den Boden unter unseren Füßen, spüren die Stabilität und Kraft, die uns die Erde schenkt. Wir werden eins mit ihr, während wir behutsam die Kräuter pflücken und sie in unseren Korb legen. Wir sind im Einklang mit den Jahreszeiten und dem natürlichen Zyklus des Wachsens und Vergehens.

Das Sammeln von Kräutern ist nicht nur ein physischer Akt, sondern auch eine spirituelle Praxis. Wir sind in tiefer Verbundenheit mit der Natur und den Pflanzen, die uns lehren, achtsam und respektvoll mit ihnen umzugehen. Wir lernen ihre Namen und Eigenschaften kennen, wir erfahren ihre Heilkräfte und ihre Bedeutung für uns und unsere Umwelt.

Wenn wir die gesammelten Kräuter nach Hause bringen, fühlen wir uns erfüllt und dankbar. Wir wissen, dass wir ein Stück der Natur in unseren Händen halten, das uns Kraft, Heilung und Inspiration schenkt. Wir sind bereit, die Kräuter in unserem Leben einzusetzen, sei es in Form von Tees, Salben, Räucherungen oder einfach als Begleiter auf unserem spirituellen Weg.

Impuls: Kräuterbuschen binden

Das Binden eines Kräuterbuschens bietet sich vor allem rund um die Sonnenwende an, da die Pflanzen in dieser Zeit in ihrer stärksten Kraft sind. Es ist eine schöne Tradition, um die Kräfte der Natur und die Energie des längsten Tages im Jahr zu feiern.

Sammle also verschiedene Kräuter und Pflanzen, die um die Zeit der Sonnenwende blühen und eine besondere Bedeutung haben. Traditionelle Kräuter für einen Sonnenwendbuschen sind Johanniskraut, Beifuß, Lavendel, Kamille, Rosmarin, Salbei, Eisenkraut, Melisse, Minze, Schafgarbe, Frauenmantel und viele andere. Du kannst auch Blumen wie Rosen und Blüten hinzufügen, die dir persönlich eine Verbindung zur Sonnenwende geben.

Leg die frischen Kräuter vor dir aus und spüre ihre Energie. Wähle intuitiv diejenigen aus, die dich am meisten ansprechen und die du in deinem Kräuterbuschen haben möchtest. Ordne die Kräuter so an, dass sie für dich eine harmonische und ästhetische Komposition ergeben. Folge dabei deinem Atem und spüre, wie deine Füße fest verwurzelt nach unten streben und deine Hände aus dem Tun heraus die Verbindung nach oben halten.

Wenn du dein Arrangement zusammengestellt hast, nimm eine Schnur oder ein Band deiner Wahl und beginne, die Kräuter vorsichtig zusammenzubinden. Wickle die Schnur fest um den Stielbereich, sodass ein Busch oder Strauß entsteht. Achte darauf, dass die Kräuter nicht beschädigt werden und sie gut zusammenhalten.

Am Tag der Sonnenwende kannst du deinen Kräuterbuschen in einer feierlichen Zeremonie weihen. Du kannst den Buschen an einem besonderen Ort aufhängen, um die Energie der Sonnenwende zu ehren und deine Absichten für den anbrechenden Sommer auszudrücken. Du kannst auch kleine Stücke des Buschens verbrennen und dies als Reinigungsritual nutzen.

Denke daran, dass es beim Binden eines Kräuterbuschens zur Sonnenwende nicht nur um das äußere Erscheinungsbild geht, sondern vor allem um die Verbindung mit der Natur und die Absicht, die du in den Buschen legst. Nimm dir Zeit, um dich mit den Kräutern zu verbinden und ihre Energien zu ehren. Ich praktiziere diese kleine Sommersonnenwende-Tradition schon einige Jahre und verbrenne rund um die Tage der Sonnenwende den mittlerweile getrockneten Strauß aus dem letzten Jahr. Der neue begleitet uns als Familie dann wieder ein Jahr lang, er bringt Seligkeit, Heilung und Schutz in unser Haus.

Räuchern im Juni

An einem warmen Junitag, als ich meine Kinder von der Schule abholte, wurde meine Aufmerksamkeit auf eine wunderschöne lila Pflanze gelenkt. Sie stand stolz inmitten einer blühenden Wiese und zog mit ihrem betörenden Duft Bienen und Schmetterlinge an. Ich erkannte sofort den Wiesensalbei, der dort in voller Pracht leuchtete.

Fasziniert von dieser Entdeckung näherte ich mich vorsichtig der Pflanze und betrachtete ihre zarten Blüten und das sanfte Grün ihrer Blätter. Es war, als ob die Natur mir ein Geschenk gemacht hätte, indem sie diese Schönheit direkt vor meiner Haustür präsentierte. Ich fühlte mich tief mit der Natur verbunden und spürte die Magie, die in diesem Moment der Begegnung mit der Pflanze lag.

Mit großer Dankbarkeit pflückte ich drei Stiele des Wiesensalbei, um ihn mit nach Hause zu nehmen. Ich arrangierte die lila Blüten in einer Vase und genoss jeden Tag den wunderbaren Duft, der mein Zuhause erfüllte. Doch ich wusste, dass der Zauber des Wiesensalbeis nicht nur in seinem Duft und seiner Schönheit in der Vase lag, sondern auch in den herabfallenden trockenen Blüten, die mich förmlich einluden, sie in einem Schälchen zum Räuchern zu sammeln. Es war eine Möglichkeit, die Energie und den Zauber des Wiesensalbei weiterhin in meinem Leben zu spüren und zu genießen. Ich wusste, dass ich die trockenen Blüten in einem besonderen Moment entzünden und den Duft des Wiesensalbei in die Luft steigen lassen konnte, um eine Atmosphäre der Ruhe und Verbundenheit zu schaffen.

Diese Erfahrung erinnert mich daran, wie wichtig es ist, achtsam und respektvoll mit der Natur umzugehen. Wir können die Schönheit und die Geschenke, die sie uns bietet, genießen und dabei gleichzeitig sicherstellen, dass wir ihr Gleichgewicht erhalten und bewahren. Durch das bewusste Pflücken und die achtsame Weiterverarbeitung der Pflanzen schaffen wir eine Verbindung zwischen uns und der Natur. Wir sind Teil dieses großen Ganzen und haben die Möglichkeit, ihre Magie in unserem Alltag zu spüren und zu ehren. Die Natur freut sich umgekehrt immer, wenn wir ihr etwas zurückgeben, ein liebevolles Danke oder einen Samen, den wir für neues Wachstum in die Erde setzen.

Die Kombination von Wiesensalbei, Löwenzahn, Gänseblümchen und/oder Kamille entfaltet beim Räuchern eine erdende Wirkung, die uns dabei unterstützt, eine tiefere Verbindung mit uns selbst und der Natur herzustellen. Der Wiesensalbei bringt uns mit seiner reinigenden und schützenden Energie zurück zur Verbindung mit der Erde. Er wirkt stabilisierend, hilft uns, uns zu zentrieren und uns mit unserer inneren Kraft zu verbinden. Durch das Räuchern von Wiesensalbei können wir uns von negativen Energien befreien und eine klare, harmonische Atmosphäre schaffen.

Der Löwenzahn steht für das Potenzial des Neubeginns und der Transformation. Er ermutigt uns, alte Gewohnheiten und Muster loszulassen und uns auf unsere innere Fülle auszurichten. Das Räuchern von Löwenzahn unterstützt uns dabei, uns für neue Möglichkeiten zu öffnen und unsere persönliche Entwicklung voranzutreiben. Die Kamille bringt eine beruhigende und nährende Energie in den Räucherduft ein. Sie fördert Entspannung, Gelassenheit und innere Harmonie. Das Gänseblümchen ist wie eine liebevolle Umarmung, die uns wieder mit unserer kindlichen, neugierigen und verspielten Energie verbindet. Zusammen bilden diese Pflanzen eine harmonische und kraftvolle Räuchermischung, die uns erdet und gleichzeitig unsere Verbindung zu uns selbst stärkt. Es ist eine Einladung, uns mit unserer inneren Essenz zu verbinden und uns ganz zu entfalten. Du kannst dir aber auch mit all den Kräutern, die dir begegnen, deine eigene Mischung zusammenstellen.

Räucherritual mit Kräutern

Dieses Räucherritual kann dir dabei helfen, dich mit der Fülle des Sommers zu verbinden und deine innere Kraft zu stärken. Sei achtsam und respektvoll im Umgang mit den Kräutern und nutze das Ritual, um dich mit der Natur und deiner eigenen (spirituellen) Lebensreise zu verbinden.

- Finde einen ruhigen und ungestörten Ort, an dem du das Ritual durchführen möchtest.
- Pflanzen, die du gut nutzen kannst: Wiesensalbei, Löwenzahn, Kamille, Lavendel, Gänseblümchen. Du kannst sie vorab trocknen, beispielsweise auch, indem du die dafür geeigneten Blühpflanzen in die Vase stellst, ein paar Blüten abzupfst und auf einem Tuch trocken werden lässt. Für das Räuchern kannst du dann eine Räucherschale mit einem Stück Räucherkohle verwenden, um die Kräuter darauf zu verbrennen.
- Wenn alles vorbereitet ist, setze dich zur Einstimmung in einer bequemen Position hin und schließe die Augen. Atme tief ein und aus, um dich zu entspannen und auf das Ritual einzustimmen. Visualisiere eine Verbindung zur Natur und spüre die Energie des Juni um dich herum.
- Nimm eine kleine Menge der getrockneten Kräuter und leg sie auf die glühende Räucherkohle. Lass den Rauch aufsteigen und spüre, wie er sich um dich herum ausbreitet. Spüre die heilende Energie des Rauchs und lass ihn auf deinen Körper und dein Wesen wirken.

- Während der Rauch aufsteigt, stell dir vor, wie er negative Energien und Blockaden auflöst und dich mit positiver Energie und Klarheit erfüllt.
- Setze nun eine Intention für das Ritual. Das kann beispielsweise sein, dich mit deiner inneren Kraft zu verbinden, innere Heilung zu erfahren oder negative Energien loszulassen. Sprich leise oder in Gedanken die Worte dieser Intention aus und spüre, wie sie von den Kräutern und dem Rauch aufgenommen werden.
- Während du den Rauch einatmest, spüre bewusst in deinen Körper hinein und sei achtsam für die Empfindungen, die er dir vermittelt. Lass die heilende Energie der Kräuter in dir wirken und spüre, wie sie dich durchdringt und nährt.
- Wenn du bereit bist, beende das Ritual, indem du dich bei den Pflanzen für ihre heilenden Kräfte und ihre Unterstützung bedankst. Dann kannst du den Rauch langsam ausklingen lassen oder die Glut sicher löschen, zum Beispiel mit ein wenig Wasser oder Sand.
- Nimm dir noch einen Moment, um die Empfindungen nachwirken zu lassen und die Energie des Rituals in dir zu spüren.
- Du kannst die übrig gebliebenen Kräuter aufbewahren und bei Bedarf erneut verwenden.

Räucherkräuter in der höchsten sommerlichen Lichtkraft

Die sommerliche lichtvolle Energie des Juni lässt sich wunderbar einfangen und ins Winterliche übertragen: in Form von Räucherkräutern. Das Zusammenstellen von Räucherkräutern in Vorbereitung auf die Raunächte kann beispielsweise eine wunderbare Praxis sein. Hier sind eine Auswahl von Kräutern und einige Impulse zum Sammeln und Verwenden:

- Beifuß: Dieses Kraut steht für Schutz und Reinigung. Sammle Beifuß im Sommer, wenn er blüht, und trockne ihn sorgfältig. Du kannst Einzelkräuterbündel herstellen oder ihn in einer Mischung verwenden.

- **Lavendel:** Lavendel repräsentiert Frieden und Entspannung. Ernte die Lavendelblüten, wenn sie in voller Blüte stehen.
- **Rose:** Die Rose symbolisiert Liebe und Hingabe. Trockne die Blütenblätter sorgfältig und füge sie deiner Mischung hinzu. Du kannst sie auch allein räuchern, um Liebe und Harmonie zu fördern.
- **Johanniskraut:** Johanniskraut ist das Sonnenkraut schlechthin und repräsentiert Licht und Freude. Sammle die Blüten im Juni, wenn die Sonnenenergie am stärksten ist. Trockne sie gründlich und füge sie deiner Räuchermischung hinzu.
- **Tanne:** Die Tanne steht für Stabilität und Lebenskraft. Du kannst Tannennadeln das ganze Jahr über sammeln, aber die frischen jungen Triebe im Frühjahr sind besonders kraftvoll. Trockne sie gut, damit sie nicht schimmeln.

Zum Trocknen der Kräuter empfiehlt sich ein trockener, luftiger Ort, damit die Kräuter keine neue Feuchtigkeit aufnehmen. Sobald sie trocken sind, kannst du sie zu einer Mischung vermengen, um das Licht und die Energie des Sommers in den Winter zu tragen. Du kannst auch Kräuterbündel oder Räucherschalen vorbereiten, um sie während der Raunächte zu verwenden. Denke daran, deine Absicht und Dankbarkeit in diesen Prozess einzubringen, um die Energie der Kräuter zu verstärken.

Impuls: Essbare Blüten sammeln und trocknen

Das Sammeln und Trocknen essbarer Blüten ist eine inspirierende Möglichkeit, die Natur in deinen Alltag einzubinden und kulinarische Kreationen um eine erdende Energie zu bereichern. Hier ist eine Anleitung, wie du essbare Blüten sammeln, trocknen und aufbewahren kannst, dazu einige Rezeptideen.

- Begib dich an einen Ort, der frei von Pestiziden und Schadstoffen ist. Das kann dein eigener Garten, eine Wiese oder ein Kräuterfeld sein.

- Halte Ausschau nach Blumen, die essbar sind, zum Beispiel: Kornblumen, Cosmea, Gänseblümchen, Calendula, Blüten von Melisse und Minze, Borretsch. Achte darauf, nur Blüten zu sammeln, die du sicher identifizieren kannst und die als essbar gelten.
- Geh achtsam vor und respektiere die Natur. Pflücke nur ein paar Blüten von jeder Pflanze und lass genug für Bienen, Insekten und die Fortpflanzung der Pflanze selbst. Versuche dich beim Sammeln über deine Fußsohlen zu erden. Sei dankbar für die natürliche Fülle, die die Natur dir schenkt, und erfreue dich an den sinnlichen Erfahrungen, die sie dir bietet.
- Klopfe nach dem Sammeln vorsichtig eventuellen Schmutz oder Insekten von den Blüten.
- Leg die Blüten auf ein sauberes Küchentuch oder Backpapier und lass sie an einem gut belüfteten Ort an der Luft trocknen. Vermeide direkte Sonneneinstrahlung, da dies die Farbe der Blüten verblassen lassen kann. Wende die Blüten gelegentlich, um sicherzustellen, dass sie gleichmäßig trocknen.
- Alternativ kannst du sie auch zu einem Strauß zusammenbinden und über Kopf hängend trocknen lassen. Ich bevorzuge das Trocknen der einzelnen Blüten.
- Die Blüten sind trocken, wenn sie sich spröde anfühlen und leicht von den Stielen fallen.
- Bewahre die getrockneten Blüten in einem luftdichten dunklen Glas oder Behälter auf. Lagere sie an einem kühlen, trockenen und dunklen Ort, um Frische und Aromen zu erhalten. Achte darauf, die Blüten vor Feuchtigkeit und direktem Sonnenlicht zu schützen.

Rezeptideen

- Füge die getrockneten Blüten zu Tees hinzu, um eine angenehme Geschmacksnote und zusätzliche gesundheitliche Vorteile zu erhalten.
- Verwende sie als Dekoration für Salate, Desserts, Gebäck oder Cocktails, um eine attraktive und geschmackvolle Note hinzuzufügen.
- Kreiere eigene Blütenideen für Gewürzmischungen oder Kräutersalze.

- Gib die Blüten in Öl oder Essig, um deinen Gerichten eine aromatische und blumige Note zu verleihen.
- Butter mit essbaren Blüten zu umhüllen, ist auch ganz herrlich.

Impuls: Erdender Spaziergang durch Wald und Wiesen

Ein heilender und erdender Spaziergang durch Wald und Wiesen kann eine schöne Möglichkeit sein, um wieder zu sich selbst zu finden und Leichtigkeit zurückzugewinnen. Dabei kannst du einen bunten Wiesenstrauß pflücken und dich von den Blumen inspirieren lassen. In diesem Monat werden dir wahrscheinlich begegnen: Mohn, verschiedene Arten der Kamille, Kornblume, Johanniskraut, Wiesensalbei, Klee, Honigklee, Dost, Schafgarbe, Wildrose und natürlich Brennnessel.

Begib dich also für einen Nachmittag in die Natur und lass die gewohnte Welt hinter dir. Suche dir einen Ort, an dem du in Ruhe spazieren kannst. Wenn du angekommen bist, nimm dir einen Moment, um dich zu zentrieren und deine aktuelle Situation zu reflektieren. Vielleicht hast du eine Frage auf dem Herzen. Mach sie dir bewusst.

Öffne für dich eine Art Raum, der dich ganz und gar mit der Natur und dem Augenblick verschmelzen lässt. Visualisiere ein großes Tor, durch das du bewusst hindurchtrittst, wenn du auf deinen ganz eigenen Spaziergang gehst. Wenn du möchtest, sprich oder denke dabei die Worte: »Ich gehe achtsam Schritt für Schritt den Weg, der sich mir heute zeigt. Ich gehe mit offenen Augen durch die Natur und nehme all die Dinge wahr, die sich mir zeigen möchten und die mir im richtigen Augenblick Antworten geben können auf meine Fragen!«

Dann beginne deine Wanderung allein und ohne Ablenkung. Dein Telefon ist im Flugmodus und du widerstehst auch dem

Impuls, es herauszunehmen, um ein Foto zu machen. Lass dich von der Natur einladen, im Moment zu sein und zu verweilen.

Tritt einen Schritt zur Seite und beobachte dich selbst: Gehst du schnell oder langsam? Hältst du dich auf dem Weg oder gehst du abseits? Nimmst du dir Pausen oder nicht? Lässt du deine Gedanken schweifen oder bist du ganz präsent im Moment? Vielleicht begegnet dir auch ein Tier auf deinem Weg: Ist es ein Insekt oder ein größeres Tier? All dies kann dir Antworten geben, wenn du mutig hinhörst.

Irgendwann wirst du wieder an den Ort zurückkehren, an dem du gestartet bist. Bevor du bewusst wieder durch das Tor hinausgehst, bedanke dich bei allen Wesen und der Natur für ihre Präsenz und die Antworten, die du erhalten hast.

Schreite durch das imaginäre Tor hindurch und schließe deinen Raum wieder. Lass alles ein wenig nachwirken und nimm dir in den folgenden Stunden Zeit für dich, um wieder im Alltag anzukommen. Es kann sein, dass sich in den nächsten Tagen einiges in dir bewegt, denn du hast die Tür zu deinem ganz eigenen heilenden Weg geöffnet.

Vertraue auf den Prozess und sei offen für die Weisheit und Magie der Natur. Möge dich diese Wanderung auf deinem Weg begleiten und dir Klarheit und Erkenntnis schenken.

Dinge, die du im Juni verinnerlichen darfst

Die Fülle des Sommers genießen: Nimm dir bewusst Zeit, um die Schönheit und die reiche Vielfalt der Natur im Juni zu erleben. Geh in Parks, Gärten, einen Botanischen Garten oder in Wälder und lass dich von den blühenden Blumen, dem Grün der Bäume und der lebendigen Energie der Natur inspirieren.

Erdung und Verbundenheit: Nutze die warmen Tage, um dich mit der Erde zu verbinden. Geh barfuß im Gras oder im Sand spazieren und spüre die Energie der Erde unter deinen Füßen. Nimm dir bewusst Zeit, um dich zu erden und deine Wurzeln zu spüren.

Die Magie der Sonne erleben: Nutze die langen Tage im Juni, um die Kraft der Sonne zu spüren. Geh nach draußen, genieße das Sonnenlicht und lade dich mit positiver Energie auf. Sei achtsam und spüre, wie dich die wärmenden Strahlen der Sonne durchdringen und beleben. Spüre den Unterschied der Sonne am Vormittag, am Nachmittag oder am Abend.

Achtsamkeit für den Moment: Sei auch im Juni bewusst im Hier und Jetzt. Nimm dir Zeit, um die kleinen Freuden des Alltags zu genießen, wie das Zwitschern der Vögel, den Duft der Blumen oder das Gefühl einer sanften Brise. Sei präsent und achtsam für die kleinen Schätze des Lebens.

Die Kraft der Blumen nutzen: Nutze die Fülle an Blumen, um deine Umgebung mit ihrer Schönheit zu bereichern. Pflanze bunte Blumen in deinen Garten oder stell frische Blumensträuße in dein Zuhause. Lass dich von der Kraft und dem Zauber der Blumen inspirieren.

Zeit in der Natur verbringen: Nutze die warmen Tage im Juni, um mehr Zeit im Freien zu verbringen. Mach Spaziergänge, geh wandern, picknicken oder entspanne dich einfach unter einem Baum. Lass die Natur auf dich wirken und nähre dich von ihrer Energie.

Zeit für Dankbarkeit: Der Juni ist eine gute Zeit, um dankbar für die Schönheit und Fülle in deinem Leben zu sein. Nimm dir bewusst Zeit, um deine Dankbarkeit zu zelebrieren und vielleicht sogar ein Dankbarkeitstagebuch zu führen. Schreibe darin täglich drei Dinge auf, für die du dankbar bist.

Diese Punkte können dir helfen, den Juni bewusst zu erleben und dich mit der Energie und Schönheit der Natur zu verbinden. Nutze diesen Monat, um dich zu erden, zu inspirieren und deine Verbindung zu dir selbst und zur Welt um dich herum zu stärken.

Erdungsmeditation für den Juni

Schließe deine Augen und spüre, wie sich dein Atem beruhigt. Lass deinen Körper zur Ruhe kommen und tauche ein in die Stille deines inneren Gartens.

Stell dir vor, du befindest dich in diesem wunderschönen Garten, umgeben von üppiger Blütenpracht. Die Sonne scheint warm auf deine Haut und du spürst, wie ihre Energie dich durchflutet. Du atmest tief ein und aus und fühlst dich in diesem Moment tief mit der Natur verbunden.

Plötzlich hörst du ein sanftes Summen. Eine Biene fliegt heran und lädt dich ein, ihr zu folgen. Du nimmst ihre Einladung an und lässt dich von ihr durch den Garten führen. Spüre die leichte Brise auf deiner Haut, während du der Biene folgst und dich von ihrer Energie führen lässt.

Ihr erster Halt ist beim Johanniskraut. Die leuchtend gelben Blüten strahlen eine kraftvolle Energie aus. Du spürst, wie diese Energie dich mit Lebensfreude und Stärke erfüllt. Die Biene fliegt weiter und du folgst ihr, während die Kraft des Johanniskrauts in dir weiter wächst.

Ihr nächster Halt ist bei der Melisse. Die zarten Blätter und der beruhigende Duft der Pflanze umgeben dich. Du spürst, wie sich eine liebevolle und beruhigende Energie in dir ausbreitet. Du verweilst hier und saugst die liebevolle Energie der Melisse ganz tief in dich hinein. Die Biene fliegt weiter und du folgst ihr, während dich die Energie der Melisse immer noch sanft umhüllt.

Schließlich erreicht ihr die Engelwurz, eine majestätische Pflanze mit tiefen Wurzeln, die sich fest in der Erde verankern. Du spürst die erdende Kraft der Engelwurz, die dich mit Stabilität und Standhaftigkeit erfüllt – du fühlst dich gehalten, geliebt und fest verwurzelt. Die Biene fliegt weiter und du folgst ihr, während du dich mit der erdenden Energie der Engelwurz noch tiefer in den Schoß der Erde verankerst.

Die Biene führt dich schließlich zu einem funkelnden hellen Kristall mit vielen dunklen Einschlüssen. Der Kristall liegt inmitten des Gartens und leuchtet. Er vereint all die Kräfte der Kräuter. Du nimmst den Kristall in die Hand und spürst, wie sich männliche und weibliche Energien darin vereinen – er verbindet empfangende und gebende Energien. Du fühlst dich aufgehoben in dieser Vereinigung von Tag und Nacht, von Kraft und Sanftheit, von Stärke und Gelassenheit.

Nimm dir einen Moment, um diese vereinte Energie in dir zu spüren. Fühle, wie sich deine eigene innere Balance und Fülle verstärken. Spüre, wie du mit der Natur, mit der Sonne und dem Mond, mit der kraftvollen Energie des Johanniskrauts, der liebevollen Energie der Melisse und der erdenden Kraft der Engelwurz verbunden bist.

Lass dich noch einen Moment von der Biene begleiten und spüre ihre sanfte Präsenz. Fühle dich geborgen und beschützt, während du auf dieser meditativen Reise verweilst. Atme tief ein und aus und spüre, wie sich dein Körper noch tiefer entspannt. Lass alle Gedanken und Sorgen los und richte deine Aufmerksamkeit auf deinen Atem. Visualisiere nun vor deinem inneren Auge einen strahlenden Kristall. Dieser Kristall ist von einer leuchtenden Energie umgeben. Spüre die Kraft der Sonne, die von der Spitze des Kristalls ausstrahlt – eine kraftvolle, maskuline Energie, die dich mit Stärke und Vitalität erfüllt. Fühle nun die liebevolle Energie des Mondes, die den unteren Teil des Kristalls umhüllt. Diese sanfte, feminine Energie ist nährend, umarmend und voller Liebe. Spüre, wie sie dich mit Geborgenheit und innerem Frieden erfüllt. Nun lass in deiner Vorstellung die Kräuter erscheinen und spüre, wie sich ihre Energien mit der Energie des Kristalls vereinen. Spüre, wie diese drei Pflanzen in deinem inneren Garten zusammenkommen und eine harmonische Verbindung eingehen. Ihre Energien vereinen sich zu einer kraftvollen Quelle von Fülle, Lust und Liebe. Du fühlst dich von dieser Vereinigung inspiriert und gestärkt. Lass nun den Kristall in deinen Händen ruhen und spüre, wie die vereinte Energie der Pflanzen und des Kristalls durch deinen Körper fließt. Jede Zelle wird von dieser kraftvollen Energie durchdrungen. Du fühlst dich mit der Natur und dem Universum vereint.

Nimm dir einen Moment, um diese Verbindung und die harmonische Energie in dir zu spüren. Fühle, wie sich dein inneres Gleichgewicht und deine Fülle verstärken. Fühle die Lust und die Liebe, die in dir aufsteigen. Genieße diesen Moment und lass die Energien der Pflanzen und des Kristalls in dir wirken.

Wenn du bereit bist, öffne sanft deine Augen und kehre mit einem Gefühl der Verbundenheit und Fülle in deinen Raum zurück. Trage die Energien der heilenden Pflanzen und die harmonische Energie des Kristalls weiter in dir. Lass sie dich auf deinem Weg im Juni begleiten und dich an deine innere Kraft und Fülle erinnern.

JULI: DIE FÜLLE DES SOMMERS ERLEBEN

»Ich bin Genuss«

Im Monat Juli breitet sich die Natur in ihrer allerschönsten Pracht vor uns aus. Es ist eine Zeit der Fülle, in der die ersten Früchte der landwirtschaftlichen Arbeit und des liebevollen Gartenpflegens geerntet werden. Die Felder sind mit goldenem Korn bedeckt, das stolz gen Himmel ragt, als ob es seine Dankbarkeit für die Gaben des Lebens ausdrücken möchte.

Es ist der Monat, in dem wir das erste frische Brot genießen, das aus diesem neuen gesegneten Korn gebacken wurde. Diese Tradition bietet uns einen Moment des Innehaltens und der Wertschätzung für die Geschenke der Erde, die uns nähren und mit Energie versorgen. Jeder Bissen erinnert uns daran, wie eng wir mit der Natur verbunden sind und wie wichtig es ist, diese Verbindung zu pflegen und zu schützen.

Inmitten des irdischen Wachstums und der Fülle spannt sich der Himmel über uns. Die Sterne funkeln in der Nacht und erinnern uns an die unendliche Weisheit des Universums. Sie erinnern uns daran, dass unser eigenes Wachsen und Gedeihen eng mit dem gesamten Netz des Lebens verwoben ist.

Im Juli können wir die Ekstase der Natur spüren, die universelle Energie des Wachstums, die aus der Erde herausströmt und uns umgibt. Dieses Wachstum macht uns immer neu bewusst, dass auch wir die Fähigkeit haben, uns weiterzuentwickeln, zu lernen und zu gedeihen.

Es ist eine Zeit, um zu genießen, aber auch um weiser zu werden. Wir können die Lektionen der Natur beobachten und in uns aufnehmen. Die Pflanzen lehren uns Geduld und Ausdauer, während sie langsam ihre Wurzeln ausbreiten und ihre Blätter zum Himmel strecken. Sie sagen uns, dass Wachstum Zeit braucht und dass jede Etappe eines Prozesses wichtig ist.

Affirmation für den Juli

»Ich spüre die Kraft der Sonne in mir und lasse sie mein Inneres erleuchten.«

Im Monat Juli liegt die Kraft des Gedeihens förmlich in der Luft. Es ist die Schönheit des Wachsens aus den Wurzeln heraus, die gefeiert werden darf. Es ist die überbordende Energie der Natur, die wir in uns aufnehmen dürfen. In diesem Monat dürfen wir unsere eigene Fülle und unsere eigene überschäumende Kraft leben. Möge uns der Monat Juli mit tiefer Verbundenheit zur Erde erfüllen und uns die Möglichkeit geben, zu gedeihen und die Fülle des Lebens in all ihren Facetten zu genießen. Mögen wir weiser werden und unser eigenes Wachstum mit Dankbarkeit und Freude begrüßen.

Zeit der Sommersträuße

Der Sommer ist die Zeit der Fülle und der Farbenpracht in der Natur. Die Wiesen und Felder sind übersät mit Blumen, Gräsern und Kräutern, die in ihrer vollen Blüte stehen. Reinfarn, die ersten Sonnenblumen, wilde Malve, wilder blühender Dost, Kamille, Wilde Möhre, Storchenschnabel, Frauenmantel und so viele mehr. Vielleicht lädst du dir eine Pflanzenerkennungs-App auf dein Telefon, um nachzuforschen, welche Schätze du entdeckt hast, wenn sie dir nicht geläufig sind. Ein Sommerblumenstrauß, gepflückt mit Liebe und Achtsamkeit, kann nicht nur deine Umgebung verschönern, sondern auch deine Verbindung zur Erde stärken. Mach aus dem Pflücken deines Straußes ein erdendes Ritual, um die Magie des Sommers zu ehren.

Ritual: Achtsam gepflückter Sommerstrauß

Du beginnst, indem du langsam und bewusst durch die Natur gehst. Schritt für Schritt tauchst du ein in die Vielfalt der Pflanzen, atmest den Duft der Blumen ein und spürst die wärmende Sonne auf deiner Haut. Deine Sinne werden lebendig und du fühlst dich eins mit der Umgebung.

Während du dich bewegst, achtest du auf die verschiedenen Pflanzen, die dir begegnen. Vielleicht zieht dich die grazile Eleganz der

Wilden Möhre an oder die kräftigen Farben der Sonnenblumen lassen dein Herz höher schlagen. In der Stille der Natur nimmst du wahr, welche Pflanzen dich anziehen und welche Botschaft sie für dich haben. Wenn du eine Blume entdeckst, die dein Herz berührt, verweile einen Moment bei ihr. Spüre ihre Energie, ihren Duft und ihre Schönheit. Überlege, welche Bedeutung diese Blume für dich haben könnte. Vielleicht steht der Honigklee für Süße und Dankbarkeit, die Wilde Möhre für die Verbundenheit mit der Natur und die Kosmeen für zarte Schönheit.

Sobald du deine Auswahl getroffen hast, beginnst du damit, die Blumen und Pflanzen achtsam zu pflücken. Du zollst ihnen Respekt und Dankbarkeit für ihre Schönheit und ihre Gaben. Mit jedem Blütenkopf, den du behutsam in deinen Strauß ordnest, spürst du eine tiefere Verbindung zur Erde und zur Natur um dich herum. Setze dich an einem ruhigen Ort nieder und betrachte deinen Sommerstrauß. Denke darüber nach, aus welchem Grund sie den Weg zu dir gefunden haben könnten. Vielleicht symbolisieren sie Qualitäten oder Werte, die du in deinem Leben stärken möchtest. Nimm dir Zeit für diese innere Reflexion.

Nachdem du deinen Strauß liebevoll gebunden hast, nimmst du dir einen Moment der Stille. Du hältst den Strauß in deinen Händen und fühlst die Energie und Lebensfreude, die er ausstrahlt. Dieser Strauß ist ein lebendiges Kunstwerk, das die Magie des Sommers in sich birgt.

Mit deinen Blumen in der Hand und den Gedanken an die ganz eigene Bedeutung dieser Blumen in deinem Herzen schließe das Ritual ab. Du kannst deinen Strauß in eine Vase stellen, um die Schönheit der Natur in deinem Zuhause zu genießen. Diese Blumen sind Erinnerungen an deine Verbindung zur Erde und die Qualitäten, die du in dir selbst stärken möchtest.

Wenn du Wilde Möhren in deinem Strauß hast, gibt es eine besondere Empfehlung: Lass diese Blüten in deiner Vase trocknen. Die getrocknete Blüte wird ihre Samen freigeben, die du in einem kleinen Säckchen sammeln kannst. Diese Samen repräsentieren die Kontinuität des Lebenszyklus. Der Neubeginn liegt dann in deinen Händen und wartet nur darauf, im Herbst ausgesät zu werden.

Die Idee für dieses Ritual kam mir in einem Moment, in dem ich selbst an einem lauen Sommerabend Mitte Juli Blumen pflücken war. Es duftete herrlich nach Sommer. Ich war ganz ruhig und einfach nur im Moment mit mir selbst. Mir begegneten insbesondere folgende Blumen:

Die Wilde Möhre: Sie ist eine der hübschesten Pflanzen in meinem Garten. Sie flüsterte mir eine Botschaft über Verbundenheit und Geduld zu. Im ersten Jahr ihres Lebens entwickelt sie nur bodennahe Blätter und wir könnten sie leicht übersehen. Doch im zweiten Jahr erstrahlt sie in ihrer vollen Pracht mit ihren wunderschönen tänzelnden Blüten. Sie erinnern mich daran, dass wir alle Teil des großen Gewebes des Lebens sind. Jede Blume, jeder Mensch, jede Kreatur spielt eine einzigartige Rolle in diesem komplexen Geflecht, das wir Natur nennen. Die Wilde Möhre hat einen kleinen schwarzen Punkt in der Mitte ihrer Blüte, um Insekten anzulocken, und fordert mich damit auf, mich in das Gewebe des Lebens einzufügen und die Schönheit in der Einfachheit zu erkennen.

Kosmee: Die Kosmee ist für mich ein Symbol für zarte Schönheit und innere Harmonie. Diese Blume ermutigt mich, meine eigene innere Schönheit und Kreativität zu ehren und zum Ausdruck zu bringen. Sie zeigt mir, dass Schönheit in vielen Formen und Farben daherkommt und dass wir unsere Einzigartigkeit feiern sollten. Ich habe sie in verschiedenen Weiß-, Rosa-, Rot- und Pinktönen in meinem Garten und jede für sich ist einzigartig schön und besonders. Sie kann uns auch daran erinnern, dass unser Inneres genauso wichtig ist wie unser Äußeres. Die Kosmee repräsentiert die Balance zwischen unserer inneren und äußeren Welt. Ihre Kraft, immer wieder neue Blüten zu erschaffen, scheint über den ganzen Sommer unerschöpflich zu sein. Im Herbst gibt sie ihre Samen in den Boden und der Kreislauf beginnt von Neuem.

Honigklee: Der Honigklee symbolisiert Süße und Dankbarkeit. Diese Blume ist in ihrer Erscheinung eher klein, während sie zugleich unglaublich kraftvoll ist. Sie ermutigt mich, dankbar für die einfachen Freuden des Daseins zu sein und Liebe und Süße in mein Leben zu bringen. Ihr Duft ist so betörend schön und wenn sie wachsen darf, bildet diese Pflanze starke lange Triebe mit vielen Verzweigungen und zahlreichen kleinen Blütenständen. Oftmals sitzt sie voller Bienen und erinnert mich daran, wie wichtig die Gemeinschaft ist, wie bedeutsam es ist, mit anderen in Harmonie zu leben und unsere Gaben und die Süße des Lebens miteinander zu teilen.

Einen Blumenkranz flechten

Einen Blumenkranz zu flechten, ist sehr erdend und verbindend. Indem du dich dabei bewusst mit der Natur verbindest, schaffst du einen Raum der Erdung und Verbundenheit. Du lässt die natürliche Schönheit der Pflanzen in dein Leben einfließen und ehrst die Erde als Quelle von Leben und Kraft. Blumenkränze kannst du Monat für Monat immer wieder herstellen, um diese schöne Verbundenheit zu spüren.

Begib dich dafür an einen Ort in der Natur, der dich anspricht. Ob es ein nahegelegener Park, eine Blumenwiese oder dein eigener Garten ist – wähle einen Ort, der dir Ruhe und Verbundenheit schenkt. Dabeihaben solltest du einen stabilen Bindfaden oder einen flexiblen Draht und eine Schere.

Geh achtsam und respektvoll durch die Natur und sammle Blumen, Gräser und Kornähren, die dich ansprechen. Achte darauf, nur eine Auswahl zu treffen und den Rest für andere Menschen und die Natur zurückzulassen. Wähle verschiedene Farben und Texturen, um deinem Blumenkranz eine vielfältige und schöne Ausstrahlung zu verleihen.

Finde einen ruhigen Platz, an dem du dich hinsetzen oder hinlegen kannst. Spüre den Boden unter dir und verbinde dich bewusst mit Mutter Erde. Atme tief ein und spüre die Energie der Erde in deinem Körper. Lass dich von der Stärke und Ruhe der Natur inspirieren, verbinde dich mit Mutter Erde.

Leg nun die gesammelten Blumen, Gräser und Kornähren vor dir auf den Boden und sortiere sie nach Farben oder Formen. Nimm den stabilen Bindfaden oder Draht und forme einen Kreis in der gewünschten Größe für deinen Kranz. Beginne damit, die ausgewählten Pflanzenteile um den Kreis zu wickeln und sie nach deinem Geschmack anzuordnen. Du kannst sie entweder festbinden oder einfach um den Kreis herumlegen. Achte darauf, dass der Kranz gleichmäßig und fest ist.

Wenn du deinen Blumenkranz fertiggestellt hast, nimm dir einen Moment, um ihn zu betrachten und die Schönheit der Natur zu würdigen. Spüre deine Verbundenheit mit den Pflanzen und der Erde. Bedanke dich für die Geschenke der Natur und für den Moment der Ruhe und Einheit, den du erfahren durftest.

Du kannst deinen Blumenkranz entweder direkt auf dem Kopf tragen oder ihn an einem geeigneten Ort aufbewahren, um seine Schönheit zu genießen. Lass ihn dir als ein Symbol deiner Verbundenheit mit der Natur und als Erinnerung an Momente des Einsseins mit ihr dienen.

Achtsamkeitsmomente im Juli

- Volle Entfaltung: Der Juli ist ein Monat des Wachstums und der Fülle. Die Natur blüht in voller Schönheit und die warmen Sonnenstrahlen laden dazu ein, die Wunder der Welt in vollen Zügen zu genießen. Es bieten sich viele unterschiedliche Achtsamkeitsmomente an, die du im Juli erleben kannst.
- Steh früh auf: Erlebe die Stille des Morgens, lausche den Vögeln, spüre die kühle Morgenluft auf deiner Haut und starte den Tag in Ruhe und Achtsamkeit.
- Plane einen Tag in der Natur: Ob im Wald, am See oder auf einer Wiese, verbringe Zeit draußen. Beobachte die Pflanzen, Tiere und den Himmel. Verbinde dich mit der natürlichen Welt.
- Geh auf einen Bauernmarkt oder ernte in deinem eigenen Garten reife Früchte und Gemüse. Achte auf die Farben, Düfte und Texturen. Spüre die Dankbarkeit für die Nahrung, die die Natur dir schenkt.
- Sommerküche: Koche ein köstliches Gericht aus frischen Zutaten. Achte auf die Farben und Aromen der Lebensmittel und genieße das Essen in vollen Zügen.
- Bereite ein Picknick vor: Suche dir einen schönen Platz im Freien. Kaue das Essen bewusst, indem du jeden Bissen schmeckst und die Natur um dich herum wahrnimmst.
- Geh barfuß: Zieh deine Schuhe aus und spaziere barfuß über eine Wiese oder am Strand entlang. Spüre die Erde unter deinen Füßen und verbinde dich mit ihrer Energie.
- Sommerregen: Wenn es regnet, geh hinaus und genieße das sanfte Nass von oben. Lass die Tropfen auf deine Haut fallen und spüre die Erfrischung. Tanze durch die Pfützen.
- Beobachte einen Sonnenaufgang oder -untergang: Achte auf die Farbexplosion am Himmel und spüre die Ruhe und Gelassenheit, die diese Momente bringen.
- Warte in einer klaren Nacht auf Sternschnuppen: Gib einen Wunsch an die Sternschnuppe weiter und spüre die Unendlichkeit des Universums.
- Verbringe bewusste Zeit mit Freunden oder der Familie: Teile Momente des Lachens, der Freude und der Verbundenheit. Ein gemeinsamer Spaziergang durch den Wald ist nicht nur wunderbar erdend, sondern auch freundschaftlich verbindend.

Die Blütenkraft der Calendula

Calendula, die Ringelblume, besitzt nicht nur eine heilende Wirkung auf körperlicher Ebene, sondern auch eine spirituell erdende Kraft. Vielleicht bist du meinem Impuls im Mai gefolgt und hast Calendula ausgesät, dann kannst du dich jetzt an den ersten Blüten erfreuen. Diese wunderbare Pflanze schenkt uns eine Möglichkeit, uns mit der Natur zu verbinden und unsere innere Balance wiederzufinden. Ihre leuchtend orangefarbenen Blütenblätter strahlen eine warme Energie aus, die uns einlädt, tief in uns selbst und in die Erde einzutauchen. Sie fängt im Juli an zu blühen und behält ihre leuchtende Blütenkraft bis in den Herbst hinein.

Wenn wir uns mit der Calendula verbinden, können wir ihre erdende Wirkung auf verschiedenen Ebenen spüren. Sie hilft uns dabei, unsere Wurzeln zu stärken und unsere Verbindung zur Erde zu festigen. So fühlen wir uns geerdet, zentriert und in unserer eigenen Präsenz gestärkt. Die Calendula lädt uns auch ein, unsere Sinne zu öffnen und die Schönheit der Natur bewusst wahrzunehmen. Ihre leuchtende Farbe und ihr sanfter Duft erinnern uns daran, dass die Natur eine Quelle unendlicher Schönheit und Inspiration ist. Indem wir uns auf diese Schönheit einlassen, können wir unsere Seele nähren und uns mit der göttlichen Energie um uns her verbinden.

Darüber hinaus symbolisiert Calendula auch Schutz und Liebe. Ihre Blütenblätter formen eine schützende Hülle, die uns vor negativen Energien abschirmt und uns Geborgenheit und Sicherheit schenkt. Sie öffnet unser Herz für Liebe und Mitgefühl und erinnert uns daran, dass wir uns selbst und anderen gegenüber liebevoll sein sollten.

Wenn wir uns Zeit nehmen, um uns bewusst mit der Ringelblume zu verbinden, sei es durch Meditation, ein Ritual oder einfach nur durch das Beobachten und Wertschätzen ihrer Schönheit, können wir die erdende Kraft dieser wunderbaren Pflanze hautnah erleben. Wir können uns daran erinnern, dass wir Teil eines größeren Ganzen sind und dass wir in Harmonie mit der Natur und unserem inneren Selbst leben können.

Tipp: Wenn du Calendula im Garten hast, schneide immer mal wieder die vertrockneten Blüten weg. Oder ernte die frischen Blüten und Samenstände, damit die Pflanze immer neue Blüten produziert, den ganzen Sommer lang. Die geernteten Samen kannst du im nächsten Jahr wieder aussäen.

Kleiner Calendula-Impuls zum Verweilen

Schließe deine Augen und stell dir vor, wie du behutsam zwischen den Calendulablüten stehst. Spüre die Wärme der Sonne auf deiner Haut und den sanften Wind, der durch die Blütenblätter streicht. Nimm den zarten Duft der Calendula wahr und lass ihn dich erfüllen.

Spüre deine nackten Füße auf der Erde, während du dich mit der Natur verbindest. Atme tief ein und fühle deine Verbindung zu Mutter Erde und den Pflanzen um dich herum. Du bist Teil dieses großen Kreislaufs des Lebens.

Mit Achtsamkeit und Respekt gehst du durch das Blumenbeet oder die Wiese, um die reifen Calendulablüten zu pflücken. Du erntest in den frühen Morgenstunden, denn jetzt ist ihre Heilkraft am stärksten. Du nimmst dir Zeit, jede einzelne Blüte zu betrachten und zu spüren, ob sie bereit ist, geerntet zu werden. Du pflückst sie behutsam und bedankst dich für ihre heilende Kraft.

Während du die Calendulablüten pflückst, spürst du ihre leuchtende Energie und ihre Fülle. Du erkennst die Heilkraft dieser Pflanze und ihre Fähigkeit, sowohl körperliche als auch seelische Beschwerden zu lindern. Nimm dir einen Moment, um diese Wirkung in dir zu spüren.

Nachdem du einige Blüten geerntet hast, wirst du ganz ruhig und bedankst dich bei der Natur für ihre großzügigen Gaben. Du nimmst dir Zeit, die Blüten behutsam zu reinigen und zu trocknen, damit ihre Heilkräfte bewahrt bleiben.

Nimm die Blüten und verwende sie achtsam in deinem Alltag. Du kannst sie zu einem heilenden Calendulaöl verarbeiten, indem du sie in ein hochwertiges Pflanzenöl gibst und für einige Wochen an einem sonnigen Ort ziehen lässt.

Spüre die Verbindung zur Calendula, während du das Öl herstellst. Spüre die heilende Energie, die in den Blütenblättern steckt und sich im Öl entfaltet. Sei dankbar für diese wunderbare Pflanze und ihre Heilkräfte, die dir und anderen Menschen auf natürliche Weise Unterstützung bieten.

Nimm dir regelmäßig Zeit, um die heilende Präsenz der Calendula zu spüren. Verbinde dich mit ihrer Essenz und lass dich von ihrer Schönheit und ihrem Licht inspirieren. Spüre, wie sie dich mit der Natur und mit deiner eigenen inneren Heilkraft verbindet.

Öffne nun sanft deine Augen und kehre zurück in den gegenwärtigen Moment. Trage die Erinnerung an diesen Impuls zur achtsamen Ernte und Verwendung der Calendula bei dir und geh vielleicht gleich morgen früh barfuß hinaus und ernte achtsam deine Ringelblumen.

Schneller Calendula-Ölauszug

Dieser schnelle Ölauszug ermöglicht es dir, die heilenden Eigenschaften der Calendulablüten schnell und effektiv zu nutzen, ohne mehrere Wochen auf den Ölauszug warten zu müssen. Auf dieser Basis kannst du gleich darauf eine Calendulacreme herstellen und deine Haut mit der natürlichen Kraft dieser wundervollen Pflanze verwöhnen.

Zutaten

- 1/2 Tasse Calendulablüten
- 1 Tasse hochwertiges Pflanzenöl (zum Beispiel Olivenöl oder Mandelöl)

Zubereitung

- Trockne die Calendulablüten gründlich: Blüten auf ein Papiertuch legen oder kopfüber aufhängen und an einem gut belüfteten Ort trocknen lassen. Du kannst sie auch bei ungefähr 40 Grad im Ofen trocknen. Ofentür leicht geöffnet lassen, damit die Feuchtigkeit entweichen kann.
- Gib die Blüten in einen hitzebeständigen Topf. Gieße das Pflanzenöl über die Blüten, sodass sie vollständig bedeckt sind. Erwärme den Topf auf dem Herd bei niedriger Hitze oder stell ihn in den Ofen bei etwa 50 bis 60 Grad.
- Lass die Mischung für 1 bis 2 Stunden sanft erhitzt ziehen. Rühre gelegentlich um, um eine gleichmäßige Extraktion der Pflanzenstoffe zu fördern.
- Nimm den Topf vom Herd oder aus dem Ofen und lass die Mischung abkühlen.
- Siebe den Ölauszug durch ein feines Sieb oder ein Baumwolltuch ab, um die Blütenreste zu entfernen.

- Fülle den Calendula-Ölauszug in saubere Glasflaschen und verschließe sie gut. Lagere sie an einem kühlen und dunklen Ort.

Selbst gemachte Calendulacreme

Zutaten

- 8 g Bienenwachs
- 8 g Wollwachs (Lanolin) oder als vegane Variante Shea- oder Kakaobutter
- 100 ml Calendula-Ölauszug
- Optional: ätherisches Öl (zum Beispiel Lavendelöl) für einen angenehmen Duft und damit einhergehende Ruhe für die Seele

Zubereitung

- Stell einen Wasserbadtopf oder eine hitzebeständige Schüssel über einen Topf mit heißem Wasser auf den Herd. Gib das Bienenwachs und das Wollwachs in den Wasserbadtopf und lass es langsam schmelzen. Füge den Calendula-Ölauszug hinzu und rühre die Mischung sanft um, bis sich alles gut vermischt hat.
- Optional: Wenn du einen angenehmen Duft hinzufügen möchtest, kannst du jetzt ein paar Tropfen ätherisches Öl einrühren.
- Gieße die geschmolzene Mischung in saubere Cremetiegel oder Gläser und lass sie abkühlen. Sobald die Creme fest geworden ist, kannst du sie verwenden. Bewahre sie an einem kühlen und trockenen Ort auf.

Trage die Creme großzügig auf trockene oder gereizte Haut auf und massiere sie sanft ein. Die Calendula-Creme kann bei verschiedenen Hautproblemen wie Rötungen, Entzündungen, Sonnenbrand und Insektenstichen helfen.

Die Kraft der Linde

Die Linde, von vielen als »Baum der Göttinnen« verehrt, erhebt sich majestätisch und in anmutiger Erhabenheit. Ihre Wurzeln reichen tief in die Erde, ihre Zweige erstrecken sich hoch in den Himmel. Unter ihrem schützenden Blätterdach hat die Linde unzählige Dorffeste und Ratsversammlungen erlebt, wo wichtige Entscheidungen getroffen wurden. Im Schatten ihres Blätterwerks fanden die Menschen Geborgenheit und Trost.

Die zarten Lindenblüten sind ein Geschenk der Liebe und des Mitgefühls. Sie sind ein Symbol für die weibliche Energie, die uns umgibt und in der wir uns geborgen fühlen dürfen. Die Linde schenkt uns nicht nur ihre Blüten, sondern auch ihren Namen, denn das Wort »lindern« gehört zu ihr. So wie die Linde seelischen und physischen Schmerz lindert, mildert schon ihr Anblick unsere Sorgen und Ängste.

Die Linde besitzt tatsächlich eine Vielzahl von heilenden Eigenschaften. Ihre Blüten und Blätter enthalten ätherische Öle, Flavonoide und Schleimstoffe, die beruhigend, entzündungshemmend und krampflösend wirken. Lindenblütentee wird oft zur Linderung von Erkältungssymptomen wie Husten, Halsschmerzen und Fieber verwendet. Lindenblüten gehören in jeden Erkältungstee. Er wirkt zudem beruhigend auf das Nervensystem und fördert einen gesunden Schlaf.

Ihre Präsenz erinnert uns daran, dass wir tief mit der Natur verbunden sind und in Harmonie mit ihr leben dürfen. Wenn wir uns an die Linde lehnen, spüren wir ihre heilige Energie, die uns erdet und unsere Herzen mit Frieden erfüllt. Mögen wir diesen Baum ehren und seine Weisheit in uns aufnehmen, während wir uns in seinem Schatten ausruhen und uns von seiner Energie nähren lassen.

Lindenblütentee

Lass den Genuss eines Lindenblütentees gern auch zu einem regelmäßigen Ritual werden, das dir Ruhe und Entspannung schenkt. Genieße die sanfte Wirkung der Linde auf Körper und Geist und lass dich von ihrer heilenden Energie umgeben.

Zutaten

- 2 TL getrocknete Lindenblüten oder Lindenblätter (oder eine Mischung aus beiden)
- 1 Tasse kochendes Wasser
- etwas Honig aus deiner Region
- etwas Zitrone

Zubereitung

- Wenn du frische Lindenblüten oder Lindenblätter sammeln möchtest, geh achtsam in die Natur und suche einen gesunden Lindenbaum. Pflücke nur ein paar wenige Blüten oder Blätter und achte darauf, den Baum nicht zu schädigen. Alternativ kannst du getrocknete Lindenblüten und Lindenblätter in vielen Bioläden, Apotheken oder online kaufen.
- Gib die Lindenblüten oder -blätter in eine Teekanne oder Tasse.
- Koche Wasser auf und gieße es darüber. Bedecke die Kanne oder Tasse und lass den Tee für etwa 10 Minuten ziehen, damit sich die wohltuenden Eigenschaften der Linde entfalten können.
- Seihe den Tee ab und gib bei Bedarf etwas Honig oder Zitronensaft hinzu.
- Nimm dir einen Moment der Stille und Dankbarkeit, während du den Lindenblütentee genießt. Spüre die beruhigende Wirkung und verbinde dich mit der natürlichen Kraft der Linde.

Das Geheimnis der Mirabellen

Im Sommer, wenn die Tage warm und sonnig sind, versteckt sich ein besonderes Geheimnis in den Obstgärten und an Feldwegen. Unter den schattigen Blättern der Mirabellenbäume reifen kleine goldene Früchte heran. Sie sind süß, saftig und verströmen einen betörenden Duft, der die Luft erfüllt und unsere Sinne verführt.

Stell dir vor, du stehst unter einem solchen Mirabellenbaum. Die Sonne kitzelt sanft deine Haut, während du den verlockenden Duft der reifen Früchte einatmest. Dieser Duft ist der Atem des Sommers, ein Versprechen von Fülle und Genuss. Die Mirabelle, oft im Schatten ihrer größeren Verwandten wie der Pflaume und der Kirsche, hat ihren eigenen Zauber. Ihre kleinen Früchte sind wie verborgene Schätze, die darauf warten, von dir entdeckt und genossen zu werden.

Es hat etwas Magisches, die Früchte der Mirabelle zu ernten. Mit Achtsamkeit und Respekt gehst du zu den Bäumen, nimmst eine Mirabelle in die Hand und spürst deine Verbindung zur Natur. Du erkennst die Großzügigkeit der Bäume, die Jahr für Jahr reiche Ernten hervorbringen. Du spürst die Energie des Sommers, die in jeder Frucht steckt. In jedem dieser kleinen Pakete ist die Essenz der Sonne und der Erde eingefangen.

Impuls: Mit Mirabellenbäumen in Verbindung gehen

Inmitten eines Obstgartens, umgeben von Mirabellenbäumen, kannst du eine tiefe Verbindung zur Natur herstellen. Diese Bäume tragen nicht nur süße Früchte, sondern auch eine tiefe Weisheit und eine Botschaft, die darauf wartet, von dir gehört zu werden.

Suche einen ruhigen Ort im Obstgarten oder in der Natur, wo du dich von der Kraft von Mirabellenbäumen umgeben fühlst. Ihre kleinen, goldenen Früchte hängen reif von den Ästen und ihr

Duft erfüllt die Luft. Er ist eine Einladung von Mutter Erde selbst, dich mit der Natur zu verbinden und die Kraft des Sommers zu spüren. Wenn du keine Mirabellenbäume findest, kannst du sie dir einfach vorstellen. Kauf dir gern auch ein Schälchen Mirabellen und rieche daran.

Atme tief ein und aus, um in den gegenwärtigen Moment zu gelangen. Spüre den Boden unter deinen Füßen und die Präsenz der Bäume um dich herum. Betrachte die Mirabellen an den Bäumen. Sie sind ein Symbol der Fülle und des Segens. Nimm wahr, wie sie in der Sonne glänzen, und spüre die Lebenskraft, die sie ausstrahlen.

Geh zu einem Mirabellenbaum und berühre behutsam seine Rinde. Spüre die Textur und die Energie des Baumes. Dieser Baum trägt die Weisheit der Jahreszeiten und die Geschichte des Lebens in sich.

Schließe die Augen und drücke deine Dankbarkeit für diesen kraftvollen, aber auch zarten Baum aus. Dank solcher Bäume ist es leicht möglich, die Fülle des Sommers und die Verbindung zur Natur im sanften Rhythmus von Mutter Erde zu erfahren.

Setze dich unter einen Mirabellenbaum und beginne zu meditieren. Lass deine Gedanken zur Ruhe kommen und öffne dich für die spirituellen Botschaften der Natur. Vielleicht erhältst du eine Inspiration oder ein tiefes Verständnis für den Kreislauf des Lebens.

Wenn du ein paar Mirabellen erntest, tue es mit Achtsamkeit und Dankbarkeit. Jede Frucht ist ein Geschenk der Natur. Die Mirabellenbäume lehren dich, im Einklang mit der Natur zu leben und die Fülle des Lebens zu schätzen. Genieße die süßen Früchte und erinnere dich immer neu an die tiefere Botschaft, die diese Bäume für dich haben.

Wenn du magst, kannst du deine gesammelten Mirabellen auch zu einer köstlichen Tarte verarbeiten. Zusammen mit einem Lindenblütentee ergibt sich eine herrliche Kombination.

Mirabellen-Tarte mit Vanille und Mandeln

Diese Tarte ist ein herrlich süßer Genuss mit einer zarten Mandelnote und dem Aroma von echter Vanille. Sie ist einfach zuzubereiten und perfekt, um die köstlichen Mirabellen in Szene zu setzen.

Zutaten

Für den Teig:

- 200 g Mehl
- 50 g Puderzucker
- 1 Prise Salz
- 100 g kalte Butter, in Würfeln
- 1 Ei

Für die Füllung:

- 500 g Mirabellen
- 2 Eier
- 4 EL Zucker
- Vanille nach Gefühl
- 100 g gemahlene Mandeln
- 1 Prise Salz
- 200 ml Sahne

Zubereitung

- In einer Schüssel das Mehl mit dem Puderzucker und einer Prise Salz vermengen. Füge die kalten Butterwürfel hinzu und reibe sie mit den Fingerspitzen in das Mehl, bis die Mischung krümelig wird.
- Schlage das Ei auf und gib es zum Teig. Knete alles rasch zu einem glatten Teig zusammen. Forme den Teig zu einer Scheibe, wickle sie in Frischhaltefolie oder ein Bienenwachstuch (Anleitung im Kapitel zum Februar) und leg ihn für mindestens 30 Minuten in den Kühlschrank.

- Heize den Backofen auf 180 Grad (Ober- und Unterhitze) vor.
- Fette eine Tarteform (Durchmesser etwa 24 Zentimeter) leicht ein und bestäube sie mit etwas Mehl.
- Rolle den gekühlten Teig auf einer bemehlten Fläche zu einem Kreis aus, der etwas größer ist als die Form. Leg den Teig in die vorbereitete Form und drücke ihn leicht an den Rand.
- Wasche die Mirabellen, halbiere sie und entferne die Kerne. Verteile die Mirabellen gleichmäßig auf dem Teigboden.
- In einer Schüssel die Eier mit dem Zucker, dem Mark der Vanilleschote, den gemahlenen Mandeln und einer Prise Salz verrühren. Gieße die Sahne dazu und vermische alles gut.
- Gieße die Mandel-Vanille-Füllung über die Mirabellen in der Tarteform.
- Backe die Tarte im vorgeheizten Ofen für etwa 35 bis 45 Minuten oder bis die Füllung fest und goldbraun ist.
- Lass die Tarte abkühlen, bevor du sie vorsichtig aus der Form nimmst.
- Bestäube sie nach Belieben mit Puderzucker. Ein Klecks Schlagsahne oder eine Kugel Vanilleeis passt dazu.

Erdender Impuls: Die Wolken ziehen lassen

Finde einen ruhigen Ort im Freien, vielleicht im Garten, auf einer Wiese oder an einem Seeufer. Setze dich bequem hin und schließe deine Augen. Atme tief ein und aus, um dich zu zentrieren.

Öffne deine Augen wieder, leg dich bequem auf den Boden und geh in Verbindung mit der Erde unter dir. Richte deine Aufmerksamkeit nach oben. Über dir spannt sich der weite Himmel. Spüre die Erde unter dir, wie sie dich hält und unterstützt. Du bist sicher und geborgen.

Richte deinen Blick nun noch aufmerksamer nach oben, zum Himmel. Die Wolken ziehen langsam vorbei. Sie sind wie

Gedanken, die durch deinen Geist ziehen. Sie können kommen und gehen, während du ruhig und gelassen bleibst.

Nimm dir Zeit, die Wolken zu beobachten. Welche Formen und Muster siehst du? Sind sie leicht und fluffig oder dunkel und schwer? Lass deine Gedanken und Sorgen in die Wolken gleiten. Du wirst leichter, während sie davonziehen.

Der Himmel ist unendlich, genau wie deine innere Ruhe und Stärke. Spüre, wie du dich mit der Weite des Himmels verbindest. Du bist ein Teil dieses großen Universums, verwurzelt in der Erde und doch frei wie die Wolken.

Genieße diesen Moment der Stille im Beobachten. Wenn du bereit bist, öffne langsam deine Augen und kehre in den gegenwärtigen Moment zurück. Du hast die Fähigkeit, Gedanken und Sorgen ziehen zu lassen wie Wolken am Himmel. Bleib geerdet und ruhig, egal was in deinem Leben geschieht.

Süßgras flechten

Ein sanfter Hauch des Morgens kündigte einen zauberhaften Tag an, als ich mich entschied, in meinen Garten zu schlendern, um das kostbare Süßgras zu ernten. Die ersten Sonnenstrahlen tanzten durch das Blätterdach der Bäume, und die Luft war erfüllt von einem süßen Duft, der nach Vanille und Tonka mit einem Hauch von Waldmeister duftete. Ein wahres Gedicht, das mich einlud, die verborgenen Schätze meines Gartens zu entdecken.

Mit behutsamen Schritten betrat ich das Reich der zarten Halme, bereit, die Ernte mit Respekt und Achtsamkeit anzugehen. Jeder Schnitt sollte eine Liebkosung sein, keine Störung der Natur. Die Stängel bogen sich leicht im Morgentau, und ich spürte, wie das Süßgras seine Energie mit mir teilte. Die Berührung meiner Finger schien eine leise Melodie in der Stille des Gartens zu spielen.

Ein unsichtbarer Schleier von Aromen umhüllte mich, als ich behutsam die Halme zwischen meinen Fingern entlangführte. Ein Duft, der nicht nur die Sinne, sondern auch die Seele streichelte, als wäre ich eingehüllt in die zarten Arme der Natur.

Mit meinem Schatz von Süßgras begab ich mich an einen stillen Ort, an dem die Natur mir ihre volle Aufmerksamkeit schenkte. Vor mir breitete ich meine Ernte aus, ein Teppich aus frischem Grün, der den Boden mit Lebenskraft durchtränkte. Die Sonnenstrahlen spielten im Gras, als wären sie glitzernde Diamanten, die den Moment veredelten.

Die ersten feinen Zöpfe begannen sich unter meinen Händen zu formen. Ein meditatives Spiel aus Flechten und Weben, bei dem ich mich tief mit der Natur verbunden fühlte. Jeder Zopf war ein kleines Kunstwerk, von Liebe und Achtsamkeit gewebt. Das Süßgras ließ sich willig in meine Hände fallen, als hätte es darauf gewartet, zu einem zarten Geflecht vereint zu werden.

In diesem Moment der Stille gesellte sich eines meiner Kinder zu mir. Ein Lächeln lag auf meinem Gesicht, als wir uns gegenseitig anschauten und ohne viele Worte wussten, dass dies ein besonderer Moment werden würde. Unsere Finger berührten die zarten Halme und der Duft umhüllte uns. Das Flechten begann wie ein zärtlicher Tanz zwischen uns. Ein sanftes Halten, ein behutsames Führen der Grashalme durch unsere Finger. Der Wind spielte mit den Strähnen, als würden wir gemeinsam eine Melodie weben, die nur die Natur verstehen konnte. Die Sonnenstrahlen malten Goldmuster auf den grünen Teppich vor uns, während wir uns in den Rhythmus des Flechtens vertieften.

So verging die Zeit, jede geflochtene Strähne wurde zu einem Gedicht der Natur, jede Bewegung zu einer Hommage an die Schönheit unseres Zusammenseins. Gemeinsam, in einem Tanz von Himmel und Erde, webten wir ein Band, das nicht nur aus Süßgras bestand, sondern auch aus den Träumen, Wünschen und der Liebe, die wir in jeden Zopf legten.

Dinge, die du im Juli verinnerlichen darfst

Schauen und staunen: Nimm dir Zeit, die Pracht der Natur im Juli zu bewundern. Beobachte das Blühen der Blumen, das Reifen der Früchte und das Summen der Bienen.

Blumen genießen: Geh in die Natur und pflücke einen Blumenstrauß, der den Duft des Sommers einfängt und zu dir nach Hause bringt.

Entfaltung: Erinnere dich daran, dass auch du wie die Natur wächst und dich veränderst. Welche Bereiche deines Lebens möchtest du im Juli weiterentwickeln? Strecke deinen eigenen Blütenkopf gen Himmel und erblühe.

Essen: Achte darauf, was du isst und wie du isst. Genieße die frischen Früchte und Gemüse der Saison. Koche und iss mit Achtsamkeit, um die Nahrung vollständig zu würdigen.

Sonnenwandel: Nimm dir Zeit, den Sonnenaufgang und/oder Sonnenuntergang zu beobachten. Lass dich daran erinnern, wie kostbar das Leben ist und wie wichtig es ist, den Tag bewusst zu beginnen und abzuschließen.

Achtsame Bewegung: Wenn du Sport treibst oder anders aktiv bist, sei achtsam bei jedem Schritt und jeder Bewegung. Spüre, wie lebendig dein Körper ist und wie er auf Bewegung reagiert. Probiere auch mal, barfuß zu laufen oder direkt auf einer Wiese deine Yoga- oder Sporteinheit zu praktizieren. Du wirst merken, wie energetisch aufgeladen du dich fühlst, wenn du direkt in Verbindung mit Mutter Erde bist.

Dankbarkeit für das Jetzt: Sei dir bewusst, dass das Leben im Hier und Jetzt stattfindet, und genieße die kleinen Freuden des Alltags.

Weisheit der Bäume: Suche einen ruhigen Wald oder Park auf und verbringe Zeit in der Nähe von Bäumen. Sie können dich Geduld, Stärke und Gelassenheit lehren.

Erdungsmeditation für den Juli

Schließe sanft deine Augen und lass dich von einem Gefühl der Ruhe und Entspannung durchdringen. Spüre, wie sich jede Muskelspannung in deinem Körper löst und du dich auf den gegenwärtigen Moment einlässt.

Stell dir vor, du befindest dich in einem wunderschönen Wald, dessen Baumkronen hoch in den Himmel ragen. Das Sonnenlicht scheint durch ihre dichten Blätter hindurch. Der Duft von frischen Lindenblüten erfüllt die Luft und umhüllt dich mit einem betörenden Aroma. Nimm diesen Duft bewusst wahr und lass ihn tief in deine Lunge strömen, während sich ein Gefühl von Entspannung und Wohlbefinden in dir ausbreitet.

Geh langsam auf einem weichen Pfad voran und spüre den sanften moosigen Boden unter deinen Füßen. Jeder Schritt führt dich näher zu einer mächtigen Linde, die majestätisch vor dir aufragt. Ihre Äste breiten sich wie schützende Arme aus und bieten dir Schutz und Geborgenheit. Nimm dir einen Moment, um dich mit ihrer Energie zu verbinden und ihre tiefe Weisheit in dich aufzunehmen.

Ein Star mit seinem schillernden Gefieder landet sanft auf einem Ast der Linde und scheint dich einzuladen, ihm zu folgen. Du nimmst die Einladung an und begibst dich in ein dichtes Feld voller leuchtender Ritterspornblüten. Ihre kräftigen blauen und weißen Blüten und ihr lieblicher Duft, sie verzaubern deine Sinne und bringen dich in einen Zustand tiefer Entspannung und Hingabe.

Der Weg führt dich weiter zu einem wunderschönen See, dessen glitzernde Oberfläche im sanften Licht des Sonnenuntergangs erstrahlt. Umgeben von üppigem Grün und mit einem Kranz von Seerosen bietet der See einen ruhigen und magischen Ort der Stille und des Friedens.

Du setzt dich an das Ufer des Sees und lässt deinen Blick über die Seerosen schweifen. Ihre zarten Blütenblätter scheinen im letzten Licht des Tages zu leuchten und erfüllen dich voller Glückseligkeit. Du spürst, wie sich eine tiefe Verbundenheit zur Natur und zu deinem inneren Selbst in dir ausbreitet.

Spüre, wie die Klänge der Natur um dich herum deine Sinne berühren. Das leise Summen der Grillen, das melodische Quaken der Frösche und das sanfte Rascheln der Blätter erzeugen eine Atmosphäre voller Magie und Glückseligkeit. Du nimmst jeden einzelnen Klang wahr und lässt dich von der beruhigenden Melodie in einen tiefen meditativen Zustand tragen.

Während du dort sitzt und die Schönheit der Natur in dich aufnimmst, spürst du, wie alle Belastungen und Sorgen des Alltags von dir abfallen. Du fühlst dich verwurzelt, geerdet und von einer tiefen inneren Ruhe erfüllt. In diesem Moment bist du eins mit der Natur und fühlst dich eingebettet in den natürlichen Fluss des Lebens.

Lass dich noch einen Moment von der friedlichen Atmosphäre am Seeufer tragen. Spüre die Segnungen und die Schönheit dieses Ortes und nimm sie tief in dein Herz. Fühle dich gestärkt und erneuert, bereit, in den kommenden Tagen mit Gelassenheit, Weisheit und Freude voranzuschreiten.

Wenn du bereit bist, öffne langsam deine Augen und lass das Gefühl der Verbundenheit und des Friedens in dir weiterleben. Nimm die Energie der Linde, den Zauber des Stars, die Kraft der Ritterspornblüten und die Ruhe des Sees mit in deinen Alltag. Möge dich diese Meditation daran erinnern, dass du in jedem Moment mit der Natur und mit dir selbst in Verbindung stehen kannst, um inneren Frieden und Harmonie zu finden.

Komm nun wieder zurück ins Hier und Jetzt. Nimm dir einen Moment, um die Erfahrung in deinem Herzen zu bewahren und die Weisheit der Linde, die Schönheit der Vögel und Blumen und die Ruhe des Sees als deine Begleiter auf deinem weiteren Weg anzunehmen.

AUGUST: DIE INNERE HITZE TRANSFORMIEREN

»Ich bin Ernte«

Im Monat August, wenn die Sonne noch immer hochsteht und die Pflanzenwelt in ihrer vollen Schönheit erstrahlt, finden wir uns inmitten einer reichen Erntezeit wieder. Die Natur schenkt uns großzügig ihre Früchte und Blüten und es ist an der Zeit, ihre Gaben zu sammeln, zu schätzen und uns damit zu nähren.

In dieser Zeit offenbart sich auch die konzentrierte Weisheit der Natur. Die Kräuter stehen auf dem Höhepunkt ihrer Kraft und verströmen ihren liebevollen Duft und ihre heilenden Eigenschaften. Es ist, als ob sie uns ihre gesammelte Weisheit in jedem Blatt und jeder Blüte anvertrauen, und es liegt an uns, diese Gaben anzunehmen.

Der August bringt den Höhepunkt des Sommers, symbolisiert durch den Brauch des Kräuterbuschens am Hohen Frauentag (das ist der 15. August) oder dem Schnitterinnenfest (dem 1. August). Kräuter wurden traditionell auch jetzt wieder zu einem kunstvollen Buschen gebunden und dienten geweiht als Schutzmittel. Diese Kräuter tragen die Essenz des Sommers in sich, die Sonnenwärme, das reiche Grün und die Heilkraft der Pflanzen.

Während das Korn auf den Feldern geerntet wird, sollten wir uns bewusst sein, wie viel Arbeit und Hingabe in jeder Ernte steckt. Wir lernen die Wertschätzung für all die Gaben, die uns Mutter Erde schenkt, sei es in Form von Getreide, Früchten, Kräutern oder Blumen. Wir erkennen den Kreislauf des Lebens und wie alles miteinander verbunden ist.

Der August markiert auch einen Richtungswechsel von außen nach innen. Die Tage werden kürzer, die Nächte länger. Es ist Zeit, sich der eigenen inneren Schöpferkraft hinzugeben, um die Früchte unserer Lebensarbeit zu ernten und zu feiern. Es ist eine Zeit des Dankes für das, was wir geschaffen haben, und

Affirmation für den August

»Ich tanze im warmen Wind des Sommers, spüre die Leichtigkeit des Seins und die Fülle der Natur um mich herum. Mein Herz ist erfüllt von Dankbarkeit für die reichen Gaben des August.«

eine Zeit des Vertrauens in die kommende Ernte, die im Herzen ihren Ursprung hat.

Im August erinnert uns die Natur daran, achtsam und geduldig zu sein. Wir können uns an der Fülle des Sommers erfreuen und gleichzeitig unsere Zeit nutzen, um unsere innere Weisheit zu erkunden. Dieser Monat lehrt uns, die Balance zwischen Aktivität und innerer Reflexion zu finden und uns der Weisheit und Fülle bewusst zu werden, die in uns und um uns herum existieren.

Ruhiges Beobachten

In einer ruhigen Minute, als ich im Garten eine sanfte Abendbrise genoss, fing plötzlich etwas meine Aufmerksamkeit ein. Im Weidendach unserer Sandkiste bewegte sich etwas. Neugierig geworden, schaute ich genauer hin. Was ich entdeckte, erwärmte mein Herz: Das Weidendach war lebendig, bevölkert von jungen Spatzen, die fröhlich hin und her hüpften. Ich verweilte und beobachtete, wie sie miteinander spielten und ihre Lieder sangen. Ein größerer Vogel flog vorbei und versetzte die Spatzen in Aufregung. In diesem Moment wurden sie zu einer einzigen lebendigen Einheit und starteten gemeinsam in den Himmel.

Während ich dieses Naturschauspiel bestaunte, begannen meine Gedanken zu wandern. Die Weide, die einst als zarte Rute begann, war zu einem mächtigen Baum herangewachsen. Sie wurde Teil dieses verwunschenen Ortes in meinem Garten, ein Zeuge des stetigen Wandels. Ich fragte mich, ob unter diesem starken Ast, der sich gen Himmel erstreckt, eine Wasserader verborgen sein könnte. Weiden sind bekannt für ihre Verbindung zum Wasser und ich spürte die tiefe Verbundenheit zwischen der Weide und diesem lebendigen Element.

Genauso wie ich mich in die Gedanken über die Weide vertiefte, fragte ich mich nach der Verbindung zwischen den Spatzen und diesem besonderen Baum. Gibt es eine geheime Bindung zwischen ihnen, die nur von jenen erkannt wird, die genau hinsehen?

In dieser stillen Beobachtung, in diesem Moment des Innehaltens, fühlte ich mich vollkommen mit meiner Umgebung verbunden. Ich war im Hier und Jetzt, offen für die Schönheit des Lebens, für die kleinen Wunder, die sich im Alltäglichen verbergen. Und ein solches Beobachten möchte ich auch dir ans Herz legen.

Impuls: Die Schönheit des Beobachtens

Finde einen ruhigen Ort in der Natur, sei es im Garten, im Park oder am Waldrand. Setze dich bequem hin und lass deinen Blick sanft umherwandern. Suche nach Bewegungen, Farben oder Details, die deine Aufmerksamkeit auf sich ziehen. Verweile in dieser Beobachtung und öffne deine Sinne für die Schönheit um dich herum.

Nimm Geräusche, Düfte und Texturen wahr. Lass deine Gedanken frei schweifen. Stell Fragen und folge deinen Überlegungen, wohin sie dich führen.

Genieße diesen Moment des Innehaltens und der Verbundenheit mit der Natur. Du bist ein Teil dieses großen Ganzen.

Du kannst diese Übung überall praktizieren, wo du dich gerade befindest. Lass deine Gedanken schweifen, verbinde dich mit deiner Umgebung und erfreue dich an der Schönheit des Augenblicks. Das ist Erdung in ihrer reinsten Form.

Vielleicht möchtest du das Gesehene auch in einem Naturtagebuch verewigen. Zeichne es und schreibe deine Gedanken dazu auf.

Achtsamkeitsmomente im August

- Stehe früh auf, wenn die Welt noch ruhig ist. Finde einen stillen Platz im Freien oder am offenen Fenster und meditiere. Beobachte den Sonnenaufgang und spüre, wie die Welt langsam erwacht.
- Genieße die wärmende Erde unter deinen Füßen: Ob im Garten, am Strand oder auf einem Waldweg – das bewusste Barfußgehen verbindet dich direkt mit der Erde und lässt dich den Boden unter dir spüren.
- Draußen, draußen, draußen: Versuche so oft wie möglich in der freien Natur zu essen. Verbringe deine Mittagspause ganz bewusst draußen im nahe-

gelegenen Park oder zu Hause im Garten. Lausche den Geräuschen der Natur um dich herum und sei im Hier und Jetzt.

- Süßer Genuss: Kaufe eine saftige Wassermelone und genieße sie bewusst. Schließe deine Augen und nimm den erfrischenden Geschmack und die saftige Textur wahr. Spüre, wie die Melone deinen Durst stillt und dich erfrischt.
- Sammle Blumen und Kräuter aus deinem Garten oder der Umgebung und flechte daraus einen Blumenkranz oder binde Kräuterbuschen. So ein kreatives Ritual verbindet dich mit der Natur und bringt dir Freude.
- Geh an einen See oder einen Strand und beobachte den Sonnenuntergang am Wasser. Spüre die Ruhe und den Frieden, den dieses Naturspektakel in dir auslöst.
- Gewaltige Kraft: Wenn sich ein Sommergewitter ankündigt, nimm dir Zeit, es zu beobachten. Setze dich an einen geschützten Ort und lausche dem Donner und dem Regen. Spüre die Energie der Naturgewalten und die Reinigung, die sie bringen.
- Nachthimmel bestaunen: Geh in einer klaren, dunklen Nacht hinaus an einen Ort, an dem du den Sternenhimmel gut sehen kannst. Beobachte die Sterne, die Galaxien – und vielleicht siehst du sogar eine Sternschnuppe. Im August gibt es erfahrungsgemäß viele davon. Spüre die Unendlichkeit des Universums und deine eigene Winzigkeit in diesem Moment.
- Digital Detox: Plane einen Tag, an dem du bewusst offline bleibst. Verbringe diese Zeit in der Natur und erlebe, wie sich dein Körper am Abend anfühlt.
- Gartenfreuden: Verbringe Zeit in deinem Garten oder einem Gemeinschaftsgarten. Pflanze, ernte oder pflege die Pflanzen. Spüre die Erde auf deinen Händen und die Verbundenheit mit der Natur.

Diese Achtsamkeitsmomente im August können dir helfen, die Schönheit und Fülle des Sommers in vollen Zügen zu genießen und dich mit der Natur zu verbinden. Gönn dir diese Augenblicke, um den Alltagsstress zu reduzieren und inneren Frieden zu finden.

Lavendel

Diesen Text habe ich in einem Moment tiefer Verbundenheit direkt an eine meiner liebsten Pflanzen gerichtet: In der Welt, in der wir leben, gibt es einen Ort, an den ich mich immer wieder sehne – zu dir, mein lieber Lavendel. Du wächst überall in meinem Garten und verzauberst mich mit deinem Duft. Und wenn ich verreist bin, so finde ich dich meist auch dort.

Dein Duft ist für mich wie ein zarter Kuss der Natur. Er umhüllt mich, wenn ich mich unwohl und überwältigt fühle, er bringt mich sanft in den gegenwärtigen Moment zurück. Du bist mein Weg zur inneren Ruhe, meine Quelle der Geborgenheit. Wenn die Gedanken in meinem Kopf wild wirbeln und die Welt um mich herum chaotisch ist, kommst du, mein liebster Lavendel, und nimmst mich in deine Arme. Dein Duft beruhigt meinen Geist und lässt mich spüren, dass alles gut wird. Du bist wie ein ruhiger Hafen inmitten des Sturms.

In den nächtlichen Stunden, wenn der Schlaf sich vor mir zu verbergen scheint, bist du immer da. Ein Hauch von Lavendelöl auf meinem Kopfkissen – und schon finde ich Trost und Geborgenheit. Du begleitest mich in meine Träume und schenkst mir süße Nächte.

Aber nicht nur in der Nacht, auch tagsüber bist du da, um mich zu unterstützen. Deine heilende Berührung löst Spannungen in meinem Körper, als ob du magische Hände hättest. Ein warmes Lavendelbad oder eine Massage mit Lavendelöl – und schon fühle ich mich leichter und schmerzfrei.

In der Meditation begleitest du mich auf der Reise zu mir selbst. Dein Duft öffnet mein Drittes Auge und stärkt meine Intuition. Du hilfst mir, mich zu erden und gleichzeitig die höheren Ebenen des Bewusstseins zu erkunden. Mit dir finde ich inneren Frieden und Balance.

Lavendel, du erinnerst mich daran, dass die Erde unter meinen Füßen immer da ist, um mich zu tragen. Du lehrst mich, die Hektik des Alltags hinter mir zu lassen und in den gegenwärtigen Moment einzutauchen. In deinem Duft finde ich Trost, Geborgenheit und Liebe. Du bist ein Geschenk der Natur, ein Freund, ein Heiler und ein Begleiter auf meinem Weg. Mein liebster Lavendel, ich umarme dich in Dankbarkeit und Liebe für alles, was du für mich bist.

Lavendelöl

- Hierfür benötigst du hochwertiges pflanzliches natives Öl. Ich mag Oliven- oder auch Mandelöl. Kauf das Mandelöl gern als Lebensmittel im Bioladen, es ist günstiger und du kannst dann das fertige Lavendelöl auch innerlich nutzen.
- Sammle frische oder kaufe getrocknete Lavendelblüten. Achte darauf, dass sie frei von Feuchtigkeit und Schmutz sind. Frische Lavendelblüten sollten gut abgetrocknet sein.
- Gib die Blüten in ein verschließbares, helles Glasgefäß. Um die ätherischen Öle freizusetzen, kannst du sie leicht mit einem Mörser oder deinen Händen zerkleinern. Gieß das pflanzliche Öl über die Blüten, bis sie vollständig bedeckt sind.
- Verschließe das Glasgefäß gut und stell es an einen warmen, sonnigen Ort. Die Sonnenenergie fördert die Extraktion der ätherischen Öle aus den Blüten. Lass die Mischung für mindestens einen Monat ziehen, wobei du sie täglich leicht schüttelst.
- Nach der Extraktionszeit filterst du den Inhalt des Glases durch ein sauberes Tuch oder einen Kaffeefilter. Das Ergebnis ist dein Lavendelöl, das nun von goldener Farbe und voller Duft sein sollte.
- Füll das Lavendelöl in ein sauberes, dunkles Gefäß um. Dunkle Flaschen schützen das Öl vor Licht und erhalten die Qualität. Lagere es an einem kühlen, lichtgeschützten Ort.

Dosierung und Anwendung

- **Lavendelöl innerlich:** Du kannst 1 bis 4 Tropfen Lavendelöl als Einmalgabe auf einem Stück Würfelzucker einnehmen. Dies ist eine großartige Möglichkeit, die beruhigenden Eigenschaften der Blüten zu spüren.
- **Massageöl:** Du kannst dein Lavendelöl direkt auf die Haut auftragen und deinen Körper, insbesondere deine Füße und Hände, damit massieren. Gib dich deiner Zuneigung zu dir selbst hin.

Weitere Rezeptideen

- **Lavendeltee:** Für Lavendeltee übergießt du 1 bis 2 Teelöffel Lavendelblüten mit einer Tasse heißem Wasser und lässt ihn etwa 10 Minuten ziehen, danach abseihen. Trinke ihn besonders am Abend vor dem Schlafengehen, um deinen Geist zu beruhigen und zu entspannen. Passend dazu sind Melisse und Hopfen.
- **Badtherapie:** Ein Lavendelbad ist wunderbar entspannend. Koche eine Handvoll Lavendelblüten kurz in 2 Litern Wasser auf. Nach 10 Minuten Ziehzeit entfernst du die Blüten und gibst das Konzentrat in dein Badewasser. Du kannst auch einige Tropfen des selbst gemachten Lavendelöls hinzufügen, um dein Badeerlebnis und die Entspannung zu verstärken.

Der Kornkranz: Symbol der Fülle und Verbundenheit

Ein Kornkranz, bei dem jede einzelne Ähre behutsam hinzugefügt wird, kann dich an die Bedeutung von Geduld und schrittweisem Wachstum erinnern. Ich hänge einen solchen Kranz auch gern nach draußen und gebe die Samen der Ähren damit zurück in den Kreislauf, denn Vögel und Mäuse knabbern ihn gern auf.

Wenn du einen Kornkranz gestalten willst, öffne deine Sinne für die Kraft und die Fülle des Sommers. Begib dich an den Rand eines goldgelben Getreidefeldes oder auf einen Feldweg, wo die Ähren dich einladen, dich mit der Erde zu verbinden. Spüre die Wärme der Sonne auf deiner Haut und den sanften Wind, der durch die Ähren streicht. Atme tief ein und fühle die Präsenz des nährenden Korns um dich herum. All die Ähren sind wie stille Wächter des Sommers, voller Lebenskraft und Nahrung.

Nimm dir einen Moment, um eine Kornähre auszuwählen, die dich besonders anspricht. Betrachte ihre Form, die Reife der Körner und ihre zarte Bewegung im Wind. Sie ist ein Geschenk der Erde, das darauf wartet, von dir geschätzt zu werden.

Mit einer Schere schneide behutsam die ausgewählte Kornähre ab oder brich sie mit deinen Händen. Spüre den Kontakt zur Erde, die dich trägt, und die tiefe Verbundenheit, die du in diesem Moment erfährst. Du schaffst Raum für neues Wachstum, während du diese Ähre in deinen Händen hältst. Wende dich dann der nächsten Ähre zu, die du mitnehmen willst.

Die geschnittenen Kornähren kannst du zu einem einfachen Kranz binden. Du kannst sie dabei auch mit Bändern oder anderen natürlichen Materialien verzieren. Dein Kranz wird zu einem Symbol deiner Verbundenheit mit der Natur und der Erde.

Trage ihn mit Stolz und Dankbarkeit oder häng ihn drinnen oder draußen auf, um dich jeden Tag an ihm zu erfreuen. Erinnere dich daran, dass du ein Teil des großen Kreislaufs des Lebens bist, in dem du nährst und genährt wirst. Jedes Mal, wenn du deinen Kranz ansiehst, lass ihn dich daran erinnern, die Geschenke der Natur zu schätzen und dich bewusst mit ihr zu verbinden.

DIY: Einen Kornkranz herstellen

Materialien

- etwa 30 geschnittene Kornähren
- natürlichen Bindfaden oder Schnur

Anleitung

- Nimm dir 2 bis 3 Kornähren. Sie sind der Grundstein für deinen Kornährenkranz. Leg sie als Bündel übereinander.
- Nimm eine weitere Kornähre und leg sie im rechten Winkel zu den anderen. Wickel sie um die anderen herum und lass das eigentliche Korn nach außen überstehen.
- Setze diesen Prozess fort, indem du immer wieder eine einzelne Kornähre hinzufügst und sie mit der vorherigen verbindest. Jede neue Ähre sollte sich an die vorherige anfügen, sodass sie nach und nach einen Kreis bilden. Du kannst auch bunte Bänder mit hineinflechten.
- Wenn du genügend Ähren hinzugefügt hast, um den gewünschten Durchmesser für deinen Kranz zu erreichen, schließe den Kreis,

indem du den letzten Ährenring mit dem ersten verbindest. Stell sicher, dass alle Ähren gut miteinander verbunden sind. Nutze dafür auch gern einen Bindfaden. Du könntest am Ende auch eine Holzkugel platzieren und das Ganze dann dekorativ an einen Schrank oder eine Tür hängen.

Die Schätze des Sommers sammeln

Der Sommer ist die Zeit der höchsten Fülle und der Farbenpracht. Die Wiesen und Felder sind übersät mit Blumen, Gräsern und Kräutern, die in ihrer vollen Blüte stehen. Am warmen Strand findest du wunderschöne Muscheln, Steine und bunte, vom Meer sanft abgerundete Scherben. Im Wald warten gewundene Zweige, Moose und Steinchen auf dich. Die vielen Schätze der Natur laden dich ein, kreativ zu werden.

Geh hinaus in die Natur – am besten mit einem kleinen Beutel oder Korb – und öffne deine Sinne für die Wunder, die sie zu bieten hat. Schau dich um und lass deinen Blick über die vielfältigen Farben und Formen schweifen. Vielleicht entdeckst du eine besonders leuchtende Blume, einen glitzernden Stein oder ein filigranes Blattwerk, einen schönen kleinen Ast. Diese Schätze des Sommers sind Geschenke der Erde, die darauf warten, von dir gesammelt zu werden.

Nun beginne, für dich besondere Fundstücke aufzuheben. Spüre die Verbindung zur Natur und zur Erde, während du die Schätze behutsam in deinem Beutel platzierst. Jedes Stück erzählt eine Geschichte und trägt die Energie dieses Sommers in sich. Du kannst auch über den gesamten Sommer hinweg immer wieder schöne Dinge sammeln.

Zurück zu Hause kannst du deine Schätze zu einem kleinen Mobile zusammenfügen. Befestige sie an einem Ast oder einem dünnen Zweig, den du in deinem Zuhause aufhängst. Wenn der Wind sanft durch das Mobile weht, werden die Schätze des Sommers tanzen und dir eine Erinnerung an die Schönheit und Fülle der Natur schenken. Ich befestige auch gern ein kleines Glöckchen an dem Ast. Bei jedem Windhauch höre ich dann den glockenklaren Klang und erinnere mich sofort an den schönen Sommertag.

Erdender Impuls: Dein Sommerschätze-Mobile

Dieses Mobile erinnert dich das ganze Jahr über an die Schönheit und Fülle des Sommers und schafft eine erdende Verbindung zur Natur. Viel Spaß beim Sammeln und Basteln!

Materialien

- ein kleiner Ast oder Zweig
- bunte Wolle oder Garn
- eine Schere
- gesammelte Schätze des Sommers (Blumen, Gräser, Steine, Muscheln, Federn, Blätter ...)
- dünne Schnur, Angelschnur oder besondere Wolle, eventuell Draht
- eine kleine Glocke (optional)
- Klebepistole (optional)

Anleitung

- Bestimme die gewünschte Länge deines Mobiles und schneide den Ast entsprechend zurecht. Du kannst auch eine natürliche Gabelung im Ast nutzen, um das Mobile aufzuhängen.
- Schneide verschiedene Längen von buntem Garn oder Wolle zurecht. Diese Schnüre werden später dazu verwendet, die gesammelten Schätze aufzuhängen. Du kannst die Schnüre in unterschiedlichen Farben und Längen gestalten, um dem Mobile eine lebendige Optik zu verleihen.
- Befestige deine gesammelten Sommerschätze an den vorbereiteten Schnüren. Bei leichten Gegenständen wie Blumen oder Blättern kannst du die Schnur einfach um den Stängel wickeln und mit einem Knoten sichern. Bei schwereren Gegenständen wie Steinen oder Muscheln kannst du dünnen Draht verwenden, um sie an der Schnur zu befestigen.

- Verziere den Ast nach deinem Belieben, indem du Wolle oder Garn um ihn wickelst. Dies verleiht dem Mobile zusätzliche Farbe und Textur.

- Knote oder binde die vorbereiteten Schnüre mit den befestigten Schätzen gleichmäßig an den Ast. Achte darauf, dass das Mobile ausgewogen ist.
- Wenn du möchtest, kannst du eine kleine Glocke an einer der Schnüre befestigen. Das sanfte Klingeln verleiht deinem Mobile eine zauberhafte Note.
- Finde nun einen passenden Ort, um dein Sommerschätze-Mobile aufzuhängen. Ob drinnen an einem sonnenbeschienenen Fenster oder draußen im Garten, die Wahl liegt bei dir. Befestige eine weitere Schnur am Ast, um das Mobile sicher und stabil aufzuhängen.
- Dein selbstgemachtes Sommerschätze-Mobile wird sich im Wind bewegen und die Schönheit der gesammelten Schätze zur Geltung bringen. Beobachte immer neu, wie die Sonne durch die Blumenblätter scheint und wie die Schätze sanft schaukeln.

Erdender Impuls: Blüten auf Baumwoll- oder Leinenservietten drucken

Dieser Impuls erinnert dich daran, wie kreativ die Natur ist und wie du dich mit ihrer Schönheit verbinden kannst. Die Servietten können eine wunderbare Ergänzung zu besonderen Mahlzeiten im Freien sein oder als Dekoration in deinem Zuhause dienen.

Materialien

- Leinenservietten, alternativ Baumwollservietten
- Gut färbende, frische und unbeschädigte Blüten (Ringelblumen, Rosenblätter, Veilchen, Frauenmantel-Blätter, Färberkamille, Stiefmütterchen oder Storchschnabel)
- Haushaltshammer, alternativ Gummihammer
- Durchsichtiges Klebeband
- Bügeleisen
- Holzbrett

Anleitung

- Suche dir einen ruhigen Platz im Freien, an dem du ungestört arbeiten kannst.
- Breite deine Serviette auf dem Holzbrett aus.
- Platziere vorsichtig die Blüten auf der Serviette in einer Anordnung, die dir gefällt.
- Fixiere die Blüten mit durchsichtigem Klebeband, um sicherzustellen, dass sie während des Druckvorgangs nicht verrutschen.
- Mit dem Hammer klopfst du vorsichtig auf die Serviette. Das Ziel ist, die natürlichen Farbstoffe aus den Blüten zu extrahieren und auf die Serviette zu übertragen. Du kannst mit verschiedenen Härtegraden des Klopfens experimentieren, um unterschiedliche kreative Effekte zu erzielen.
- Entferne nun das Klebeband und schau dir die Blütenpracht auf der Serviette an.
- Lege ein sauberes Stück Papier über die bedruckte Serviette und bügle sie. Dies fixiert die Farben und sorgt dafür, dass sie nicht ausbleichen.

DIY: Die Kunst des Sonnendrucks

Die Kunst des Sonnendrucks entdecken – suche dir hierfür einen ruhigen Ort im Freien, an dem du die Natur um dich herum spüren kannst. Wenn du magst, arbeite barfuß und spüre die Kraft der Erde unter dir. Während du den Sonnendruck durchführst, überträgst du nicht nur Farbe auf Stoff, sondern du nimmst an einem uralten Tanz von Licht und Erde teil. Du erdest dich im wahrsten Sinne des Wortes, indem du die natürlichen Elemente in deine kreative Welt einbeziehst. Der Sonnendruck lehrt Geduld. Er erfordert, dass du der Natur Zeit und Raum gibst, um ihr Werk zu vollenden. Genauso wie die Erde Zeit benötigt, um Nährstoffe zu liefern und die Pflanzen wachsen zu lassen, braucht auch deine kreative Arbeit Zeit, um zu reifen.

Materialien

- Stoffmalfarbe
- Baumwollstoff, Jutebeutel, Jutetasche oder andere bedruckbare Materialien

Anleitung

- Sammle an einem sonnigen Tag Blätter, Kräuter oder Blumen, halte Ausschau nach wenigen, aber besonderen Exemplaren. Achte dabei auf die Formen und Texturen, die dich ansprechen.
- Lege die Blätter auf den Stoff, um zu sehen, wie sie sich anordnen lassen und welchen Effekt du erzielen möchtest.
- Wähle Farben, die gut zu den natürlichen Elementen passen, und mische die Farbe mit Wasser. Trage sie feucht auf den Stoff auf und lege nun die Blätter und Blüten auf den Stoff.

- Lege also den Beutel an einen sonnigen Ort. Die natürliche Sonnenwärme hilft, die Stoffmalfarbe zu trocknen und das Muster auf den Stoff zu übertragen. Je nach Sonnenintensität kann es einige Stunden dauern.
- Wenn die Farbe vollständig getrocknet ist, entferne vorsichtig die Pflanzenteile. Du wirst sehen, dass sie ihr Muster auf dem Stoff hinterlassen haben.
- Dein selbst gemachtes Kunstwerk ist nun fertig. Verwende den Beutel als Erinnerung an diesen achtsamen Moment oder als praktisches und schönes Accessoire.

Meine Lieblingstees in diesem Monat

Die Schwarze Johannisbeere und der Hibiskus sind zwei bemerkenswerte Pflanzen, die nicht nur köstlich sind, sondern auch erdende und revitalisierende Eigenschaften haben. Wenn wir uns mit diesen Pflanzen verbinden, öffnen sich Tore zu einer tieferen Verbundenheit mit der Erde und zu innerer Ruhe. Wir können die heilsamen Kräfte dieser Pflanzen durch zwei erdende Teerezepte erfahren.

Schwarze-Johannisbeerblätter-Tee

Zutaten

- 1 Tasse Wasser
- 1 EL getrocknete Schwarze-Johannisbeerblätter
- Honig oder Ahornsirup nach Geschmack
- Zitronenscheiben und Melissenblätter (optional)

Zubereitung

- Übergieße die Kräuter mit kochendem Wasser, lasse es etwa 5 bis 7 Minuten ziehen

- Entferne die Blätter und süße den Tee nach Belieben mit Honig oder Ahornsirup.
- Du kannst den Tee warm genießen. Oder, wenn gewünscht, garniere den gekühlten Tee als Eistee mit Zitronenscheiben und einem Melissenblatt.

Erdender Hibiskus-Schwarze-Johannisbeere-Eistee

Dieser Eistee ist an heißen Sommertagen eine köstliche und erfrischende Option. Er behält die erdende Qualität des Schwarze-Johannisbeerblätter-Tees bei und schenkt dir gleichzeitig eine angenehme Abkühlung.

Zutaten

- 1 Tasse Wasser
- 1 EL getrocknete Schwarze-Johannisbeerblätter
- 1 EL getrocknete Hibiskusblüten
- Honig oder Ahornsirup nach Geschmack
- Eiswürfel
- Zitronenscheiben (optional)

Anleitung

- Koche das Wasser auf und gieße es über die Johannisbeerblätter und Hibiskusblüten in einer Tasse.
- Deck die Tasse ab und lass den Tee etwa 5 bis 7 Minuten ziehen, bis er die gewünschte Stärke erreicht hat.
- Entferne die Blätter und Blüten und süße den Tee nach Belieben mit Honig oder Ahornsirup.
- Lass ihn abkühlen und füge Eiswürfel hinzu, um einen erfrischenden Eistee zu erhalten. Wenn gewünscht, garniere ihn mit Zitronenscheiben.

Ein Zaubergarten zum Bewahren der Farben

An einem warmen Sommertag wandelte ich durch meinen Garten und die Natur schien in den schönsten Farben ein lebendiges Gemälde zu malen. Jeder Schritt führte mich tiefer in diese zauberhafte Welt, meine Sinne waren durchlässig und ich erkannte so viel Schönheit in den kleinen Dingen.

Zuerst begegneten mir die leuchtend roten Wildrosen, die noch in voller Blüte standen. Ihre Farbe erinnerte mich an die Liebe und Leidenschaft des Sommers. Mit einem Lächeln pflückte ich einige dieser Blüten und spürte, wie sie meine Hände zart küssten. Um mich herum summten die Bienen, die sich auch an der Lebendigkeit der Rose erfreuten.

Der Weg führte mich weiter zum Hopfen, wo die Ranken emporstrebten an einer starken Eiche und die zarten Blüten im Wind tanzten. Ihr frisches Grün und das beruhigende Aroma erfüllten die Luft. Vorsichtig sammelte ich einige der Blüten und fühlte mich von ihrer Ausstrahlung erfrischt.

Schließlich erreichte ich meinen Lavendel, dessen lila Blütenstände sanft im Wind schaukelten. Der liebliche Duft umhüllte mich und ich konnte nicht anders, als einige Lavendelblüten zu pflücken. Ihre Präsenz beruhigte meine Sinne und erinnerte mich an die Wichtigkeit von Entspannung und innerem Frieden.

Weiter hinten in meinem Garten entdeckte ich essbare Blüten, von Ringelblumen bis Borretsch, und kostete von ihrer Schönheit und ihrem zarten Geschmack. Sie versprachen kulinarische Freuden und eine Verbindung zur Erde.

Zurück im Haus breitete ich meine Schätze aus und legte sie behutsam zum Trocknen aus. Ich spürte, wie die Energie des Sommers in diesen Blüten wohnte und wie wichtig es war, sie für die dunkleren Tage des Winters zu bewahren. Diese gesammelten Farben des Sommers wurden zu einem kostbaren Schatz. Sie erinnerten mich daran, wie reich und vielfältig das Leben sein kann, wenn wir uns bewusst und tief mit der Natur verbinden. Ich wusste, dass ich diese Erinnerungen an die Schönheit und Fülle des Sommers für die kommenden Jahreszeiten bewahren würde.

Sommerzauber-Kräutermischung für Tee, Räucherung und Kissen

Diese Mischung trägt die Magie des Sommers in Herbst und Winter hinein und erfüllt dein Zuhause mit einem betörenden Duft, der die Seele wärmt und das Gemüt erhellt.

Zutaten

- 2 Teile getrocknete Lavendelblüten
- 1 Teil getrocknete Rosenblütenblätter (Wildrosen, wenn möglich)
- 1 Teil getrockneter Hopfen

Für Tee

- Mische die getrockneten Zutaten gründlich in einer Schüssel.
- Nimm 1 bis 2 Teelöffel dieser Mischung pro Tasse und übergieße sie mit heißem Wasser.
- Lass den Tee 5 bis 10 Minuten ziehen, seihe ihn ab und genieße ihn. Du wirst die sommerliche Atmosphäre und den Duft von warmen Tagen in jeder Tasse spüren.

Als Räucherwerk

- Vermische die getrockneten Kräuter, zünde ein Stück Räucherkohle an und gib es in eine Räucherschale und die Kräuter darauf. Oder du räucherst in einem Räucherstövchen.
- Lass den Rauch sanft aufsteigen und nutze den beruhigenden Duft, um deine Räumlichkeiten zu klären, dich zu entspannen oder einfach den Sommerzauber zu genießen.

Für ein duftendes Kissen

- Schneide ein kleines Stoffsäckchen oder einen Beutel aus luftdurchlässigem Material.
- Fülle es mit der Kräutermischung und binde es gut zu.
- Platziere das duftende Kissen unter dein Kopfkissen, in deinen Kleiderschrank oder an einen anderen Ort, wo du den Sommerzauber genießen möchtest. Die Lavendel-, Rosen- und Hopfenaromen werden dir süße Träume und eine Verbindung zum Sommer schenken, während der Winter naht.

Ritual: Erde in den Händen beim frühherbstlichen Pflanzen

Der Spätsommer, wenn die Tage noch warm sind, die Nächte aber schon kühler werden, ist eine wunderbare Zeit, um bewusst eine Verbindung zur Erde herzustellen. Eine der schönsten Möglichkeiten, dies zu tun, ist das erneute Bepflanzen deines Gartens, Balkons oder deiner Wohnung – mit spätsommerlichen Pflanzen, die die Farben des Indian Summer widerspiegeln. Das Berühren der Erde und das Pflanzen von Samen oder Setzlingen können auch jetzt eine sehr erdende und nährende Erfahrung sein. Wenn du einen Gemüsegarten hast, ist nun auch der richtige Zeitpunkt, um winterliche Salate und verschiedene Kohlsorten zu pflanzen. Schau mal im Pflanzenmarkt nach vorgezogenen Gemüsepflanzen und passenden Blumen.

Für den Garten oder Balkon

- **Sonnenblumen:** Diese prächtigen Blumen erinnern an die warmen Sonnenstrahlen des Spätsommers und bringen Freude in deinen Garten oder auf deinen Balkon.
- **Herbstastern:** Die leuchtenden violetten, rosa oder weißen Blüten dieser Pflanzen sind ein Blickfang und ziehen Bienen und Schmetterlinge an.

- **Ziergräser:** Pflanzen wie Chinaschilf oder Lampenputzergras fügen eine wunderbare Textur hinzu und wiegen sich im Wind.
- **Blutweiderich:** Mit seinen tiefroten Blütenständen ist diese Pflanze ein echter Hingucker und eine Freude für Bienen und Schmetterlinge.
- **Echinacea:** Diese Pflanze ist nicht nur schön anzusehen, sondern wird auch für ihre immunstärkenden Eigenschaften geschätzt. Sie symbolisiert die Kraft der Natur und kann dir helfen, dich mit deiner eigenen inneren Stärke zu verbinden.
- **Gelber Sonnenhut:** Ein wunderbarer Magnet für alle Insekten.
- **Lila oder weiße Heide:** Eine der letzten blühenden Pflanzen bis in den Herbst hinein.

Für den Innenbereich

- **Chrysanthemen:** In vielen verschiedenen Farben erhältlich, sind sie perfekt, um den allmählich beginnenden Herbst in deine Wohnung zu bringen.
- **Kalanchoe:** Diese Sukkulente mit ihren leuchtenden Blüten ist pflegeleicht und eine großartige Ergänzung für den Innenbereich.
- **Basilikum:** Bepflanze einen Topf mit Basilikum für deine Küche, um nicht nur frische Kräuter zur Hand zu haben, sondern auch einen herrlichen Duft zu genießen.
- **Zimmerfarne:** Diese Pflanzen sorgen nicht nur für frische Luft, sondern strahlen auch Ruhe und Gelassenheit aus.

Indem du beim Pflanzen die Erde in deinen Händen spürst und später das Grün um dich herum pflegst, kannst du eine bewusste Verbindung zur Natur herstellen und dich im Einklang mit den Jahreszeiten und den natürlichen Rhythmen fühlen. Kleine grüne Oasen werden nicht nur dein Zuhause verschönern, sondern auch deine Seele nähren.

Dinge, die du im August verinnerlichen darfst

Fülle, Überfülle: Nutze den August, um die Fülle und den Überfluss der Natur um dich herum zu erkennen. Die Bäume tragen Früchte, die Felder sind reif, die Gärten in voller Blüte. Das erinnert uns daran, wie großzügig die Erde sein kann. Nimm diese Fülle in dich auf und erkenne, dass es genug für alle gibt.

Mit allen Sinnen: Geh nach draußen, spüre die warme Sonne auf deiner Haut und lausche den Geräuschen der Natur. Nimm dir Zeit, um die Schönheit der Welt um dich herum zu bewundern und dich mit ihr zu verbinden.

Geduld entwickeln: Die Reifung der Früchte und das langsame Wachstum der Pflanzen erinnern uns daran, dass gute Dinge Zeit brauchen. Im August kannst du Geduld üben und verstehen, dass nicht alles sofort passiert. Weisheit kommt oft mit den Jahren, genauso wie die Ernte erst nach langer Pflege erfolgt. Wenn du die Früchte und Ernten des August genießt, denke daran, wie viel Arbeit und Sorgfalt in ihrer Produktion stecken. Schätze die Gaben der Erde und versuche, bewusster mit Ressourcen umzugehen.

Außen und innen: Während der August eine Zeit des äußeren Wachstums ist, kannst du auch darüber nachdenken, wie du dich innerlich entwickelst. Welche inneren Früchte möchtest du ernten? Welche Qualitäten möchtest du in dir selbst kultivieren? Der August erinnert uns daran, dass wir auch Schöpfer sind. Du kannst Ideen, Projekte und Ziele entwickeln und an ihnen arbeiten, so wie die Natur an ihrem Wachstum arbeitet.

Erdungsmeditation für den August

Wenn du möchtest, schließe deine Augen und tauche ein in diese August-Meditation. Atme tief ein und aus und komme in dir an, um dich fest verwurzelt den Schwingungen dieses Monats hinzugeben.

Du stehst auf einem weiten goldgelben Kornfeld. Die Sonne steht hoch am Himmel und sendet ihre warmen Strahlen auf die reifen Kornähren.

Du spürst die Kraft und Fülle des Sommers um dich herum. In der Ferne siehst du eine majestätische Frau in einem strahlenden Kleid. Es ist sanft wiegendes Gelb, das aus sich heraus golden leuchtet. Sie ist aufrecht und kraftvoll, ihre Präsenz beeindruckend. In ihren Händen hält sie eine goldene Sichel, bereit, den ersten Schnitt im Kornfeld zu tun. Sie verkörpert die Essenz des Sommers, die Fülle und die Ernte.

Diese beeindruckende Frau lädt dich ein, sie zu begleiten. Du fühlst ihre kraftvolle Sanftheit und ihr entschlossenes Vorangehen, immer tief verwurzelt. Schritt für Schritt ihrem Weg folgend. Du spürst und verinnerlichst diese Energie und fühlst dich kraftvoll aufgeladen und getragen. Du folgst ihr durch das hohe Kornfeld und während sie die goldene Sichel schwingt, spürst du die Energie des Schnitts. Es ist der Schnitt der Erkenntnis, der bewussten Verankerung im eigenen Tun und Wachsen.

Die Kornähren fallen sanft zu Boden und hinterlassen eine Spur der Veränderung. Du fühlst, wie sich die Erde unter deinen Füßen anfühlt, wie du dich tiefer in sie hinein verwurzelst. Du bist eins mit der Erde, ein Teil dieses großen Ganzen.

Die golden leuchtenden Kornähren, die jetzt vor dir liegen, symbolisieren nicht nur die Früchte der Erde, sondern auch dein eigenes Wachstum und deine Entwicklung. Du erkennst die Verbundenheit zwischen dir und der Natur, zwischen deinem inneren Wachstum und dem, was dich umgibt.

Die Frau lächelt dich an und reicht dir eine der goldenen Kornähren. Du hältst sie in deinen Händen und spürst die Energie des Sommers, die Kraft des Wachsens und die Gewissheit, dass du in jedem Moment deines Lebens kraftvoll verwurzelt und im Wind des Wandels schwingend sein kannst.

Nimm dir einen Moment, um dich in dieser tiefen Verbindung mit der Erde zu verankern. Atme tief in dich hinein. Spüre die Kraft, die in dir erwacht, die Weisheit, die du in dir trägst, und die Fülle, die du empfängst. Du bist Teil dieses großen Kreislaufs des Lebens, immer im Wandel, immer in Verbindung mit der Natur.

Öffne sanft deine Augen und kehre zurück in den gegenwärtigen Moment. Trage die Erinnerung an diese kraftvolle Meditation im August bei dir und lass sie dich in deinem Tun und Wachsen unterstützen. Du bist verwurzelt, du bist kraftvoll, du bist ein Teil der Fülle des Sommers.

HERBST

Die Bedeutung des Herbst zum Verinnerlichen

Der Herbst betritt die Bühne mit einem atemberaubenden Spektakel aus Farben und Düften. Die Bäume verzaubern uns mit ihrem schillernden Farbenkleid, das von sattem Rot über warmes Orange bis zu leuchtendem Gelb reicht. Es ist, als ob die Natur ein letztes Mal in diesem Jahr all ihre Farbpinsel herausgeholt hätte, um die Welt in ein festliches Gewand zu hüllen.

Doch der Herbst ist nicht nur ein visuelles Fest, sondern auch ein Fest für unsere Sinne. Wenn wir die frische Luft einatmen, erfüllen uns die Aromen von reifen Äpfeln und herbstlichem Laub. Es ist ein süßer Duft, der uns daran erinnert, dass die Natur uns auch in dieser Jahreszeit großzügig beschenkt.

Schaut man genauer hin, erkennt man, dass die Erde sich allmählich von ihrem bunten Kleid befreit. Die Blüten und Kräuter werden täglich weniger. Die Weinreben hängen voller saftiger Früchte, die die Süße des Sommers in sich tragen. Es scheint, als würde Mutter Erde in ihre herbstliche Zauberkraft eintauchen, um uns noch einmal mit ihren Gaben zu beschenken.

In den frühen Morgenstunden sammeln sich zarte Nebeltröpfchen auf den Gräsern und verweben sich mit kunstvollen Spinnennetzen, es sind die zarten Perlen des Herbstes, die wir so nur in dieser Zeit erleben dürfen. Die Welt erwacht in einem morgendlichen Nebelschleier, der alles in ein sanftes Licht taucht. Es ist eine Zeit der Stille und der Magie, in der wir die Verbundenheit zur Natur auf ganz besondere Weise spüren können.

Der Herbst schenkt uns die Möglichkeit, uns auf die kalte Zeit vorzubereiten. Wir dürfen uns bevorraten und die Früchte des Herbstes für den Winter bewahren. Es wird ruhiger und wir dürfen uns auf die Innenschau freuen. Die Tage werden kürzer, die Abende laden ein, Kerzen zu entzünden und die innere Kraft zu spüren.

Ein Tässchen Hagebuttentee, gesüßt mit goldenem Sommerhonig, wärmt unsere Seele und erinnert uns an die Schätze der zurückliegenden Monate. Der Herbst ist eine Zeit des Innehaltens und der Vorbereitung auf die Ruhe des Winters. Es ist eine Zeit, in der wir die Geschenke der Natur in vollen Zügen genießen und uns auf die Abenteuer der inneren Welt freuen können.

SEPTEMBER: DIE ERNTE DER WEISHEIT ERFAHREN

»Ich bin Loslassen«

Im September, wenn die Erntezeit ihren Höhepunkt erreicht, geht der Spätsommer sanft in den goldenen Herbst über. Die Natur verwandelt sich in ein Farbspektakel – aus dem satten Gelb der Goldrute wird ein sanftes Braun, aus dem leuchtenden Rosarot der Echinacea wird ein dunkles Braun, wenn sie verblüht ist. Die warmen Orangetöne des reif gewordenen Kürbis laden uns zum Ernten ein. Im September können wir zum letzten Mal die Farben in unseren Sinnen sammeln, um unsere innere Welt auf die Monate vorzubereiten, die weniger Farbe zeigen werden. Dieser Monat fühlt sich an, als würde die Welt einen prächtigen Schleier aus Farben tragen, um die Fülle und den Überfluss noch einmal zu feiern.

Im September erfahren wir die Früchte unserer Arbeit – in all dem, was wir über das Jahr hinweg gesät und gepflegt haben. Was wir erschaffen und genährt haben, darf nun geerntet werden. Gleichwohl erinnert uns diese Zeit daran, wie wichtig es ist, Geduld und Pflege in unsere Projekte und Beziehungen zu investieren, damit sie gedeihen können.

Der September bringt auch die Herbst-Tagundnachtgleiche, einen Moment des Gleichgewichts, an dem Tag und Nacht – wie schon einmal im März – die gleiche Länge haben. Es ist eine Zeit der Dankbarkeit für die Fülle, die wir in unserem Leben haben. Wir nehmen uns einen Moment, um die Früchte unserer Arbeit zu würdigen und die Gaben der Natur zu ehren.

Während das Licht allmählich weniger wird und die Tage kürzer werden, dürfen wir uns an die schwächer werdende Wärme gewöhnen. Es ist eine Zeit des Übergangs. Wir ziehen uns zurück, machen es uns gemütlich und lassen unsere Seele schon etwas zur Ruhe kommen.

Affirmation für den September

»Ich öffne mein Herz für die Schönheit des Wandels.
Ich lasse los, was mich belastet, und begrüße
die Veränderungen des Lebens mit offenen Armen.«

Die Septemberluft ist erfüllt von einem süßen Duft von reifen Äpfeln und dem ersten erdigen Laub, das von den Bäumen fällt. Diese Aromen sind Balsam für unsere Sinne und bereiten uns auf die kommenden kühleren Tage vor.

Der September erinnert uns auch daran, die Spreu vom Weizen zu trennen, sowohl im übertragenen Sinne als auch buchstäblich. Wir schaffen Ordnung in unserem Leben und trennen uns von Dingen, die uns nicht mehr dienlich sind. Dieser Reinigungsprozess ermöglicht es uns, Platz für Neues zu schaffen und frischen Wind in unser Leben zu lassen.

Schließlich beginnen die Zugvögel, sich langsam auf den Weg in wärmere Gefilde zu machen, und wir beobachten ihr emsiges Treiben am Himmel. Ihre Reise erinnert uns daran, dass auch wir bereit sein sollten, Veränderungen anzunehmen und uns auf neue Abenteuer einzulassen.

Der September ist eine Zeit der Fülle, des Übergangs und der Erneuerung. In dieser Jahreszeit lernen wir die Schönheit des Loslassens und die Wichtigkeit der Dankbarkeit kennen. Wir schätzen die Wunder der Natur und die Geschenke des Lebens.

Herbst-Tagundnachtgleiche

Diese kleine Gedankenreise darfst du gern in die Tat umsetzen:

In der Stille des Waldes, wenn die letzten goldenen Sonnenstrahlen des Tages durch das Blätterdach dringen und die Dunkelheit langsam hereinbricht, stehen wir an der Schwelle eines bedeutenden Übergangs. Die Tagundnachtgleiche im September, auch bekannt als Mabon, ist der Moment, in dem die Erde für einen kurzen Augenblick im Gleichgewicht ruht, bevor sie sich langsam dem Herbst zuneigt. Es ist, als ob die Natur selbst innehalten würde, um auf die Ernte des Sommers zurückzublicken. Die Bäume, die uns umgeben, tragen noch ihr lebendiges Grün, aber ihre Blätter färben sich bald in ein warmes sattes Rot, ein Orange oder Gold. Ein leises Rascheln erfüllt dann die Luft, wenn die Blätter sanft zu Boden schweben.

Wir tragen ein Körbchen voller Gaben der Erde: reife Äpfel, sonnengeküsste Trauben und goldene Körner. Diese Früchte sind nicht nur Nahrung für unseren Körper, sondern auch für unsere Seele. Sie erinnern uns an die Fülle und Großzügigkeit der Natur, an die unermüdliche Arbeit der Bauern und Erntehelfer, die diese Pracht hervorgebracht haben, oder wir selbst waren es in unserem kleinen Stückchen Garten.

In dieser magischen Stunde des Tages breiten wir unser selbst zusammengestelltes (oder auch gekauftes) Vogelfutter aus. Ein Geschenk an die gefiederten Bewohner des Waldes. Wir haben Nüsse, Samen und Körner liebevoll in kleine Mulden gelegt. Ein Festmahl für die Vögel und kleinen Waldbewohner, die sich auf die kalten Monate vorbereiten.

Während wir Körner verstreuen, spüren wir die Verbindung zur Natur intensiver denn je. Wir fühlen den Boden unter unseren Füßen, die raue Rinde der Bäume und die kühle Brise auf unserer Haut. Unsere Sinne sind wachsam und wir lauschen dem sanften Plätschern eines nahegelegenen Baches.

Die Dunkelheit umschließt uns langsam, aber wir fürchten sie nicht. Denn in der Dunkelheit liegt die Verheißung des Neuen. Die Tagundnachtgleiche erinnert uns daran, dass das Leben ein ständiger Kreislauf ist. Der Sommer weicht dem Herbst, das Licht weicht der Dunkelheit, aber in dieser Dunkelheit werden neue Träume und Hoffnungen geboren.

Wir kehren schließlich in unser warmes, gemütliches Haus zurück, aber die Erinnerung an die magischen Momente im Wald wird bei uns bleiben. Wir sind Teil dieses großen, wunderbaren Universums, Teil des ewigen Tanzes von Leben und Tod, Licht und Dunkelheit. Und wir sind dankbar für die Gaben, die uns die Natur schenkt, für die Liebe und die Fülle, die sie in unser Leben bringt. In dieser Nacht, wenn wir uns zur Ruhe legen, werden unsere Träume von goldenen Körnern, fallenden Blättern und singenden Vögeln erfüllt sein. Und wir werden lächeln, denn wir wissen, dass wir ein Teil dieser magischen Welt sind, die uns Tag für Tag mit ihrer Schönheit und Großzügigkeit beschenkt.

In unseren Träumen beginnen wir die dunklen Stunden der Nacht zu durchqueren, bis die Morgenröte anbricht. Die Vögel, die wir gestern gefüttert haben, begrüßen den Tag mit ihrem fröhlichen Gesang. Die Welt erwacht zu neuem Leben und wir mit ihr.

In dieser Zeit der Tagundnachtgleiche geht es nicht nur darum, die Ernte zu feiern, sondern auch darum, das Gleichgewicht in unserem eigenen Leben zu finden. Es ist eine Gelegenheit, innezuhalten und über das vergangene Jahr nachzudenken, die Früchte unserer Bemühungen zu ernten und uns auf das kommende Jahr vorzubereiten. Wir können uns fragen, was wir in unserem Leben säen und ernten wollen. Welche Träume und Ziele möchten wir erreichen? Welche Dankbarkeit möchten wir in unseren Herzen hegen? Wie können wir uns mit der Natur und ihren Rhythmen in Einklang bringen?

In dieser magischen Zeit können wir Rituale durchführen, um uns auf solche Fragen zu besinnen. Wir können uns Zeit nehmen, um unsere Dankbarkeit auszudrücken, sei es durch Meditation, das Anzünden von Kerzen oder das Teilen eines besonderen Festmahls mit unseren Lieben.

Und während wir in dieser Zeit des Gleichgewichts verweilen, können wir uns auch daran erinnern, dass das Leben selbst ein ständiger Tanz von Licht und Dunkelheit ist. Die Dunkelheit ist nicht unser Feind, sondern ein notwendiger Teil des lebendigen Zyklus. Sie lehrt uns, Geduld zu haben, uns auszuruhen und uns auf die Samen des Neuen zu besinnen, die bereits in uns ruhen.

Wenn die Sonne am Horizont aufgeht, spüren wir die Wärme auf unserer Haut und die Verheißung eines neuen Tages. Wir wissen, dass der Herbst uns noch viele Schätze bringen wird, und wir sind bereit, sie mit offenem Herzen zu empfangen.

Ein einfaches Waldritual

Während wir uns auf die Feierlichkeiten des Mabon und die Tagundnachtgleiche vorbereiten, können wir auch ein erdendes Ritual in der Natur durchführen, um unsere Verbindung zur Welt um uns herum zu vertiefen.

Materialien

- eine kleine Tasche mit Vogelfutter oder Samen
- ein Teelicht
- eine kleine Laterne oder ein windgeschützter Kerzenhalter
- ein kleines Stück Papier und ein Stift
- ein Stein oder eine Tonscherbe
- ein kleiner Korb oder eine Schale

Anleitung

- Suche dir einen Ort im Wald, der dir besonders ansprechend erscheint. Dies könnte ein Fleckchen unter einem majestätischen Baum oder eine kleine moosbedeckte Lichtung sein.

- Entzünde das Teelicht und platziere es in der Laterne oder im windgeschützten Kerzenhalter, um den Wald nicht zu gefährden. Leg die anderen Materialien neben das Licht.
- Steh für einen Moment still und spüre die Erde unter deinen Füßen. Atme tief ein und aus, um dich zu zentrieren. Du kannst auch eine kurze Meditation machen, um dich mit der Energie des Waldes zu verbinden.
- Schreibe auf das Stück Papier, wofür du in diesem Jahr dankbar bist. Es können große oder kleine Dinge sein, persönliche Erfolge oder einfache Freuden des Lebens.
- Geh langsam durch den Wald, begrüße ihn und seine Bewohner und verteile Futter und Samen an die Vögel. Sprich dabei leise Worte der Dankbarkeit aus und sende positive Gedanken an die Natur um dich herum.
- Geh nun wieder zu deinem ausgewählten Ort, leg das Stück Papier auf den Boden und platziere den Stein oder die Tonscherbe darauf. Dies repräsentiert deine Dankbarkeit und die Verbindung zur Erde.
- Halte einen Moment inne und sage ein Dankgebet oder einen Dank aus deinem Herzen an die Natur. Du kannst einfach deine Gedanken und Gefühle mitteilen, der Wald ist immer ein guter Gesprächspartner.
- Nimm das Stück Papier, den Stein oder die Tonscherbe und leg sie in den Korb. Puste das Teelicht aus und nimm es mit.
- Geh langsam und achtsam aus dem Wald zurück. Du kannst das Teelicht zu Hause anzünden und vollständig ausbrennen lassen, um das Ritual abzuschließen und die Dankbarkeit in dein tägliches Leben zu integrieren.

Achtsamkeitsmomente im September

- Morgenmeditation: Beginne deinen Tag mit einer frühen Meditation. Finde einen ruhigen Ort im Freien oder in deinem Zuhause, atme tief ein und aus und nimm die ersten Sonnenstrahlen wahr. Setze dir positive Absichten für den Tag und starte in einem Zustand innerer Ruhe.
- Herbstlicher Waldspaziergang: Geh in den Wald und lausche dem Rascheln der an manchen Stellen schon fallenden Blätter. Fühle, wie sich die Natur langsam auf den Herbst vorbereitet. Sammle ein paar bunte Blätter oder Kastanien und spüre die Verbindung zur Erde.
- Erntedankritual: Gestalte ein kleines Ritual, in dem du dich bei der Natur für die Gaben im September bedankst. Du kannst etwas von dem Obst oder Gemüse, das du in diesem Monat geerntet (oder auch gekauft) hast, an die Erde zurückgeben.
- Tee-Zeremonie: Bereite dir einen Tee aus Kräutern oder Blumen zu. Während du ihn trinkst, konzentriere dich voll und ganz auf den Geschmack und die Wärme des Getränks. Lass deine Gedanken zur Ruhe kommen.
- Tee und Buch: Setze dich an einen gemütlichen Ort mit einer Tasse Tee und einem Buch. Tauche in die Welt der Worte ein und lass den Alltag hinter dir.
- Achtsames Essen: Wenn du isst, nimm dir Zeit, die Aromen und Texturen der Lebensmittel zu genießen. Spüre, wie sie deinen Körper nähren. Ein frischer Apfel direkt vom Baum kann so erfüllend sein.
- Yoga im Freien: Mach deine Yoga- oder Meditationspraxis im Freien, der Spätsommer und die noch warme Erde laden förmlich dazu ein. Spüre den Wind auf deiner Haut, höre die Vögel zwitschern und verbinde dich mit der Erde unter dir.
- Naturfundstücke sammeln: Während du in der Natur unterwegs bist, halte Ausschau nach kleinen Schätzen wie Steinen, Federn, Muscheln oder interessant geformten Baumrinden. Sammle sie achtsam und nimm sie mit nach Hause. Du kannst sie später zu Hause arrangieren oder in einer kreativen Collage verwenden.
- Sonnenuntergangsmeditation: Nimm dir Zeit, um den wundervollen Sonnenuntergang im September zu beobachten. Lass die Farben und die Stille auf dich wirken. Atme tief ein und aus und spüre deine Verbindung zur Natur.

Diese Achtsamkeitsmomente werden dir helfen, noch tiefer in den September einzutauchen und die Verbindung zur Natur sowie zu deinem inneren Selbst zu erfahren. Genieße die Schönheit des Herbstes.

Mit Kindern ein Erntedank-Mandala legen

Ein Waldmandala ist eine wunderbare kreative Arbeit, besonders um Kinder die Wertschätzung für die Natur und die Bedeutung von Dankbarkeit nahezubringen. Ein solches Ritual wird auch die Verbundenheit der Kinder zur Natur stärken. Es ist eine wertvolle Erfahrung, die sie ein Leben lang begleiten wird. Ich praktiziere des Ritual mit meinen Kindern jedes Jahr und immer wieder ist es wie ein kleiner magischer Schatz, der unsere Erinnerung an die vergangenen Jahre noch einmal vertieft.

- Beginne mit einem gemeinsamen Ernteerlebnis. Geh mit den Kindern in die Natur oder deinen Garten und lass sie Äpfel, Blätter, Nüsse oder andere Früchte und Fundstücke in ein Erntekörbchen sammeln.
- Geht damit dann zusammen in den Wald und findet einen Ort, der sich für euer Ritual eignet. Wählt einen ruhigen und geschützten Ort aus, an dem ihr ungestört arbeiten könnt.
- Legt gemeinsam ein Naturmandala auf dem Boden aus. Ihr könnt Nüsse, Samen, Blumen, Blätter, Äpfel, Kiefernzweige oder andere Naturmaterialien verwenden.
- Haltet einen kurzen Moment inne, um gemeinsam ein Dankgebet zu sprechen. Die Kinder können ihre eigenen Gedanken und Worte teilen oder einfach still für die Geschenke der Natur danken. Sie können nun auch in den Wald hineinrufen und allen Tieren Bescheid sagen, dass sie ihnen ein Festmahl vorbereitet haben.
- Bewundert euer Naturmandala gemeinsam. Sprecht darüber, wie schön und einzigartig es ist und was euch besonders gut gefällt.
- Verabschiedet euch dann von eurem Mandala und geht wieder nach Hause.

Purpur und Gold: Die Schönheit des Herbstes

In der herbstlichen Pracht der Natur gibt es ein königliches Paar, das oft Seite an Seite steht: die stolze Goldrute und die lila Aster. Sie sind die Königin und der König der Wiese, ein leuchtendes Zeugnis für die Schönheit des Herbstes. Wenn sie sich erheben, erinnern sie uns daran, der Welt um uns herum zuzuhören und die wahre Schönheit in den einfachen Dingen zu erkennen.

In meinem Garten tanzen Lavendel und Goldrute miteinander, ihre Farben ergänzen sich auf magische Weise. Sie sind nicht nur ein Fest für unsere Augen, sondern auch eine Einladung an die Bienen, sich zu versammeln und die süße Nektarpracht zu kosten. Ihre symbiotische Beziehung lehrt uns viel über die Harmonie in der Natur.

Während ich durch den Herbst streife, fällt mein Blick auf das strahlende Lila frischer Feigen und die saftigen Herbstbeeren. Himbeeren, Schwarze Johannisbeeren, Schlehen, die sich mir mit ihrem süßen Saft schon fast dankbar entgegenbeugen. Demütig nehme ich sie an, voller Dankbarkeit für die Symbiose, die wir eingegangen sind. Ich jäte, versorge sie mit Wasser an sehr trockenen Tagen und singe meine Lieder für sie. Im Herbst empfange ich dann die süßen Beeren und Feigen. Ihre Farben sind nicht nur eine Freude für die Sinne, sondern auch ein Symbol für die Verbundenheit zwischen Mensch und Natur. Sie nähren nicht nur den Körper, sondern auch unsere Seele, denn ihre Schönheit ist allgegenwärtig.

Die herbstliche Pracht ruft uns hinaus. Schau dich um, atme die klare Herbstluft ein. Lass dich von den Farben des Herbstes verzaubern und erde dich in der Schönheit der Natur. Genieße die Pracht von Purpur und Gold, denn sie ist ein Geschenk, das uns die Erde in dieser schönen Zeit des Übergangs macht.

Goldrute: eine Königin des Herbstes

Wenn sich der Spätsommer in den Herbst verwandelt und die Tage kürzer werden, erhebt sich die Goldrute majestätisch auf den Wiesen. Mit ihren leuchtend gelben Blütenkerzen und ihrer eleganten Erscheinung ist sie die unangefochtene Königin des Herbstes.

Ihre Magie liegt in ihrer Fähigkeit, Liebe und Klarheit zu verbreiten. Ihre Blüten sind wie kleine Sonnen, die die Landschaft erhellen und die Herzen der Betrachter erwärmen. Schon immer wurde die Goldrute mit der Liebe in Verbindung gebracht und es heißt, dass sie Beziehungen festigt und Herzen vereint.

Die Goldrute ist nicht nur schön anzusehen, sie ist auch eine Heilerin. Ihre Blätter und Blüten werden seit Langem in der Volksmedizin geschätzt. Sie können dazu beitragen, den Körper zu reinigen, die Abwehrkräfte zu stärken und die Klarheit des Geistes zu fördern. Zudem ist die Goldrute ein Paradies für Insekten im Herbst. Ihr Nektar, der Grundstoff für Goldrutenhonig, ist fast klar, aber reich an Heilkraft.

Beim Spaziergang durch goldene Herbstwiesen ist die Goldrute ein wahrer Blickfang. Sie erinnert uns daran, die Schönheit im Übergang der Jahreszeiten zu sehen und die Liebe in unserem Herzen zu pflegen. Ihre Präsenz erdet uns und schenkt uns Trost inmitten der sich verändernden Natur.

Nimm dir einen Moment Zeit, um die Goldrute zu betrachten, wenn du sie das nächste Mal siehst. Lass dich von ihrer Schönheit berühren und von ihrer Magie inspirieren. Und vergiss nicht, ein kleines Stück Herbstgold in dein Herz zu nehmen, denn die Goldrute lehrt uns, dass Liebe und Klarheit die wahren Schätze des Lebens sind.

Die Magie der Goldrute nutzen

Der Herbst ist eine Zeit des Übergangs. Die warmen Sommertage verblassen, während die kühleren Nächte Einzug halten. Doch das bedeutet nicht, dass wir die Wärme und das Leuchten der Sonne aufgeben müssen. Die Goldrute, diese majestätische Königin des Herbstes, hat die einzigartige Fähigkeit, die goldene Sonne in ihren Blüten zu speichern. Ihre leuchtend gelben Blütenbüschel sind wie kleine Sonnen, die uns an die Wärme und die Freude des Sommers erinnern.

Goldruten-Tee: Fördert die Klarfühligkeit

Zutaten

- 1 TL getrocknete Goldrutenblätter und -blüten
- 1 Sternanis
- 1 Tasse heißes Wasser

Zubereitung

Übergieße die getrockneten Goldrutenblätter und -blüten sowie den Sternanis mit heißem Wasser. Lass den Tee etwa 5 Minuten ziehen, seihe ihn ab und genieße ihn langsam.

Goldruten-Honig für Heilung und Liebe

Zutaten

- eine Handvoll frische Goldrutenblüten
- ein Glas hochwertiger Honig

Zubereitung

Gib die frischen Goldrutenblüten in das Glas mit Honig. Verschließe es gut und lass die Mischung für etwa eine Woche an einem sonnigen Ort stehen, damit der Honig die Energie der Goldrute aufnehmen kann. Seihe ihn ab und verwende diesen magischen Honig in deinen persönlichen Liebes- und Selbstliebezaubern oder einfach, um dich zu heilen und zu nähren.

Goldruten-Blütenöl für etwas eingefangene goldene Sonne

Ein Blütenöl in einem hübschen Glas ist nicht nur eine Möglichkeit, die Schönheit der Natur festzuhalten, sondern auch die Chance, sich an die wärmenden Strahlen der Sonne zu erinnern, wenn die Tage kürzer werden. Stell dir vor, wie du im tiefsten Winter ein Fläschchen dieses goldenen Öls öffnest und dich der Duft von sonnenverwöhnten Blüten umfängt. Es ist wie ein kleiner Sonnenstrahl in der Dunkelheit.

Zutaten

- frische Goldrutenblüten
- ein Glas oder eine Flasche mit einem luftdichten Verschluss
- Öl deiner Wahl (Sonnenblumenöl für intensives Gelb oder klares Babyöl für pure Leuchtkraft)

Zubereitung

- Sammle an einem sonnigen Tag frische Goldrutenblüten. Achte darauf, dass sie trocken sind, um Schimmelbildung im Öl zu vermeiden.
- Zupfe oder schneide die Blüten in die richtige Form. Fülle das Glas mit den Blüten, ganz so, wie es deinem Schönheitssinn entspricht.
- Gieße das Öl deiner Wahl über die Blüten, bis sie vollständig bedeckt sind. Verschließe das Glas luftdicht.
- Stell das Glas an einen sonnigen Fensterplatz und erfreue dich täglich daran. Die goldenen Sonnenstrahlen werden allmählich in das Öl übergehen und es mit ihrer Wärme und Energie erfüllen.

Verwendung

Du kannst dieses goldene Öl auf vielfältige Weise nutzen. Gib einige Tropfen in dein Badewasser, um dich in den Wintermonaten aufzuwärmen und zu erfreuen. Oder verwende es als Massageöl, um die wohltuende Energie der Sonne in deine Haut zu bringen. Wenn du Sonnenblumenöl eingesetzt hast, kannst du es sogar in der Küche zum Kochen nutzen, um deinen Gerichten einen Hauch von Sonnenschein zu verleihen. Oder aber du erfreust dich einfach an dem Glas mit den Blüten.

Tipp

Mit getrockneten Blumen und klarem Babyöl kannst du weitere dekorative Varianten herstellen.

Holunder: die Weisheit der Wiedergeburt

Der Holunder, eine der beeindruckendsten Pflanzen überhaupt, ist wie eine Apotheke der Erde. Er enthält eine immense Energie, die sowohl heilend als auch revitalisierend wirkt. Er bietet großzügig seine Medizin an. Jede Komponente des Holunders – Blätter, Blüten, Beeren und Rinde – ist voller heilkräftiger Stoffe. Es ist jedoch wichtig zu beachten, dass einige dieser Bestandteile giftig sein können, wenn sie nicht richtig zubereitet werden. Die Beeren beispielsweise sollten nicht roh gegessen werden.

Holunder ist wie eine weise Frau, die weiß, was sie zu bieten hat. Sie kennt die Geheimnisse des Lebens, des Todes und der Wiedergeburt und ermutigt uns, in unserem eigenen Leben Momente von Neugeburten zu finden. Sie erwartet im Gegenzug, dass ihre Gaben mit Achtsamkeit und Respekt behandelt werden und dass wir den Holunder pflegen, sollte er vor unserer Tür wachsen.

Er fördert die Regeneration und unterstützt Transformationen. Er erinnert uns daran, was wir loslassen müssen, damit etwas Besseres in unser Leben eintreten kann. Die Pflanze öffnet uns für die übergeordnete Bedeutung des Seins und ermöglicht es uns, das Leben aus einer höheren Perspektive zu betrachten.

Die Botschaft des Holunders lautet: »Fürchte dich nicht vor Trauer!« Sie ermutigt uns, Übergänge als natürlichen Teil des Lebens zu akzeptieren und die Herausforderungen als Möglichkeiten des Wandels zu begrüßen. Er lädt uns ein, unser Vermächtnis zu erkennen und zu hinterfragen, was wir der Welt hinterlassen möchten.

Im September, wenn das Licht allmählich schwindet und die Natur langsam zur Ruhe kommt, zeigt uns der Holunder die tiefe Bedeutung der Schönheit des Lebenszyklus. Er schenkt uns zum letzten Mal im aktuellen Jahreskreis seine Heilkraft – jetzt in Form der schwarzen süßen Beeren voller warmer Kraft, die uns schützend durch die dunkle Jahreszeit begleiten können.

Holundersirup

Der Holundersirup ist ein wahrer Schatz der Natur, der nicht nur köstlich schmeckt, sondern auch eine kraftvolle Medizin für das Immunsystem ist. Er ist besonders nützlich, wenn Erkältungskrankheiten drohen – oder als stärkender Schlummertrunk, um uns die Nachtruhe zu versüßen.

Zutaten

- 500 g Holunderbeeren, schwarz, abgezupft und gewaschen
- 1 l Wasser
- 100 g brauner (Demerara) Rohrohrzucker
- Saft von 1 bis 2 Zitronen
- 500 g Zucker, je nach Gewicht des Saftes

Zubereitung

- Bedecke die Holunderbeeren in einem großen Gefäß mit dem Wasser und lass sie 24 Stunden im Kühlschrank ziehen.

- Am nächsten Tag pürierst du die Beeren-Wasser-Mischung fein in einem Mixer oder mit einem Stabmixer. Dann kochst du sie mit dem Rohrohrzucker und dem Zitronensaft auf. Bei 80 Grad etwa 30 Minuten leicht köcheln lassen, bis es ein dicklicher Sirup geworden ist.
- Filtere die Mischung durch ein größeres Sieb.
- Wiege den Saft ab und koche ihn mit der gleichen Menge Zucker (1:1) auf. Fülle den noch heißen Sirup randvoll in saubere Flaschen oder Gläser und verschließe sie sofort. Ich bewahre meinen Sirup im Kühlschrank auf, aber ein dunkler Keller oder Vorratsraum eignet sich ebenfalls gut.

Licht- und Schattenspiele

In der Stille eines Septemberabends, wenn die Nächte wieder länger werden und die Dunkelheit sich allmählich über die Landschaft ergießt, liegt eine besondere Magie in der Luft. Der Herbst ist die Zeit der Ernte und der Dankbarkeit, aber auch eine Zeit der inneren Einkehr. Einen ruhigen Moment zu finden und eine Kerze in einem schönen Glas zu entzünden, kann jetzt zu einem erdenden und beruhigenden Ritual werden.

Während du das Licht der Kerze betrachtest, bemerkst du vielleicht, wie es sich im Glas bricht. Dieses Licht- und Schattenspiel erinnert dich an die Vergänglichkeit des Sommers und lädt dich ein, deine Gedanken in diese sanfte Bewegung hineinschweifen zu lassen.

Lass das Licht und die Schatten deine Erinnerungen an warme Tage und magische Nächte hervorrufen. Verweile in der Stille und im Licht des Herbstes und bereite dich innerlich auf das Winterhalbjahr vor.

Windlicht für ein wenig Herbstmagie

Dieses Windlicht ist nicht nur eine wunderschöne Dekoration für draußen, sondern auch eine einzigartige Möglichkeit, die Schönheit der Natur in deine Wohnräume zu bringen und eine beruhigende Atmosphäre zu schaffen.

Materialien

- ein Behälter für Leim
- flüssiger Serviettenkleber
- Pinsel
- ein größeres Glas
- getrocknete kleine Blüten (zum Beispiel Lavendel oder Heide)
- etwas Zeitungspapier
- ein kleineres Glas, das in das größere passt, passend für eine Kerze oder ein Teelicht
- Kerze oder Teelicht

Anleitung

- Gieße etwas flüssigen Serviettenkleber in einen Behälter. Tauche einen Pinsel in den Kleber und trage eine großzügige Schicht auf die Innenseite des größeren Glases auf. Ich bepinsle etwa ein Drittel des Glases.
- Fülle nun die getrockneten Blüten hinein.
- Halte das Glas über einen weiteren Behälter oder eine Zeitung, um überschüssige Blüten aufzufangen. Drehe und kippe das Glas vorsichtig, bis die Blüten gleichmäßig am Rand des Glases haften. Du kannst dies so lange tun, bis du mit dem Ergebnis zufrieden bist. Lass den Kleber dann trocknen.

- Stell das kleinere Glas nun in die Mitte des größeren Glases und setze eine Kerze hinein, vielleicht einfach ein Teelicht.
- Zünde die Kerze an und genieße das warme und stimmungsvolle Licht, das durch die Blüten hindurchscheint. Um das zu vertiefen, nutze gern den nächsten Impuls.

Erdender Impuls: Das Licht des Kerzenglases genießen

Hier ist ein einfacher Impuls, um dich intensiv mit dem Licht deines Kerzenglases zu verbinden.

Finde einen ruhigen Ort, an dem du ungestört bist, sei es drinnen oder draußen.

Stell dein Wildblumen-Kerzenglas vor dich und betrachte das Glas, seine Form und die Kerze darin. Achte auf jedes Detail.

Zünde die Kerze an. Beobachte, wie die Flamme langsam emporsteigt, zittert und sich entfaltet. Das warme, beruhigende Licht verbreitet sich. Schließe deine Augen für einen Moment und atme tief ein und aus. Spüre, wie sich deine Gedanken beruhigen und du im Hier und Jetzt anwesend bist.

Öffne langsam deine Augen und schau in die Flamme. Lass deine Gedanken frei fließen, während du das Licht betrachtest. Beobachte die Bewegungen der Flamme, wie sie tanzt und flackert.

Denke darüber nach, was dieses Licht für dich bedeutet. Es kann ein Symbol für Klarheit, Hoffnung oder auch bestimmte Erinnerungen sein. Lass deine Gedanken wandern, während du die Flamme weiterhin beobachtest. Erlaube ihnen, zu kommen und zu gehen, ohne sie zu beurteilen.

Genieße diesen Moment der Stille und des Lichts, so lange du möchtest. Wenn du bereit bist, puste die Kerze aus. Beobachte, wie der Rauch aufsteigt und sich in der Luft auflöst.

Schließe den Impuls mit einem tiefen Atemzug ab und kehre mit einem Gefühl der Erdung und inneren Ruhe in deine alltägliche Realität zurück.

Kräuter sammeln für Tee oder Suppe

Das Sammeln von Kräutern ist mehr als nur ein Pflücken von Pflanzen. Es ist eine tiefe Verbindung zur Natur, ein Akt der Dankbarkeit und Wertschätzung für die Geschenke, die Mutter Erde uns bereitstellt. Wenn du hinausgehst, um Kräuter für Tees oder Suppen zu sammeln, lade ich dich ein, diesen Prozess zu einem bewussten und erdenden Erlebnis zu machen.

Schon bevor du die ersten Kräuter entdeckst, tritt bewusst nach draußen. Spüre die Erde unter deinen Füßen, die Luft auf deiner Haut und den Wind, der durch die Bäume rauscht. Nimm die Geräusche der Natur wahr – das Zwitschern der Vögel, das Rascheln der Blätter, das Murmeln des Baches. Schließe für einen Moment die Augen und atme tief ein. Dieser bewusste Schritt nach draußen verbindet dich sofort mit der natürlichen Welt.

Wenn du die Kräuter suchst, öffne dein Herz und deine Sinne für die Geschenke, die die Natur dir anbietet. Jede Pflanze hat ihre eigene Energie und Heilkraft. Bevor du pflückst, nimm dir einen Moment Zeit, um die Pflanze zu betrachten und zu ehren. Sprich leise oder in deinen Gedanken Worte des Respekts und der Dankbarkeit. Versprich, die Pflanze achtsam zu verwenden und ihren Lebensraum zu respektieren.

Wenn du die Kräuter auswählst, erinnere dich daran, dass du nur so viel sammeln solltest, wie du tatsächlich benötigst. Nimm nie mehr, als du verwenden wirst. Dieses Prinzip des nachhaltigen Sammelns stellt sicher, dass die Pflanzen weiterhin gedeihen und anderen Lebewesen in der Natur ebenfalls zur Verfügung stehen.

Bevor du die Kräuter erntest, bitte um Erlaubnis. Dies mag vielleicht ungewöhnlich klingen, aber es ist eine alte Tradition des Respekts gegenüber den Pflanzen und der Erde. Du kannst leise sprechen oder in deinen Gedanken um Erlaubnis bitten. Sage so etwas wie: »Ich ehre dich, liebe Pflanze. Darf ich einige deiner Blätter sammeln, um sie achtsam zu verwenden?« Du wirst vielleicht eine innere Zustimmung oder ein Gefühl der Verbundenheit spüren.

Wenn du Kräuter erntest, erinnere dich daran, dass dies ein Geschenk der Pflanzen an dich ist. Du nimmst nicht einfach, du empfängst. Sei achtsam und respektvoll während des gesamten Prozesses.

Indem du diese Schritte befolgst, wird das Sammeln von Kräutern zu einer tiefen Verbindung zur Natur und zu einem Akt der Dankbarkeit. Du wirst nicht nur köstliche und heilsame Kräuter für den Winter sammeln, sondern auch deine spirituelle Verbindung zur Erde vertiefen. Genieße diesen Prozess der bewussten Verbindung und deine Kräuter werden nicht nur deinen Körper, sondern auch deine Seele nähren.

Ein Kräuterbündel herstellen

Dieses erdende Ritual lässt dich die Fülle des Sommers für die kalten Monate bewahren und erinnert dich daran, dass die Natur immer für uns sorgt. Während du deine Kräuter sammelst, zusammenstellst und trocknest, spürst du deine Verbundenheit zur Natur und die Wertschätzung für die Geschenke, die sie uns bietet. Genieße die Aromen und Heilkräfte der Kräuter in den kommenden Monaten und lass dich von ihrer Wärme und ihrem Geschmack nähren. Ein Kräuterbündel ist auch ein wirklich hübsches Geschenk für Lieblingsmenschen.

- Begib dich hinaus in die Natur oder in deinen Kräutergarten und suche nach frischen Kräutern. Du kannst eine Vielzahl von Kräutern sammeln, je nach deinem Geschmack und deinen Bedürfnissen. Für Suppen passen zum Beispiel Rosmarin, Thymian, Oregano, Salbei und Petersilie, Dost oder Oregano, Lorbeer. Für Wintertees eignen sich Minze, Melisse, Thymian, Zitronenmelisse und Lavendel, Hagebutten.
- Sammle die Kräuter in den frühen Morgenstunden, wenn der Tau getrocknet ist, aber die Sonne noch nicht zu stark scheint. Dies ist der beste Zeitpunkt, um das volle Aroma und die höchste Wirkkraft der Kräuter zu bekommen. Verwende eine kleine Schere oder deine Hände, um die Kräuter vorsichtig zu ernten. Achte darauf, nur gesunde, unbeschädigte Pflanzenteile zu wählen.
- Nachdem du genügend Kräuter gesammelt hast, sortiere sie und leg sie in kleine Bündel. Du kannst verschiedene Kräuter in einem Bündel kombinieren oder separate Bündel für jede Sorte erstellen. Um ein Bündel herzustellen, binde die Stängel der Kräuter mit einem dünnen Bindfaden oder einer natürlichen Schnur zusammen. Achte darauf, dass das Bündel nicht zu dick ist, damit die Luft gut zirkulieren kann.
- Hänge die Kräuterbündel kopfüber an einem trockenen und gut belüfteten Ort auf. Auf dem Dachboden, in der Speisekammer, in der Küche zwischen zwei Fenstern oder im trockenen Schuppen klappt es gut. Die Kräuter sollten etwa zwei bis drei Wochen lang hängen, bis sie vollständig durchgetrocknet sind. Sie sind bereit, wenn die Blätter bei Berührung leicht zerfallen.
- Sobald die Kräuter getrocknet sind, gib die Bündel vorsichtig in ein verschließbares Glas. Beschrifte es gegebenenfalls, damit du weißt, welche Kräuter sich darin befinden. Verwende die getrockneten Kräuter das ganze Jahr über, um Suppen, Eintöpfe und andere Gerichte zu würzen oder Tees zuzubereiten.

Der Apfelkorb des goldenen Herbstes

An einem Spätsommernachmittag reichte mir mein über neunzigjähriger Nachbar einen Korb voller Äpfel über den Zaun. Ein wahrhaft kostbares Geschenk, denn unsere eigenen Apfelbäume sind noch jung und tragen nur so viel, wie wir von der Hand in den Mund genießen können. Doch dieser Korb war anders. Er war reich gefüllt mit den Früchten, die der Garten meines Nachbarn, ein kleines Paradies, hervorgebracht hatte. Ich nahm dieses Geschenk mit überströmender Freude an und fühlte die Demut, die mit diesem Akt des Gebens und Nehmens einherging.

Die Äpfel in meinen Händen trugen die Seele des goldenen Herbstes in sich. Sie waren das süße Geschenk der Mutter Erde, das uns auf diese besondere Weise erreichte. Sorgsam begutachtete ich jeden Apfel, horchte in ihn hinein und schloss die Augen, um mich mit seiner Energie zu verbinden. Ich fühlte mich dankbar und tief verbunden mit dem, was uns die Erde auch noch in dieser Jahreszeit schenkte.

Dann war es Zeit, diese Fülle des goldenen Herbstes in meiner Küche zu verarbeiten. Apfelkuchen sollte gebacken werden, um die süße Erinnerung an den Sommer noch einmal tief in mich aufzunehmen. Apfelkompott, um graue Regentage mit Wärme und Geschmack zu erfüllen, wenn wir es zu unseren Pfannkuchen genießen würden. Und dann der Apfelessig, der große Heiler des Sommers, der in meinen Brotteigen, Kuchen und Salaten seinen Platz finden würde.

Doch Äpfel sind mehr als nur köstliche Früchte. Sie tragen eine tiefgreifende Heilwirkung in sich. Sie sind reich an Antioxidantien und Vitaminen, die unser Immunsystem stärken und uns vor Krankheiten schützen. Tiefer betrachtet sind Äpfel ein Symbol für die Fülle des Lebens, die Erneuerung und den Zyklus der Natur. Sie erinnern uns daran, die Gaben der Erde zu schätzen und mit Dankbarkeit zu empfangen.

Während ich die Äpfel verarbeitete, fühlte ich mich verbunden mit der Weisheit der Natur und der Großzügigkeit der Erde. Jeder Bissen, jeder Tropfen dieses goldenen Herbstes war ein Geschenk, das unsere Sinne erfreute und unsere Seele berührte. Und so wurde dieser Apfelkorb nicht nur zu einer Quelle köstlicher Speisen, sondern auch zu einem Symbol für die Fülle und Dankbarkeit, die der goldene Herbst in unser Leben bringt.

Äpfel selbst gepflückt genießen

Halte Ausschau nach Äpfeln in deiner Umgebung, wenn du in der Natur unterwegs bist. In vielen Stadtgärten oder Parks findest du Apfelbäume, an Feldrändern und manchmal sogar ganz unerwartet am Straßenrand. Diese Bäume freuen sich, wenn ihre Äpfel abgeerntet werden, und du kannst von ihrer Großzügigkeit profitieren. Ansonsten fallen die Äpfel oft einfach zu Boden und bleiben liegen. Erinnere dich beim Ernten an das Märchen von Frau Holle, in dem der Baum ruft: »Ach, rüttle mich, ach, schüttle mich, wir Äpfel sind allesamt reif!« Es wird von einem goldenen Segen belohnt.

Solltest du gerade keine Zeit oder Muße haben, in die Natur zu gehen, um nach Äpfeln zu suchen, dann ist natürlich auch der einfache Weg in den Bioladen oder zum Gemüsehändler eine wunderbare Möglichkeit, regionale Äpfel zu erstehen und die Fülle des Herbstes zu genießen.

Hausgemachter Apfelessig

Selbst gemachter Apfelessig ist nicht nur einfach zuzubereiten, sondern auch eine schöne Möglichkeit, überschüssige Äpfel zu verwerten. Dieser Essig kann in Salatdressings, Marinaden und sogar als Gesichtstonikum verwendet werden.

Zutaten

- 5 bis 6 Äpfel, am besten Bioäpfel oder selbst gepflückt

- 2 EL Zucker (optional)
- Wasser

Zubereitung

- Die Äpfel gründlich waschen und in grobe Stücke schneiden. Du kannst die Schalen und Kerne mitverwenden, da sie natürliche Hefen enthalten, die den Gärprozess fördern.
- Ein großes Glas gründlich mit heißem Wasser ausspülen, um sicherzustellen, dass es sauber ist. Gegebenenfalls einmal mit Alkohol auswischen.
- Fülle die geschnittenen Äpfel in das Glas, lass jedoch etwa 2,5 Zentimeter Platz am oberen Rand.
- Wenn du möchtest, dass der Essig schneller gärt, kannst du 2 Esslöffel Zucker über die Äpfel streuen. Das fördert die Fermentation. Wenn du keinen Zucker verwenden möchtest, ist das ebenfalls in Ordnung, der Essig benötigt dann etwas mehr Zeit. Optional kannst du auch Honig nutzen. Aber bedenke: Je mehr Zucker am Anfang, umso saurer wird dein Essig.
- Gieße Wasser in das Glas, um die Äpfel zu bedecken. Achte darauf, dass alle Äpfel vollständig unter Wasser sind, um Schimmelbildung zu verhindern. Ich lege am Anfang immer einen kleinen Unterteller oder den Deckel eines Einweckglases über die Früchte, um sie nach unten zu drücken.
- Decke die Glasöffnung mit einem sauberen dünnen Tuch oder einer Gaze ab und sichere sie mit einem Gummiband oder einer Schnur.
- Lass das Glas an einem dunklen Ort stehen, idealerweise bei Raumtemperatur. Rühre den Inhalt einmal täglich mit einem sauberen Holzlöffel um. Sollten die Äpfel zu weit oben schwimmen, beschwere sie mit einen Glasdeckel.
- Der Apfelessig sollte nach etwa 3 bis 4 Wochen fertig sein, kann aber auch länger gären, um einen intensiveren Geschmack zu entwickeln.
- Sobald der Essig den gewünschten Geschmack erreicht hat, seihe die Flüssigkeit ab und gieße sie in eine saubere Flasche oder ein Glas mit Deckel. Du kannst die festen Apfelreste kompostieren.

- Lagere deinen hausgemachten Apfelessig an einem kühlen, dunklen Ort. Er ist monatelang haltbar.

Das Hinzufügen von Zucker beschleunigt die Gärung und führt zu einem stärker fermentierten Geschmack. Du kannst den Zucker weglassen, wenn du einen milderen Essig bevorzugst. Die Fermentationszeit kann variieren, also koste den Essig gelegentlich, um den perfekten Zeitpunkt für dich zu bestimmen.

Ein Tipp
Du kannst natürlich auch andere Früchte hinzufügen. Gut passen beispielsweise Quitten oder Hagebutten.

Brot backen für erlebte Erdung

Wenn du aus den Gaben der Mutter Erde achtsam und erdend ein Brot backen möchtest, lade ich dich zu folgendem Impuls ein:

Begib dich in deine Küche und stell die Zutaten für dein Brot bereit. Vielleicht nutzt du gleich das folgende Rezept. Nimm dir einen Moment, um die einzelnen Zutaten bewusst wahrzunehmen. Fühle die Textur des Mehls, denke an die Kornähren, die noch vor wenigen Tagen golden im Winde wiegend auf den Feldern standen und nun in Form von Mehl durch deine Hände gleiten. Spüre die Feuchtigkeit des Wassers und erinnere dich daran, dass Wasser auch ein Symbol für das Lebendige, das Leben selbst ist. Rieche den zarten Duft der Hefe.

Schließe für einen Moment deine Augen und atme tief und sanft in dich hinein, verweile noch tiefer im Moment und stell dir vor, wie die Zutaten auf Feldern und in Gärten gewachsen sind. Visualisiere das Korn, das in der Sonne reifte, das Wasser, das die Pflanzen nährte, und die Hände von Menschen, die die Ernte sorgfältig einsammelten. Verbinde dich mit dem Kreislauf des Lebens und der Natur, die diese Gaben hervorgebracht haben.

Beginne nun aus dieser Energie heraus damit, den Teig zu kneten. Spüre die Textur zwischen deinen Fingern. Beachte, wie sich der Teig mit der Zeit verändert, elastischer und geschmeidiger wird. Dieser Prozess des Knetens ist eine

Möglichkeit, deine eigene Energie und deine Intentionen in das Brot einzubringen. Stell dir vor, wie du Liebe und Dankbarkeit in den Teig einarbeitest.

Sobald der Teig gut geknetet ist, forme ihn zu einem Brotlaib. Dieser Schritt erinnert dich daran, wie du deine eigenen Pläne und Ziele formst, genau wie den Teig. Lass ihn ruhen, während er aufgeht. Während dieser Zeit der Ruhe und des Wachsens kannst du über deine eigenen Prozesse des Wachsens und Reifens nachdenken. Atme tief ein und aus und verbinde dich mit der Geduld der Natur, die auch Zeit braucht, um zu wachsen und ins Blühen zu kommen, Früchte zu tragen und Nahrung zu werden.

Sobald das Brot gebacken wird, fühle die Wärme des Ofens und die Vorfreude auf dein Brot. Genieße den köstlichen Duft, der sich im Haus ausbreitet, und freue dich darauf, die Früchte deiner Arbeit zu kosten. Wenn das Brot aus dem Ofen kommt und abkühlt, halte einen Moment inne, um Dankbarkeit für die Gaben der Natur und die Fähigkeiten, die du hast, zu empfinden. Denke daran, dass das Brot nicht nur Nahrung für deinen Körper ist, sondern auch eine Verbindung zur Erde, die an diesem Prozess beteiligt war.

Wenn das Brot schließlich abgekühlt ist, schneide eine Scheibe ab und genieße sie bewusst. Spüre die Textur des Brotes auf deiner Zunge und schmecke die Fülle der Aromen. Teile dein Brot mit anderen, sei es in einem gemeinsamen Mahl oder durch das Verschenken an Menschen, die du schätzt.

Dieser achtsame Impuls erinnert dich daran, wie eng du mit der Natur und der Erde verbunden bist und wie diese Verbindung in jedem Bissen deines selbst gebackenen Brotes spürbar werden kann.

Apfel-Zwiebel-Brot

Zutaten

- 1 Tasse warmes Wasser
- 1/2 TL Zucker
- 1/2 Päckchen Trockenhefe
- 260 g Dinkelmehl
- 180 g Roggenmehl
- 1 TL Salz
- 50 g getrocknete Zwiebeln

- 150 g geriebene Äpfel
- 2 EL Olivenöl
- etwas Paniermehl
- 1 EL Apfelessig

Zubereitung

- In einer kleinen Schüssel das warme Wasser und den Zucker vermengen. Die Trockenhefe hinzufügen und etwa 10 Minuten ruhen lassen, bis die Mischung schaumig wird.
- In einer großen Schüssel Dinkelmehl, Roggenmehl und Salz vermischen.
- Die Hefemischung zu den trockenen Zutaten gießen und gut verrühren.
- Die getrockneten Zwiebeln, geriebenen Äpfel und das Olivenöl hinzufügen und zu einem Teig verkneten. Der Teig sollte glatt und elastisch sein.
- Den Teig abdecken und an einem warmen Ort etwa 1 Stunde lang ruhen lassen, bis er sein Volumen verdoppelt hat.
- Den Ofen auf 190 Grad vorheizen. Eine Brotbackform leicht einfetten und mit Paniermehl auskleiden.
- Den Teig auf einer leicht bemehlten Oberfläche zu einem Brotlaib formen und in die vorbereitete Backform legen.
- Das Brot in der Form weitere 20 bis 30 Minuten ruhen lassen.
- Die Form dann in den vorgeheizten Ofen geben und etwa 50 bis 60 Minuten backen, bis das Brot goldbraun ist und beim Klopfen auf die Unterseite hohl klingt.
- Das Brot aus dem Ofen nehmen und auf einem Gitter auskühlen lassen, bevor du es aus der Form nimmst, in Scheiben schneidest und genießt.

Muschelzauber

Die Verbindung zum Meer, zu den Wellen, dem Sand und den Muscheln ist eine zeitlose Erfahrung. Sie erdet uns, erinnert uns an die Schönheit der Natur und an unsere eigene innere Ruhe. Wenn du die Möglichkeit hast, ans Meer zu fahren, ist diese kleine Übung und das anschließende DIY eine wunderbare Möglichkeit, dich mit der Natur zu verbinden, deinen Atemrhythmus zu finden und den Moment in seiner vollen Pracht zu genießen. Mach dich auf den Weg und lass dich von der Magie des Meeres verzaubern.

Am einsamen Strand, weit weg von der Hektik des Alltags, findest du deinen Zufluchtsort. Der Sand unter deinen Füßen ist warm und weich, eine natürliche Matratze, die dich sanft trägt. Die Wellen des Meeres rollen ans Ufer, als würden sie dir ein Lied der Ewigkeit singen. Du atmest tief ein und spürst die salzige Brise, die dir Ruhe und Frieden schenkt.

Du schließt die Augen und lässt dich von den Klängen des Meeres in eine meditative Stille tragen. Du fühlst, wie sich deine Füße in den Sand graben, tief, tiefer, bis du die kühle Erde unter der Oberfläche spürst. Hier, am Übergang zwischen Land und Meer, erfährst du auch die Verbindung von Himmel und Erde. Du bist der Mittelpunkt dieses Universums, das sich um dich herum ausbreitet.

Mit jedem Atemzug nimmst du die Energie des Meeres in dich auf. Die Wellen umspielen deine Füße und lassen dich die Kraft des Wassers spüren, das Leben spendet und transformiert. Du fühlst, wie die Erdung durch deine Beine nach oben steigt und dich mit dem Himmel verbindet. Dein Herzschlag synchronisiert sich mit dem Rhythmus der Wellen und du erkennst die unendliche Schönheit dieses Augenblicks.

Langsam öffnest du die Augen und beginnst, am Strand entlangzugehen. Jeder Schritt ist ein Akt der Achtsamkeit, ein Geschenk an die Erde und das Meer. Du suchst nach Muscheln, die dir als stille Zeugen der Natur dienen. Jede Muschel ist ein Kunstwerk der Evolution, ein kleines Wunder des Lebens. Jede Muschel ist Ewigkeit.

Während du ein paar Muscheln aufsammelst, fühlst du dich mit der Weisheit und dem Geheimnis des Meeres verbunden. Du dankst der Natur für diese kostbaren Geschenke, die sie dir anvertraut. Du sammelst nicht aus Gier, sondern aus Ehrfurcht vor der Schönheit des Lebens.

Mit einer Hand voller Muscheln kehrst du zum Ausgangspunkt zurück. Du nimmst noch einen tiefen Atemzug, spürst die Energie des Meeres, die in dir schwingt, und verankerst diesen Moment der Erdung tief in deinem Herzen. Du bist gestärkt, inspiriert und erfüllt von der Schönheit und der Weisheit der Natur.

Die Muscheln, die du gesammelt hast, werden zu Hause zu einem Symbol deiner Verbindung zur Erde und zum Meer. Sie erinnern dich daran, dass auch du ein Teil dieses großen Ganzen bist, dass du eingebettet bist in die Wunder der Natur. Und immer, wenn du sie betrachtest, wirst du an diesen besonderen Tag erinnert, an dem du deine Seele im Rhythmus der Wellen und im Sand unter deinen Füßen gefunden hast.

Diese Übung funktioniert natürlich auch hervorragend als Gedankenreise. Wenn du gerade nicht am Meer sein kannst, kannst du dich in deine Vorstellungskraft vertiefen und die Verbindung zu den Wellen, dem Sand und den Muscheln in deinem Geist herstellen. Die Magie des Meeres ist überall dort, wo du sie in deinem Herzen und in deiner Vorstellung trägst. Genieße diesen inneren Moment der Ruhe und Verbundenheit beispielsweise, wenn du unter der Dusche stehst oder in der Badewanne liegst.

Muschelkerzen für Herbstabende und Wintertage

Materialien

- gesammelte Muscheln (je nach gewünschter Kerzengröße)
- fertige Kerzendochte, am besten welche zum Einkleben
- Kerzenwachs (Paraffin, Bienen-, Sojawachs) oder einfach Teelichter
- hitzebeständiger Behälter (zum Beispiel eine alte Konservendose)
- Duftöl (optional)

Anleitung

- Reinige die Muscheln gründlich, um Sand und Ablagerungen zu entfernen. Trockne sie gut ab oder lass sie in der Sonne trocknen.
- Schneide die Dochte so zurecht, dass sie etwa doppelt so hoch sind wie die Muscheln, und klebe sie in die Mitte der Muscheln.
- Schmelze das Kerzenwachs in dem hitzebeständigen Behälter. Dies kann gut in einem Wasserbad auf dem Herd erfolgen. Du kannst auch Teelichter schmelzen, nachdem du den Docht entfernt hast. Du kannst ihn für deine Muscheln nutzen.
- Wenn du möchtest, kannst du ein paar Tropfen Duftöl hinzufügen.
- Fülle das geschmolzene Wachs vorsichtig in die Muscheln. Stelle sicher, dass der Docht gerade in der Mitte steht und nicht verrutscht. Wenn es keine Dochte zum Einkleben sind, füge sie mittig in das noch warme, aber schon etwas angetrocknete Kerzenwachs ein.
- Lass die Muschelkerzen vollständig aushärten.
- Sei vorsichtig, wenn du die Kerzen anzündest, und stell sicher, dass sie auf einer feuerfesten Oberfläche platziert sind, oder lass sie einfach in einem Wasserbad als Schwimmkerze treiben.

Auch Eichelhütchen oder Walnussschalen kannst du zu Kerzen umbauen.

Dinge, die du im September verinnerlichen darfst

Loslassen: Der September markiert den Übergang vom Sommer zum Herbst. Dies ist eine großartige Zeit, um symbolisch und tatsächlich Dinge loszulassen, die du nicht mehr benötigst. Es kann ein physisches Aufräumen, das Lösen von emotionalen Bindungen oder das Beenden von Projekten sein.

Erntedank: Nutze diesen Monat, um Dankbarkeit für all die Ernten in deinem Leben auszudrücken, sei es im übertragenen Sinne (Erfolge und Fortschritte) oder wortwörtlich (die Vielfalt der Herbstfrüchte).

Verbindung zur Erde: Der September ist ein großartiger Monat, um dich mit der Erde zu verbinden. Geh barfuß spazieren, verbringe Zeit in der Natur und spüre die Energie des Bodens unter deinen Füßen. Spüre und verinnerliche, wie sich der Boden vom Sommer zum Herbst verändert hat.

Balance finden: In diesem Monat, wenn Tag und Nacht ungefähr gleich lang sind, kannst du über die Bedeutung der Balance in deinem Leben nachdenken. Wo könntest du mehr Gleichgewicht schaffen? Feier die Herbst-Tagundnachtgleiche, um dies noch tiefer zu verinnerlichen.

Rückblick und Vorausblick: Nutze den Übergang vom Sommer zum Herbst, um auf das Jahr zurückzublicken und dir Ziele und Absichten für die kommenden Monate zu setzen.

Erholung und Selbstpflege: Der September kann oft hektisch sein, da der Sommerurlaub endgültig vorbei ist. Achte darauf, dir genügend Zeit für Erholung und Selbstpflege zu gönnen. Eine warme Badewanne oder auch eine kalte Dusche am Morgen können Wunder bewirken.

Veränderungen akzeptieren: Der Herbst ist die Jahreszeit des Wandels. Nutze den September, um dich auf Veränderungen vorzubereiten und sie willkommen zu heißen. Versuche, dich dem Fluss und dem Rhythmus der Natur hinzugeben.

Wertschätzung für die Natur: Die Farben des Herbstes sind oft atemberaubend. Nimm dir Zeit, um die Schönheit der Natur zu bewundern, und schätze die Wunder der Jahreszeiten.

Vorbereitung auf den Winter: Beginne damit, dich auf den Winter vorzubereiten. Dies kann bedeuten, Vorräte anzulegen, warme Kleidung herauszusuchen und die Sommersachen ordentlich zu verpacken. Vielleicht magst du auch eine schöne Wolle aussuchen und damit beginnen, einen Schal zu stricken.

Erdungsmeditation für den September

Schließe deine Augen und atme tief ein, spüre, wie die warme Spätsommerluft sanft deine Lunge füllt. Du befindest dich in einem goldenen Wald, die Sonne steht tief am Himmel und taucht die Bäume in ein weiches, warmes Licht. Vor dir erhebt sich majestätisch eine mächtige Eiche, ihr Stamm fest und stark wie ein alter Freund.

Der Baumgeist der Eiche tritt vor dich. Sein Antlitz strahlt Weisheit und Ruhe aus. Er lädt dich ein, ihm zu folgen, während er dich durch den goldenen September führt.

Ihr wandert gemeinsam durch ein Blumenmeer aus blühender und verblühender Goldrute. Die strahlenden Gelbtöne fangen das spätsommerliche Licht ein und verleihen der Landschaft eine warme, einladende Atmosphäre.

Weiter geht eure Reise durch Obstgärten, in denen die Bäume voller duftender Früchte hängen. Du kannst den süßen Duft der Äpfel und Birnen förmlich in der Luft spüren. Die Bäume neigen ihre Zweige, als würden sie dir ihre Schätze anbieten.

Ihr gelangt zu den Kirschbäumen, die bereits ihre gelb gefärbten Blätter loslassen. Ein sanfter Windstoß erhebt die Blätter in die Luft und sie tanzen einen zarten Tanz um dich herum, bevor sie zu Boden schweben.

Die Sonne neigt sich langsam dem Horizont entgegen und die Landschaft um euch herum verwandelt sich in ein Farbenmeer. Die Blätter der Bäume leuchten in warmen Rottönen und lebendigem Orange.

Der Baumgeist führt dich tiefer in den Herbst hinein, begleitet von der Musik der fallenden Blätter unter deinen Füßen. Die Bäume umgeben dich und du spürst ihre urige Kraft und Weisheit. Sie flüstern dir Geschichten von vergangenen Zeiten zu und erinnern dich an den ewigen Kreislauf des Lebens.

Langsam wird es dunkler und die goldene Stunde geht über in die Dämmerung. Die Sterne erscheinen am Himmel und die Nacht breitet sich über die Landschaft aus. Du spürst die angenehme Kühle der Herbstnacht auf deiner Haut.

Euer Weg führt dich zu einem behaglichen Feuerplatz. Die Flammen tanzen vor deinen Augen und wärmen deinen Körper. Du fühlst dich geborgen und eins mit der Natur.

Schließlich begibst du dich zur Ruhe und legst dich auf den weichen Waldboden. Du bist vollkommen im Einklang mit der friedlichen Energie des Septembers, fühlst dich getragen und geborgen.

Die Natur um dich herum singt leise ein Schlaflied und du driftest in einen tiefen, erholsamen Schlaf. Der goldene September bewacht deine Träume, während du dich in die Ordnung des Jahresrhythmus hineinbegibst, voller Dankbarkeit für die Ernte und die Schätze, die er dir geschenkt hat.

Mit dem ersten Licht des Morgens erwachst du erfrischt und gestärkt. Du bist umgeben von der sanften Energie des neuen Tages. Der Baumgeist der Eiche steht wieder vor dir und diesmal lächelt er. Er reicht dir eine goldene Eichel, ein Symbol für den Reichtum und die Fülle des Herbstes. Du nimmst sie dankbar an und fühlst, wie ihre Energie in dein Herz übergeht.

Mit einem letzten Blick auf den goldenen Wald und die warmen Farben des Spätsommers kehrst du langsam in deine eigene Realität zurück. Du öffnest die Augen und spürst, wie die Erinnerung an diese Reise in dir lebendig bleibt.

Der goldene September hat dir seinen Zauber geschenkt, seine Ruhe und Gelassenheit. Du trägst die Erinnerung an diesen besonderen Ort in deinem Herzen und kannst jederzeit dorthin zurückkehren, wenn du dich nach Erdung, Dankbarkeit und innerem Frieden sehnst.

OKTOBER: LOSLASSEN UND TRANSFORMIEREN

»Ich bin Reflexion«

Im Oktober, dem stillen Übergang in die dunkle Zeit, neigen wir unser Haupt in Ehrfurcht vor Mutter Erde. Wir verspüren eine tiefe Dankbarkeit für die letzten Strahlen des Altweibersommers, wenn die Sonne noch einmal zärtlich über die Landschaft streicht, bevor der große Sonnenuntergang des Jahres beginnt. Wir spüren, dass die Tage kürzer werden, und die Natur selbst atmet aus, bereit, sich zur Ruhe zu legen.

Die Bäume, unsere ehrwürdigen Wächter, hüllen sich in ein Farbenspiel aus Gold, Rot und Orange. Ihre Blätter tanzen im Wind, bevor sie sanft zu Boden schweben und die Erde mit ihrer wärmenden Präsenz segnen. Mutter Erde, in ihrem Schlafgemach aus fallenden Blättern, bereitet sich vor. Jedes Blatt, das den Boden berührt, ist ein Liebesbrief an die Zukunft, Nahrung für die Erde im nächsten Jahr. Zugleich ist ein jedes zu Boden fallendes Blatt, das die Erde bedeckt, ein Abschiedsgruß des Jahres. Sie bilden eine schützende Decke, die den Boden vor der Kälte des Winters bewahren und ihn mit wichtigen Nährstoffen versorgen wird, wenn sie langsam eins werden mit der empfangenen Erde unter ihnen. Es ist, als ob die Bäume und die Natur selbst ein Opfer darbringen, um die Fruchtbarkeit der Erde zu erhalten. In dieser Geste der Hingabe sehen wir eine tiefe Weisheit – die Fähigkeit der Natur, in das Loslassen und Sterben auch einen Akt der Geburt und des Lebens einzuschließen.

Die Tiere, unsere schweigenden Gefährten, verspüren den Wandel in der Luft. Sie machen sich bereit, sei es durch das Verstecken der letzten Vorräte oder das Einläuten des Winterschlafs. Ihre Instinkte leiten sie, während sie sich auf die kommende Stille einstellen. Ihre Rufe und Lieder sind wie Abschiedsgrüße, von den Winden fortgetragen, ein letzter Gruß an die warmen Tage des späten Sommers.

In diesem heiligen Übergang können wir innehalten, uns verneigen und in tiefe Dankbarkeit versinken. Wir erkennen, dass wir nur Gäste auf dieser Erde sind und dass alles, was sie uns schenkt, von uns behütet werden muss. Wir erfahren, wie wichtig es ist, loszulassen, so wie die Bäume ihre Blätter fallen lassen, um Platz für Neues zu schaffen.

Während die Herbsttöne draußen sichtbar werden, dürfen wir auch innerlich zur Ruhe kommen. Der Oktober lehrt uns, uns dem Wandel hinzugeben und die Schönheit im Loslassen zu erkennen. Als heiliger Übergang in die Dunkelheit erweckt er in uns eine tiefere Dankbarkeit und Demut. Wir gehen achtsam durch diese Zeit des Abschieds und der Vorfreude auf das, was noch kommen mag, wenn die Natur ihren wohlverdienten Winterschlaf hält und im Verborgenen neue Pläne für das kommende Jahr schmiedet.

Es ist ein ewiglicher Kreislauf, ein heiliger Rhythmus, der in Vergessenheit geraten ist. Doch wir dürfen uns wieder erinnern, dass das, was wir als Ende betrachten, in Wahrheit ein Anfang ist. Wenn die Blätter fallen und die Natur scheinbar schläft, geschieht im Verborgenen eine alchemistische Verwandlung. Die Erde sammelt ihre Kräfte, um im nächsten Jahr erneut zu erblühen. So gehen wir mit Demut durch den Oktober, erkennen die Weisheit der Natur und ehren den Kreislauf des Lebens und Sterbens. Wir vertrauen darauf, dass die Dunkelheit des Winters die Samen unserer Träume in sich trägt, die im Frühling erblühen werden.

Köstlich gesunde Quitten

Die Quitte, eine Frucht mit einer reichen Geschichte und tiefen Wurzeln, trägt in sich die Essenz von Erde und Verbundenheit. Ihre goldene, sonnenähnliche Farbe und ihr unverwechselbares Aroma machen sie zu einer wahren Schatzkammer für die Sinne. Doch ihre wahre Magie liegt in ihrem spirituellen und erdenden Potenzial.

In vielen Kulturen wird die Quitte mit Liebe und Glück assoziiert. Sie symbolisiert die Verbindung zwischen Himmel und Erde, eine Brücke zwischen dem Göttlichen und dem Materiellen. Ihre goldene Farbe erinnert uns an die strahlende Sonne und die Fülle des Lebens, während ihr süßer Duft die Sinne belebt.

Auch die Ernte der Quitte im Herbst ist ein Akt der Dankbarkeit und des Respekts gegenüber der Natur, denn wir nehmen die Geschenke des Baumes an und sorgen gleichwohl dafür, dass es ihm in unserer Umgebung gut geht und

Affirmation für den Oktober

»Ich verbinde mich spirituell mit der Fülle des Lebens.
Ich handle achtsam und finde in der Stille
meine inneren Antworten.«

sein Fortbestand gesichert ist. Es ist ein Moment des Innehaltens, in dem wir die Früchte unserer Arbeit ernten und die Fülle des Lebens feiern. Der Duft der reifen Quitten steigt in unsere Nasen und erfüllt uns mit Glückseligkeit. Sie erinnern uns daran, dass alles im Leben seinen richtigen Zeitpunkt hat und wir uns mit Geduld und Achtsamkeit darauf vorbereiten dürfen.

Wenn wir eine Quitte in unseren Händen halten, können wir uns mit ihrer Energie verbinden. Wir können die tiefe Verbundenheit zur Natur fühlen, die in jeder Frucht, jedem Blatt und jedem Baum existiert. Die Quitte lehrt uns, uns auf das Wesentliche zu konzentrieren und die Schönheit in den einfachen Dingen des Lebens zu erkennen.

Für mich verströmt der Quittenbaum zu jeder Jahreszeit inneren Frieden und Harmonie. Seine Essenz erinnert mich an die Süße des Lebens. Wenn wir seine Präsenz in unserem Leben ehren, öffnen wir uns für die tiefen Weisheiten der Natur und erlangen eine tiefere Verbindung zu uns selbst und zur Welt um uns herum. Wenn du dir ein Quittenöl herstellst, ist dieser Prozess schon verbindend und besonders. Belohnt wird dein Tun dann zusätzlich, wenn du das duftende Öl auf deine Haut aufträgst. Die schützende Heilkraft geht in Verbindung mit deiner Haut und deinem Sein und berührt auch deine Seele.

Nicht nur in ihrer physischen Form, auch als Baumessenz berührt die Quitte unsere Seele. Mit ihrer sanften Aura erweckt sie Freude, Hingabe und heilt seelische Wunden auf eine zarte Art. Im Mai-Kapitel beschreibe ich die Herstellung eines Obstblüten-Sonnenauszugs. Vielleicht erinnerst du dich im nächsten Jahr daran und stellst eine solche Essenz aus Quittenblüten her. Sie erinnert uns an unsere innere Sensibilität und ermutigt zur Selbstliebe und Selbstakzeptanz.

Die Quitte ist nicht bloß eine Frucht, sie ist ein Symbol für die Vielfalt des Lebens. Sie zeigt uns, dass männliche und weibliche Energien in Harmonie existieren können, dass die Verbindung des männlichen und weiblichen Prinzips ein Geschenk ist und dass Heilung auf sanfte Weise geschehen kann.

Die Quitte unterstützt unseren inneren Reifungsprozess und fördert die Entfaltung unserer Seele. Sie erinnert uns daran, uns selbst zu lieben und zu akzeptieren, wie wir sind. So wie die Quitte von einer rauen, sauren Frucht zu einer süßen Köstlichkeit wird, können auch wir unsere innere Transformation erleben und unsere innere Schönheit entdecken.

Reife Quitten haben eine goldgelbe Farbe und einen intensiven, angenehmen Duft. Wenn du Quitten erntest, solltest du sicherstellen, dass sie vollständig ausgereift sind, da sie erst nach der Reife ihr volles Aroma entwickeln.

Hier sind zwei Rezepte, die die Kraft der Quitte nutzen. Das Öl lasse ich besonders gern im Herbst bis in den Winter hinein ziehen und verschenke es dann im Dezember.

Quittenöl

Dieses Quittenöl eignet sich hervorragend für die Hautpflege. Du kannst es als Massageöl verwenden oder nach dem Duschen auf die Haut auftragen. Oder es einfach zwischen den Handflächen verreiben und dich mit dem unglaublich lieblichen Duft verbinden.

Zutaten

- reife Quitten
- hochwertiges Pflanzenöl (zum Beispiel Jojobaöl, Calendulaöl, Olivenöl, Mandelöl)

Zubereitung

- Die Quitten sauber reiben, schälen und in kleine Stücke schneiden.
- Fülle ein sauberes Glasgefäß etwa zur Hälfte mit den Quittenstücken.
- Gieße das Pflanzenöl über die Quitten, sodass sie vollständig bedeckt sind.
- Verschließe das Glasgefäß gut und lass es an einem sonnigen Ort für etwa 2 bis 4 Wochen stehen.
- Danach kannst du das Quittenöl abseihen und in eine saubere Flasche oder ein verschließbares Glas geben.

Getrocknete Früchte für einen Quittentee

Zutaten

- reife Quitten
- Wasser

Zubereitung

- Die Quitten waschen, schälen und in dünne Scheiben oder Würfel schneiden. Entferne die Kerne.
- Leg die Quittenscheiben auf ein Backblech und lass sie bei niedriger Temperatur im Ofen oder an der Luft trocknen. Dies kann mehrere Tage dauern, bis sie vollständig getrocknet sind. Ich nutze ein Dörrgerät, doch mit etwas Geduld geht es auch an der Luft.
- Einmal getrocknet, kannst du die Quittenscheiben in einem luftdichten Behälter aufbewahren.
- Um Quittentee zuzubereiten, nimm einige getrocknete Quittenstücke und übergieße sie mit heißem Wasser. Lass den Tee einige Minuten ziehen und genieße ihn.

Achtsamkeitsmomente im Oktober

- Herbstliche Waldspaziergänge: Das bunte Laub, das unter deinen Füßen raschelt, das sanfte Rauschen der Blätter in den Bäumen und die kühle Herbstluft schaffen eine beruhigende Atmosphäre. Nimm dir Zeit, um die Farben und Geräusche des Waldes bewusst wahrzunehmen.
- Blätter sammeln: Sammle bunte Herbstblätter und nimm sie mit nach Hause. Betrachte ihre Formen und Farben genau. Du kannst sie für kreative Herbstprojekte verwenden. Du könntest sie pressen und bemalen, sie in Bienenwachs tunken und somit konservieren und als Mobile aufhängen.
- Teezeremonie: Bereite dir eine Tasse warmen Tee zu, setze dich gemütlich hin und genieße jeden Schluck bewusst. Schließe die Augen und spüre die

Wärme des Tees, den Geschmack und das Aroma. Vielleicht genießt du einen Tee aus Kräutern, die du selbst gesammelt hast?

- Vogelbeobachtung: Vögel sind im Herbst oft auf Futtersuche. Stell Vogelfutter in deinem Garten auf und beobachte die verschiedenen Arten, die vorbeikommen. Ihre Aktivität kann sehr entspannend sein.
- Meditation im Freien: Suche dir einen ruhigen Ort im Freien, setze dich bequem hin und meditiere. Lass die Geräusche der Natur zu deiner inneren Ruhe beitragen.
- Schreibritual: Halte deine Gedanken und Erlebnisse in einem Tagebuch fest. Schreiben kann ein sehr achtsamer Prozess sein und dir helfen, den Monat bewusst zu erleben.
- Bunte Herbstfrüchte: Besuche einen Bauernmarkt oder einen Obsthof und kaufe frische Herbstfrüchte wie Äpfel, Birnen oder Trauben. Genieße ihren Geschmack und die Vielfalt der Farben.
- Stille Momente: Egal wo du dich befindest, nimm dir immer wieder kurze Momente der Stille. Schließe die Augen, atme tief durch und sei einfach im Hier und Jetzt.
- Lieblingsplatz zu Hause gestalten: Schaffe dir in deinem Zuhause einen speziellen Ort, an den du dich zurückziehen und wo du dich entspannen kannst. Vielleicht ist es ein gemütlicher Lesesessel am Fenster, ein Meditationskissen in einer ruhigen Ecke oder deine Badewanne. Gestalte diesen Platz nach deinen Vorlieben, fülle ihn mit Dingen, die dir Freude bereiten, und nutze ihn, um dich regelmäßig zu erden und zu entspannen.
- Die Kraft der Musik für deine Achtsamkeit: Wähle beruhigende Musikstücke oder Naturklänge und höre sie mit geschlossenen Augen. Lass die Klänge auf dich wirken und spüre, wie sie deine Stimmung beeinflussen.
- Praktiziere Yoga oder sanfte Dehnübungen, um deinen Körper zu entspannen und zu stärken. Konzentriere dich auf jede Bewegung und achte darauf, wie sich dein Körper anfühlt. Dies kann dir helfen, Stress abzubauen und dich flexibler zu fühlen.
- Nutze deine kreative Seite: Male, zeichne, bastle oder schreibe. Lass deiner Fantasie freien Lauf und konzentriere dich auf den kreativen Prozess, ohne über das Ergebnis nachzudenken.
- Plane bewusste Pausen von digitalen Geräten ein: Schalte Handy, Tablet und Computer aus und genieße Momente der Stille und Entspannung ohne Ablenkung. Dies kann dir helfen, den Geist zu beruhigen, im gegenwärtigen Moment zu sein und in dich hineinzuhören.

- Schaffe achtsame Rituale in deinem Alltag: Das können morgendliche Rituale wie das Trinken eines warmen Zitronenwassers sein, ebenso abendliche Rituale, um den Tag bewusst abzuschließen und in die Dankbarkeit zu gehen. Rituale geben dir Struktur und helfen dir, achtsam zu leben.
- Naturerlebnisse: Suche bewusst die Natur auf, sei es im eigenen Garten, in einem Park oder in der freien Wildbahn. Spüre den Wind auf deiner Haut, höre den Vögeln zu und betrachte die Pflanzen und Bäume. Die Natur ist ein wunderbarer Ort, um Achtsamkeit zu üben.
- Dankbarkeit: Jeden Tag kannst du einen Moment finden, um dir der Dinge bewusst zu werden, für die du dankbar bist. Dies kann ein einfacher Gedanke oder ein kleines Ritual sein, das dir hilft, die Fülle in deinem Leben zu erkennen.

Der Eichherr und die goldene Eichel

Es war ein Tag im Herbst, an dem die Bäume in ihren prächtigen Gewändern aus Gold und Rot die weite Landschaft schmückten. Die Sonne stand tief am Himmel und tauchte die Welt in ein warmes, sanftes Licht. Ein Spaziergang im Wald war an diesem Tag besonders verlockend.

Während ich durch den Wald schlenderte, hörte ich ein aufgeregtes Rufen über mir. Ich schaute nach oben und sah eine Schar von Eichhörnchen, die in den Baumwipfeln umherflitzten. Die Eichherren, wie ich sie gern nenne, hüpften von Ast zu Ast und ihr lautes Rufen klang wie ein fröhliches Herbstlied.

Ich blieb stehen, um ihnen zuzusehen, wie sie sich um die Eicheln stritten, die in dicken Trauben an den Ästen hingen. Ein besonders stattliches Eichelherrchen mit einem buschigen Schwanz und klugen Augen hatte wohl das Sagen. Es kletterte geschickt den Baumstamm hinauf und schien zu rufen: »Herbst ist die Zeit der Eicheln, meine Freunde! Die Eicheln sind saftig und bereit, gesammelt zu werden.«

Die anderen Eichelherren antworteten mit fröhlichem Gezwitscher und eilten herbei. Gemeinsam begannen sie, die reifen Eicheln zu pflücken. Es war ein emsiges Treiben und ich konnte nicht anders, als von ihrem Eifer angesteckt zu werden.

Ich suchte mir einen Eichenbaum aus, der seine Äste weit ausbreitete, und begann, die Eicheln aufzulesen, die unter ihm lagen. Sie fühlten sich fest und schwer in meiner Hand an, als würden sie die Energie des Herbstes speichern.

Als ich mich bückte, um eine weitere Eichel aufzuheben, fiel mein Blick auf ein ganz besonderes Exemplar. Es glänzte in der Sonne wie ein kleiner Schatz. Ich nahm die Eichel behutsam auf und betrachtete sie genauer. Ihre Oberfläche schimmerte in einem warmen Goldton, der mich an die goldenen Herbsttage erinnerte.

Ein Gedanke kam mir in den Sinn: Ich könnte diese besondere Eichel mit nach Hause nehmen und sie mit etwas Blattgold verzieren. Und selbst wenn ich sie so ließe, wie sie ist, sie würde mich immer an diesen magischen Herbsttag erinnern und an die fröhlichen Eichelherren, die den Herbst mit ihrem lauten Rufen feierten.

Mit der goldenen Eichel in meiner Hand kehrte ich aus dem Wald zurück, erfüllt von der Energie des Herbstes und dem Wissen, dass die Natur uns in jeder Jahreszeit besondere Geschenke macht. Man muss nur mit offenen Augen und einem weiten Herzen durch die Welt gehen, um sie zu entdecken.

Eichel mit Blattgoldpapier vergolden

Eine vergoldete Eichel kann als Dekoration verwendet werden, um einen Hauch von Herbstglanz in dein Zuhause zu bringen. Du kannst sie in einer Glasschale, auf einem Tisch oder Regal platzieren oder sie an einem unsichtbaren Angelfaden als schwingende Eichel in dein Fenster hängen.

Materialien

- eine Eichel
- Blattgoldpapier
- Bastelkleber oder Blattgoldkleber
- Pinsel

Anleitung

- Zuerst sammle eine oder mehrere Eicheln. Wähle diejenige aus, die du vergolden möchtest. Achte darauf, dass ihre Oberfläche trocken und sauber ist.
- Blattgoldpapier gibt es in kleinen Blättern oder Rollen. Schneide ein kleines Stück davon ab, groß genug, um die Eichel zu bedecken.
- Trage eine dünne Schicht Bastelkleber oder speziellen Blattgoldkleber auf die Eichel auf. Du kannst einen Pinsel verwenden, um den Kleber gleichmäßig zu verteilen.
- Leg das zugeschnittene Blattgoldpapier vorsichtig auf die nasse Kleberfläche. Drücke es sanft an, sodass es überall gut haftet.
- Lass die Eichel mit dem Blattgoldpapier etwa 10 bis 15 Minuten trocknen, bis der Kleber vollständig durchsichtig ist.
- Sobald der Kleber trocken ist, kannst du die Eichel vorsichtig abklopfen, um überschüssiges Blattgoldpapier zu entfernen.
- Bewundere deine vergoldete Eichel. Sie strahlt jetzt in wunderschönem Gold: ein einzigartiges Dekorationsstück.

Echinacea: Eine Hymne an die Spätsommerkönigin

Echinacea, du strahlst im Herbstgarten wie eine lila-rote Königin, deren Krönung von der Sonne höchstpersönlich abgehalten wird. Deine Namen mögen viele kennen – Igelkopf, Sonnenhut oder Purpur-Kegelblume –, doch keiner kann deine wahre Pracht und Kraft erfassen.

In deinen Blütenblättern triffst du auf die Magie des Spätsommers, wenn die Natur in ihre Herbstrobe schlüpft. Deine Blüten, diese wundervolle Mischung aus Lila und Rot, erinnern uns an die kraftvolle Energie, die dieser Übergangszeit innewohnt. Du bist die Brücke zwischen der Fülle des Sommers und der Stille des Winters.

Dein Name, Echinacea, erzählt von deiner Widerstandsfähigkeit und Schutzfunktion. Du trägst ihn mit Stolz, als Zeichen deiner Fähigkeit, uns vor den rauen

Stürmen des Lebens zu bewahren. Wie ein treuer Wächter bewachst du unser Immunsystem und stärkst es mit deinen natürlichen Kräften.

Deine Wurzeln, tief verankert in der Erde, verbergen jahrhundertealtes Wissen um Heilung und Stärkung. Bienen sind von deiner Pracht magisch angezogen und du nährst sie mit deinem Nektar. Sie besuchen dich und tragen deine Pollen in ihren Stock, denn dort wird deine Heilung in den stärkenden Honig für den Winter gegeben und hilft, ihr Überleben zu sichern.

Wenn der Herbstwind sanft durch deine Blätter weht, erinnern wir uns an die Verbindung zwischen Himmel und Erde, die du verkörperst. Deine Anziehungskraft auf Bienen und Hummeln zeigt uns, wie wichtig du für das Gleichgewicht der Natur bist.

Echinacea, du bist mehr als eine Heilpflanze. Du bist ein Symbol für Stärke, Schönheit und den ewigen Kreislauf des Lebens. Wir ehren dich für deine Gaben und deine Schönheit und wir lernen von dir, wie wichtig es ist, unsere eigene innere Stärke zu finden und zu schützen. Möge dein Name in den Herzen all jener leben, die deine lila-rote Pracht im Herbstgarten bewundern und deine heilende Gabe schätzen. Echinacea, du schöne Spätsommerkönigin, deine Weisheit ist fest verankert in unseren Herzen.

Echinacea-Räucherwerk mit Rose und Süßgras

Dieses Räucherwerk verbindet die schützenden Eigenschaften der Echinacea mit der Liebe und Schönheit der Rosen und der Sanftheit des Süßgrases oder der Vanille. Es schafft eine harmonische Atmosphäre und kann wunderbar zur Entspannung verwendet werden. Denke daran, dass das Räuchern mit Holzkohle vorsichtig durchgeführt werden sollte, um Verbrennungen zu vermeiden. Oder du nutzt einfach eine Räucherlampe.

Zutaten

- getrocknete Echinaceablütenblätter
- getrocknete Rosenblütenblätter
- getrocknetes Süßgras (alternativ: eine Prise Vanille oder eine leere Vanilleschote)
- Holzkohle zum Räuchern

Anleitung

- Zerkleinere die getrockneten Blütenblätter. Wenn du Süßgras verwendest, zerkleinere es ebenfalls. Wenn du Vanille nutzen möchtest, schneide eine Vanilleschote auf, kratze das Mark heraus und nutze es für Vanillezucker. Zum Räuchern brauchst du nur die äußere Hülle.
- Entzünde die Holzkohle in einer feuerfesten Räucherschale oder einem Räucherofen mit Sieb. Sobald die Kohle gleichmäßig glüht, streue die zerkleinerten Pflanzenteile vorsichtig darauf.
- Lass den angenehmen Duft des heilend verbindenden Echinacea-Räucherwerks die Umgebung erfüllen. Du kannst währenddessen meditieren oder einfach die beruhigende Atmosphäre genießen.

Immunstärkende Echinacea-Tinktur mit Kapuzinerkresse

Diese Tinktur kann zur Stärkung des Immunsystems eingenommen werden. Die empfohlene Dosierung liegt bei 20 bis 30 Tropfen zweimal täglich. Konsultiere vor der Anwendung eine Ärztin oder einen Heilpraktiker, insbesondere wenn du Medikamente einnimmst oder schwanger bist.

Zutaten

- ein verschließbares Glasgefäß
- getrocknete oder frische, etwas angetrocknete Echinaceablüten

- getrocknete oder frische, etwas angetrocknete Kapuzinerkresse-Blätter und -Blüten
- Hochprozentiger Alkohol (mindestens 40 Prozent)

Anleitung

- Fülle das Glasgefäß etwa zur Hälfte mit den Echinaceablüten, den Rest mit der Kapuzinerkresse.
- Gieße den hochprozentigen Alkohol über die Pflanzen, bis sie vollständig bedeckt sind.
- Verschließe das Gefäß gut und stell es an einen dunklen Ort, an dem es für etwa 4 bis 6 Wochen ziehen kann. Schüttle das Glas regelmäßig, damit die Wirkstoffe gut extrahiert werden.
- Nach der Ziehzeit gieße die Tinktur durch ein feines Sieb oder einen Kaffeefilter, um die festen Bestandteile zu entfernen.
- Fülle die fertige Echinacea-Tinktur in dunkle Glasflaschen und beschrifte sie mit Datum und Inhalt.

Echinacea-Honig

Diesen besonderen Honig kannst du löffelweise einnehmen, um deine Abwehrkräfte zu stärken, oder ihn als süßen Zusatz in Tee und anderen Getränken verwenden.

Zutaten

- frische Echinacea-Blütenköpfe
- Honig (roh und unbehandelt)

Zubereitung

- Säubere die Echinacea-Blütenköpfe und leg sie in ein sauberes Glasgefäß.
- Erwärme den Honig leicht, bis er flüssig ist. Er sollte aber nicht zu heiß werden, da sonst wertvolle Inhaltsstoffe verloren gehen.
- Gieße den flüssigen Honig über die Blüten, bis sie vollständig bedeckt sind.
- Verschließe das Glasgefäß gut und lass den Echinacea-Honig für etwa 2 bis 3 Wochen an einem sonnigen Ort ziehen.
- Nach der Ziehzeit filtere den Honig, um die Blütenreste zu entfernen.
- Fülle den Echinacea-Honig in ein sauberes Glasgefäß und bewahre ihn an einem kühlen, dunklen Ort auf.

Nach dem gleichen Prinzip kannst du auch einen Erkältungshonig herstellen, jedoch mit den heilenden Kräutern Thymian und Salbei. Diese beiden Kräuter sind bekannt für ihre entzündungshemmenden und beruhigenden Eigenschaften bei Erkältungen und Halsschmerzen.

Die ehrfürchtige Kunst des Sammelns im Herbst

Im Herbst, wenn die Sonne sich langsam zurückzieht und die Blätter in den wärmsten Farben erstrahlen, offenbart sich uns ein wundervolles Schauspiel der Natur. Doch nicht nur die Blätter fallen in dieser Jahreszeit, sondern auch die Samen, die den Grundstein für neues Leben legen. Wenn wir die Samen sammeln, trocknen und bewahren, liegt darin eine zeitlose Weisheit, die uns mit der Natur verbindet. Während wir durch die herbstlichen Wälder und Gärten wandern, finden wir die Früchte der Natur, die bereit sind, sich der Erde anzuvertrauen. Eichelhüte von stolzen Eichen, Ahornflügel von Ahornbäumen und Kastanienschalen von prächtigen Kastanienbäumen – sie alle erinnern uns daran, dass das Leben in einem endlosen Kreislauf verläuft.

Wir sammeln nicht aus Gier, sondern aus Dankbarkeit. Wir ehren die Pflanzen, die uns diese Gaben überreichen, und fragen immer um Erlaubnis, bevor wir ihre Samen ernten. Denn in dem Moment, in dem wir die Samen in unsere Hände nehmen, gehen wir eine Verbindung mit der Pflanze ein. Wir akzeptieren die Verantwortung, ihre Fortpflanzung zu fördern.

Die Samen werden behutsam getrocknet und über den Winter sorgsam aufbewahrt. Wir erinnern uns an die Dunkelheit und die Ruhe, die diese Samen während der kalten Monate durchlaufen. Wir bewahren sie in einer vertrauensvollen Umarmung, bis der Frühling erwacht und die Zeit gekommen ist, sie wieder in die Erde zu legen. Mit unseren Fingern drücken wir dann Mulden in den warmen weichen Schoß von Mutter Erde, legen behutsam die Samen hinein und bedecken sie mit Erde in der Hoffnung, dass der Keimling seine Weg finden mag.

Wenn du in diesem Herbst die Samen sammelst, denke daran, dass du Teil dieses ewigen Kreislaufs bist. Ehre die Pflanzen, die dir ihre Samen schenken, sei achtsam und respektvoll. Denn in dieser Ehrfurcht vor der Natur liegt die Verbindung zur Erde und die Gewissheit, dass das Leben in all seiner Schönheit und Pracht immer weitergeht.

Beispiele für Samen, die im Herbst gesammelt werden können

- Sonnenblume: Wenn die Blütenköpfe trocken und die Samen reif sind, ernte sie, indem du den Blütenkopf abschneidest und die Samen herausklopfst. Oder hänge die ganze Blume kopfüber auf und binde einen Auffangbeutel darunter.
- Kapuzinerkresse: Die runden Samenhülsen der Kapuzinerkresse sind leicht zu erkennen. Warte, bis die Pflanze verblüht ist und die Hülsen trocken sind. Sammle die Samen vorsichtig, da sie springen können.
- Ringelblume: Die Samen der Calendula sind in den kleinen, stacheligen Köpfen enthalten, die nach der Blüte erscheinen. Warte, bis diese Köpfe trocken sind, und sammle dann die Samen.
- Cosmea: Die hohen Stängel der Kosmee tragen zahlreiche Samenköpfe. Warte, bis die Blumen verblüht sind und die Samenköpfe trocken und braun werden. Schneide die Köpfe ab und entnimm die Samen.

- Echinacea: Die Samen des Sonnenhuts sind in den stacheligen Blütenköpfen enthalten, die sich im Herbst braun färben. Ernte die Köpfe, wenn sie vollständig trocken sind, und schüttle die Samen heraus.
- Honigklee: Die Samen des Honigklees sind in den länglichen Hülsen enthalten. Warte, bis die Pflanze verblüht ist und die Hülsen sich braun verfärben. Sammle die Hülsen und öffne sie, um die Samen zu gewinnen.
- Wilde Möhre: Die Samen der Wilden Möhre sind in den charakteristischen Dolden enthalten. Warte, bis die Samenköpfe trocken sind und sich leicht abschütteln lassen, und sammle dann die Samen.
- Stockrosen: Ihre Samen befinden sich in den großen, abgerundeten Samenhülsen, die nach der Blüte erscheinen. Ernte die Hülsen, wenn sie braun und trocken sind, und entferne die Samen.
- Wilder Rucola: Ihre Samen befinden sich in den länglichen Schoten, die nach der Blüte erscheinen. Ernte die Schoten, wenn sie sich braun färben, und öffne sie, um die Samen zu gewinnen.

All diese Samen können im nächsten Frühjahr ausgesät werden, um neue Pflanzen in deinem Garten oder deiner Umgebung zu bilden. Denke daran, immer respektvoll und achtsam beim Sammeln vorzugehen und nur so viele Samen zu entnehmen, wie du tatsächlich benötigst. So trägst du zur Erhaltung der Artenvielfalt bei und ehrst die großzügige Natur.

Ritual: Das achtsame Sammeln von Samen

Der Herbst ist eine Zeit der Fülle und des Übergangs. Die Bäume lassen ihre Blätter fallen, die Erde bereitet sich auf den Winterschlaf vor und die Pflanzen schenken uns ihre Samen. Wenn du einen achtsamen Spaziergang durch die Natur unternimmst, kannst du deine

Verbindung zur Erde erneut vertiefen und gleichzeitig Samen für die kommende Saison sammeln.

Bevor du losgehst, nimm dir einen Moment Zeit, um dich auf den Spaziergang vorzubereiten. Zieh bequeme Kleidung an, schnapp dir einen Korb oder einen Stoffbeutel.

Wähle einen Ort in der Natur, den du liebst und der dir nahe liegt. Das kann ein Wald, ein Park, eine Straße in der Stadt mit bepflanzten Baumscheiben, eine Wiese oder dein eigener Garten sein. Der Schlüssel ist, eine Verbindung zur Umgebung zu spüren.

Geh langsam und bewusst. Atme tief ein und aus, während du dich durch die Natur bewegst. Spüre den Boden unter deinen Füßen und höre auf die Geräusche um dich herum. Schalte dein Handy stumm, um dich voll und ganz auf die Umgebung konzentrieren zu können.

Achte auf die Pflanzen um dich herum. Sie tragen jetzt Samen, die bereit sind, geerntet zu werden. Dies können Blumenköpfe, Samenstände oder Früchte sein. Nimm dir Zeit, die Pflanzen zu betrachten, und wähle die Samen aus, die dich ansprechen.

Bevor du die Samen entnimmst, verbinde dich achtsam mit der Pflanze. Frage in Gedanken um Erlaubnis und sei bereit, ihre Antwort zu spüren. Wenn du ein Gefühl von Zustimmung hast, ernte die Samen behutsam, als ob du ein Geschenk entgegennimmst. Sei dankbar für die großzügige Gabe der Natur. Sage leise Danke, während du die Samen sammelst. Dieser einfache Akt der Dankbarkeit verstärkt deine Verbindung zur Erde.

Bevor du deinen Spaziergang beendest, nimm dir einen Moment Zeit, um dich wieder bewusst mit der Umgebung zu verbinden. Spüre den Boden, höre die Geräusche und sei präsent.

Wenn du nach Hause zurückkehrst, nimm dir Zeit, die gesammelten Samen zu betrachten. Überlege, wie du sie im nächsten Jahr in deinem Garten oder in deiner Umgebung einsetzen möchtest. Dies ist der Anfang eines neuen Kreislaufs. Bis es so weit ist, kannst du die Samen an einem trockenen Ort zu Ende trocknen und dann in Gläsern oder kleinen Beuteln aufbewahren, bereit für die Aussaat im nächsten Frühjahr.

Ein achtsamer Spaziergang durch die Natur und das Sammeln von Samen sind nicht nur eine Möglichkeit, sich mit der Erde zu verbinden, sondern auch eine Gelegenheit zur Selbstreflexion und zur Ruhe. In dieser einfachen Handlung des Erntens finden wir Frieden und erinnern uns daran, dass wir Teil dieses wunderbaren, sich ständig erneuernden Lebens auf unserer Erde sind.

Die Haselnuss

Im goldenen Oktober, wenn die Blätter in den prächtigsten Herbstfarben erstrahlen und die Natur sich allmählich auf den Winter vorbereitet, tritt der Haselnussbaum auf die Hauptbühne des Lebens. Er ist ein Symbol des Wandels und der Heilung und seine Anwesenheit erinnert uns daran, dass auch wir einem unaufhörlichen Fluss des Wandels unterliegen. Diese Zeit des Übergangs lädt uns ein, die Veränderungen in unserem Leben als wertvolle Gelegenheiten für Wachstum und Weiterentwicklung zu betrachten.

Der Haselnussbaum mit seinen knorrigen Ästen und den charakteristischen Blättern öffnet uns ein Tor zu inneren Erkenntnissen. Er lädt uns ein, tief in uns selbst einzutauchen, unsere Emotionen zu erkennen und zu heilen. In seiner Energie verbinden sich Kopf und Herz, Luft und Wasser, Verstand und Intuition. Diese harmonische Einheit ermutigt uns, ein besseres Verständnis für uns selbst zu entwickeln und Klarheit in unsere Beziehungen zu bringen, sei es zu anderen Menschen oder zu uns selbst.

Besonders bedeutungsvoll ist die Botschaft der Hasel in Bezug auf die Heilung unseres inneren Kindes. Wir können wieder lernen zu lachen, zu spielen und uns an den kleinen Wundern des Lebens zu erfreuen. Der Baum ermutigt uns dazu, die Welt um uns herum mit den Augen eines Kindes zu sehen und die Fähigkeit des Staunens zu bewahren. Dieses Staunen erfordert einen offenen Geist und die Fähigkeit, im gegenwärtigen Moment zu leben.

Wenn du auf einem Herbstspaziergang einen Haselnussbaum entdeckst, zögere nicht, dich mit ihm zu verbinden. Du kannst ihn im Geiste umarmen und seine Anwesenheit in dich aufnehmen. Es ist auch möglich, einige Blätter zu sammeln, sie sanft zu trocknen und später zu räuchern, um deine Verbindung zu deinem inneren Selbst zu vertiefen. Leg eine Handvoll Haselnüsse neben dein Bett, um süße Träume und innere Ruhe zu fördern, oder schnitze aus Haselholz eine kleine Kostbarkeit, die dich an die heilende Weisheit des Baumes erinnert.

Ein besonderer Tipp: Im Frühling, wenn die Natur erwacht, kannst du die ersten zarten Haselblätter sammeln und einen beruhigenden Hustentee daraus zubereiten. Denke daran, immer achtsam und respektvoll zu sammeln, nur so viel, wie du tatsächlich benötigst, und voller Dankbarkeit für die großzügigen Gaben der Natur.

Drei Haselnussbäume

In unserer kleinen Welt, zwischen meinem Zuhause und dem meines Nachbarn, erhoben sich drei ehrwürdige Haselnussbäume. Sie waren mehr als nur Bäume. Sie waren Teil unserer Lebensgeschichte, stille Zeugen unzähliger Momente des Glücks und der Ehrfurcht vor der Natur.

Dann kam dieser traurige Tag im goldenen Oktober, ein Tag, der unsere Herzen schwer machte. Zwei der Haselnussbäume sollten gefällt werden, um Raum zu schaffen für das, was da kommen mochte. Es war, als würde ein Teil unserer eigenen Geschichte gefällt, und unsere Herzen weinten und wurden ganz schwer.

Doch inmitten dieser Trauer leuchtete ein Hoffnungsschimmer. Wir beschlossen, den kleineren der eigentlich schon ziemlich großen Bäume zu retten und zu verpflanzen. Er würde unser Symbol des Neubeginns werden, ein zarter Neustart in einer Zeit des Abschieds. Doch es sollte noch eine Überraschung geben.

Ein Jahr später, als wir längst nicht mehr mit dieser Möglichkeit gerechnet hatten, zeigte sich ein winziger Trieb an der Stelle, wo der gefällte Baum gestanden hatte. Dieser Neuaufbruch der Natur erinnerte uns daran, dass das Leben niemals aufhört, neue Wege zu finden, selbst inmitten von Abschiedsschmerz und Verlust.

Ein Jahr nach diesem schicksalhaften Tag schenkte uns der verbleibende Haselnussbaum, den ich beharrlich beschützt hatte, so viele Haselnüsse, wie wir sie nie zuvor geerntet hatten. Diese Gabe war wie ein liebevolles Lächeln der Natur, ein Trost für unsere Seelen.

Unter dem dichten Blätterdach dieser Haselnuss saß ich an einem warmen Herbsttag und füllte eine Schale mit den prallen, braunen Nüssen. Die Sonnenstrahlen durchbrachen das Blättermeer und ließen die Nüsse in warmem Licht erstrahlen. Ich schaute nach oben in die noch grüne Blätterkrone und spürte eine tiefe Verbundenheit.

Es war, als ob diese Bäume unsere Liebe, unsere Sehnsucht und unsere Trauer gespürt hatten und nun, ein Jahr später, etwas Liebe zurückgeben wollten. Sie hatten die Nachricht verstanden: Wir liebten sie bedingungslos. Und sie schenkten uns ihre Früchte als Zeichen ihrer Liebe und Verbundenheit.

Die Haselnuss lehrt uns Geduld und Ausdauer. Sie zeigt uns, dass Liebe und Achtsamkeit in der Natur belohnt werden. Unsere drei waren mehr als nur Bäume. Sie waren ein Geschenk, ein Symbol für Hoffnung und eine Erinnerung daran, dass das Leben immer wieder Überraschungen bereithält, wenn wir sie am wenigsten erwarten.

Auch aus diesem Grund verewige ich das Rezept der süßen Schoko-Haselnuss-Cookies in diesem Buch. Ihre Süße erinnert uns an Neubeginn und Kindheit, an die Freude des Staunens und das Wunder des Lebens. Der eine alte Baum ist von uns gegangen, doch aus seinen Wurzeln ist ein junger Baum emporgewachsen, ein Symbol für die Weisheit der alten Seele und die Hoffnung des Neubeginns. Die Süßigkeit ist wie ein Versprechen, dass das Leben immer wieder Möglichkeiten für einen Neuanfang bereithält, selbst wenn wir Abschied nehmen müssen.

Schoko-Haselnuss-Cookies

Dieses Rezept verbindet die erdenden Aromen von gerösteten Haselnüssen mit dem süßen Biss von Schokolade. Wenn du einen Haselnussbaum findest, ernte doch einen Teil der Nüsse für deine Süßigkeit selbst. Die Schoko-Haselnuss-Cookies sind nicht nur eine köstliche Leckerei, sondern auch ein Weg, um dich mit den heilenden Energien der Erde zu verbinden. Genieße sie in Ruhe und achte darauf, wie sie deine Sinne erden und deine Seele mit Wärme erfüllen.

Zutaten

- 90 g Butter
- 100 g Zartbitterschokolade
- 50 g Vollmilchschokolade
- 120 g brauner Zucker
- 2 EL Vanillezucker
- 1 Ei
- 100 g gemahlene Haselnüsse
- 100 g Mehl
- 40 g Backkakao
- 1/2 TL Backpulver
- 1/4 TL Natron
- 1 Prise Salz
- 50 g gehackte weiße Schokolade
- 50 g gehackte braune Schokolade
- gehackte Haselnüsse (optional)

Zubereitung

- Butter, Schokolade, Zucker und Vanillezucker in einen Topf geben und bei niedriger Temperatur langsam schmelzen lassen, dabei gut rühren, sodass die Masse nicht anbrennt.
- Das Ei schaumig schlagen und die geschmolzene Schokoladenmischung vorsichtig in das Ei einrühren.

- Haselnüsse, Mehl, Kakao, Backpulver, Natron und Salz vermengen. Zur Schoko-Haselnuss-Masse hinzufügen und gut verkneten. Den Teig etwas flach drücken und für 30 Minuten in den Kühlschrank stellen.
- Den Ofen auf 170 Grad Umluft vorheizen.
- Die gehackte weiße und braune Schokolade in den abgekühlten Teig einkneten.
- Den Teig zu kleinen Bällchen rollen und mit etwas Abstand auf ein mit Backpapier ausgelegtes Blech legen.
- Die Cookies etwa 10 bis 11 Minuten backen. Dann mit einer Gabel leicht platt drücken und weitere 2 Minuten backen.
- Die Cookies aus dem Ofen nehmen und abkühlen lassen. Nun kannst du sie servieren und mit einer Tasse Kakao genießen.

Letztes Sammeln im Herbst

Der Herbst ist die Zeit des Erntens und der Vorbereitung auf den Winter. Während sich die Natur langsam zurückzieht und die Tage kürzer werden, bieten der Garten und die Umgebung immer noch reichlich Schätze für diejenigen, die achtsam sind. Es ist die Zeit der letzten Kräuter, die vor dem Winter gesammelt und für den Gebrauch in den kommenden Monaten vorbereitet werden. Doch dieses Sammeln ist nicht nur eine praktische Vorbereitung auf die kalte Jahreszeit, sondern auch eine Gelegenheit, sich mit der Natur zu verbinden und achtsam zu erden. Sie schenkt uns ihre Schätze, die nicht nur unseren Körper, sondern auch unsere Seele nähren. Wenn du durch die Wälder streifst und Pflanzenteile sammelst, nimm dir immer wieder einen Moment, um ihre Energie zu spüren, mit ihnen zu sprechen und dich für ihre Gaben zu bedanken. Versuche dich von der Weisheit der Natur leiten zu lassen und finde in dieser Verbindung Frieden und Erfüllung.

Diese Kräuter (und andere Pflanzen) kannst du jetzt ernten:

- Hopfen: Die rankenden Hopfenstauden erinnern uns daran, loszulassen. Ihre beruhigenden Eigenschaften können uns helfen, Stress abzubauen und inneren Frieden zu finden.

- Hagebutte: Die leuchtend roten Früchte der Hagebutte sind voller Vitamin C und erinnern uns daran, uns auf unsere Gesundheit zu konzentrieren. Sie sind auch ein Symbol für Liebe und Herzöffnung.
- Salbei: Salbei ist ein heiliges Kraut, das in vielen Kulturen für Rituale und Reinigungen verwendet wird. Im Herbst können wir Salbei sammeln und ihn nutzen, um uns von alten Energien zu befreien und Platz für Neues zu schaffen.
- Weide: Die biegsamen Zweige der Weide erinnern uns an die Notwendigkeit, flexibel zu sein. Weidenruten können für das Flechten von Körben und andere handwerkliche Arbeiten im Herbst gesammelt werden.
- Rainfarn: Dieses Kraut ist eng mit dem Mond verbunden und erinnert uns an die zyklische Natur des Lebens. Es kann uns helfen, unsere Intuition zu stärken und uns auf unsere inneren Rhythmen auszurichten.
- Rosmarin: Rosmarin ist ein Symbol für Erinnerung und Gedächtnis. Im Herbst können wir Rosmarin sammeln, um uns an die vergangenen Monate zu erinnern und uns auf die dunkleren Tage des Winters vorzubereiten.
- Wacholder: Die blauen Beeren des Wacholders sind ein Zeichen für Schutz und Reinigung. Sie können in Räucherritualen verwendet werden, um negative Energien zu vertreiben.
- Weißdorn: Er ist ein Herztonikum und erinnert uns daran, unsere emotionale Gesundheit zu pflegen. Seine roten Beeren sind im Herbst reif und können für Tinkturen oder Tees gesammelt werden.
- Beifuß: Ein stark duftendes Kraut, das in vielen Kulturen für schamanische Rituale und Reinigungen verwendet wird. Seine silbernen Blätter erinnern an den Glanz des Mondes und können gesammelt werden, um Räucherstäbchen oder -bündel herzustellen. Er bringt Schutz und auch Reinheit in dein Haus.
- Schafgarbe: Die zarten weißen Blüten der Schafgarbe sind nicht nur schön anzusehen, sondern haben auch viele medizinische Wirkungen. Sie können getrocknet für Tee oder Tinkturen verwendet werden.
- Brennnessel: Sie sind reich an Nährstoffen und eignen sich hervorragend als Herbstgemüse. Du kannst die Blätter ernten und zu Suppen oder Tees verarbeiten.
- Kürbis: Kürbisse sind ein Symbol für den Herbst und werden in dieser Jahreszeit in vielen Gerichten verwendet. Du kannst Kürbisse ernten und zu Suppen, Brot, Waffeln, Pürees oder Kuchen verarbeiten.
- Lavendel: Seine Blüten verströmen einen beruhigenden Duft und können im Herbst gesammelt werden, um duftende Säckchen oder Räuchermischungen herzustellen.

- Ringelblume: Die leuchtend orangefarbenen Blüten der Calendula sind nicht nur schön anzusehen, sondern haben auch entzündungshemmende Eigenschaften. Sie können gesammelt und getrocknet werden, um Salben oder Öle herzustellen.
- Goldrute: Goldrutenblüten sind im Spätsommer und Herbst in voller Blüte und können für Tee oder Tinkturen verwendet werden. Sie werden mit dem Sonnenschein in Verbindung gebracht und können uns an die warmen Tage des Sommers erinnern.
- Holunder: Holunderbeeren sind im Herbst reif und können zu Saft, Sirup oder Beerenpulver verarbeitet werden. Sie sind reich an Vitamin C und stärken das Immunsystem.
- Löwenzahn: Die Wurzeln und Blätter des Löwenzahns können im Herbst gesammelt werden und haben viele medizinische Wirkungen. Die gelben Blüten können zu Gelee oder Wein verarbeitet werden.

Achtsam erdender Impuls: Kräuter sammeln

Beginne deinen Tag mit einem bewussten Spaziergang im Freien. Atme die kühle Herbstluft ein und spüre den Wind auf deiner Haut. Lass die Natur um dich herum auf deine Sinne einwirken. Welche Geräusche hörst du? Welche Farben siehst du? Wie riecht die Erde? Nimm dir Zeit, um im Hier und Jetzt anzukommen.

Wenn du Kräuter sammelst, sei achtsam und respektvoll. Geh behutsam vor und erinnere dich daran, dass du nur nimmst, was du wirklich benötigst. Stell eine Verbindung zu den Pflanzen her, bevor du sie achtsam erntest. Erinnere dich immer daran, dass die Pflanze sich dir hingibt, wenn du sie pflückst. Sie möchte dir Heilung und Freude bringen.

Wenn du deine Kräuter sammelst, denke daran, dass dies nicht nur eine Vorbereitung auf den Winter ist, sondern auch eine Möglichkeit, die Schönheit und den Segen der Natur in dein Zuhause zu bringen. Hänge die Kräuter an einem trockenen, gut belüfteten

Ort auf, an dem sie langsam und schonend trocknen können. Während sie trocknen, erinnere dich an den Ort, an dem du sie gefunden hast, und die Verbindung, die du zu diesem Stück Natur hergestellt hast. Vielleicht findest du biegsame Weidenruten, dann kannst du daraus einen Trocknungskranz herstellen, an den du deine Kräuter einzeln oder als Bündel aufhängst.

Wenn die Kräuter getrocknet sind, danke der Natur für ihre Gaben. Verwende die Kräuter in Tees, Tinkturen, Salben oder Räucherungen, um dich während der kalten Monate zu stärken und zu heilen. Sie tragen die Energie des Herbstes in sich und werden dich an die Schönheit der Natur erinnern, wenn der Winter da ist.

Ritual: Ein erdender Spaziergang durch den Herbst

Der Herbst, eine Zeit des Wandels, lädt uns ein, achtsam uns erdend in der Natur zu sein. Bereite dich auf einen Spaziergang vor, um die Schönheit dieser Jahreszeit zu erkunden. Suche dir einen Ort in der Natur, sei es ein Wald, ein Park oder einfach nur dein Garten, wo du ungestört spazieren kannst. Plane vorab genug Zeit ein, damit du dich tief auf dein Naturerlebnis einlassen kannst. Denn der Herbst offenbart seine volle Schönheit oft in ruhigen Momenten. Bevor du losgehst, stimme dich schon mal ein und bereite eine Thermoskanne mit deinem Lieblingstee oder einem warmen Kakao vor. Duft und Geschmack werden deinen Spaziergang noch gemütlicher gestalten. Wenn du magst, nimmt dein Journal mit, möglicherweise kommen dir Gedanken, die du festhalten möchtest.

Nimm draußen angekommen einige tiefe Atemzüge. Spüre, wie die frische Herbstluft in deine Lunge strömt und du mit jedem Atemzug mehr im Hier und Jetzt ankommst.

Schau dich um und betrachte die Bäume. Beachte die verschiedenen Farben ihrer Blätter, von leuchtendem Rot über warmes Orange bis hin zu tiefem Braun. Achte auf die Geräusche um dich herum. Das Rascheln der Blätter unter deinen Schuhen, das Rufen der Vögel hier und da oder das leise Rauschen des Windes.

Wenn du ein paar Blätter findest, die dich besonders ansprechen, sammle sie auf. Wähle verschiedene Farben und Formen aus, die im schönsten Fall deine Seele berühren.

Suche dir nach einer Zeit einen gemütlichen Platz, setze dich hin und genieße deinen Tee oder Kakao. Lass deine Sinne die Umgebung aufsaugen und spüre, wie sich Ruhe und Zufriedenheit in dir ausbreiten. Spüre, wie dich die Wärme des Getränks durchdringt und nährt.

Wenn du magst, hole dein Journal heraus und beginne zu schreiben. Jetzt ist auch ein schöner Moment, um noch mal deine Blätterfunde zu betrachten.

Wenn du dich bereit fühlst, kannst du dich auf den Rückweg machen. Zu Hause legst du die gesammelten Blätter zwischen die Seiten eines schweren Buches oder nutzt deine Blumenpresse (siehe März). Lass sie einige Tage pressen, um ihre Schönheit zu bewahren, und nutze sie in den folgenden Wochen für kleine kreative Projekte.

Die Hagebutten des Herbstes: Eine Einladung zum Ernten

Überall im Stadtbild, in den stillen Gärten und entlang der Wege in der Natur entdecken wir sie jetzt: die Hagebutten. Die strahlend roten Früchte rufen uns förmlich zu: »Es ist Herbst, pflücke mich, denn ich bin für dich gewachsen.« In ihren zarten, runden Formen tragen sie das Geheimnis der kommenden Jahreszeit. Doch ihre wahre Schönheit liegt nicht allein in ihrer äußeren Erscheinung, sondern in dem Schatz, den sie im Inneren für uns bereithalten. Die Hagebutte, gesegnet mit einem hohen Gehalt an Vitamin C, ist wie ein kleines Wunder des Herbstes. Sie ist eine Quelle unserer Widerstandskraft für die dunklen Wintermonate. Ein natürlicher Energiespender, der uns mit seinen wertvollen Nährstoffen stärkt und wärmt.

Wenn wir Hagebutten pflücken, verbinden wir uns nicht nur mit der Natur, sondern auch mit einer jahrhundertealten Tradition des Erntens und Vorratshaltens. In den leuchtenden Früchten steckt die Weisheit vergangener Generationen, die wussten, wie wichtig es ist, sich auf die kommende Zeit vorzubereiten.

Und so, wenn du das nächste Mal an einem Hagebuttenstrauch vorbeigehst oder seine leuchtenden Farben im Stadtbild erblickst, denke daran: Dies ist mehr als nur ein Zeichen des Herbstes. Es ist eine Einladung der Natur, ein Geschenk des Wissens und eine Erinnerung daran, wie eng wir mit den Jahreszeiten verwoben sind. Pflücke die Hagebutten, nimm diese Schätze an und sei bereit für die kommende Zeit. Du kannst die Hagebutten einfach zerschnitten für Tee trocknen. Und ein einfacher Kranz aus einem rund zusammengebundenen Hagebuttenzweig an deiner Tür ist sehr schön anzusehen.

Dem Wind lauschen

Schließe deine Augen und lausche dem Wind, wie er durch die Bäume rauscht. Im Oktober weht er gern stark und kraftvoll. Stell dir vor, wie die sanften oder wilden Brisen deine Haut berühren. Spüre, wie sie dir Geschichten aus fernen Ländern und vergangenen Zeiten zuflüstern. Der Wind trägt die Stimmen der Natur, erzählt von den Abenteuern der Vögel auf ihren Reisen in den Süden und bringt den Duft des Herbstes mit sich. Er singt dir Lieder von Freiheit und Veränderung, die im Oktober besonders deutlich werden.

Öffne dein Herz für die Botschaften des Windes. Er erinnert dich daran, dass Veränderung eine natürliche und notwendige Kraft im Leben ist. So wie die Blätter von den Bäumen fallen, um Platz für Neues zu schaffen, kannst auch du Altes loslassen und dich für neue Erfahrungen öffnen.

Der Wind fordert dich auf, im Hier und Jetzt zu sein. Spüre seine Präsenz, wie er dich umgibt und durchdringt. Lass dich von seiner Energie erfrischen und inspirieren. Nutze den Wind als Impuls, um in dich zu gehen und über deine eigenen Veränderungen und Transformationen nachzudenken.

Öffne deine Augen und nimm die Welt um dich herum bewusst wahr. Der Wind hat dir eine Botschaft gebracht, eine Erinnerung daran, dass das Leben ständig in Bewegung ist. Nutze diese Energie, um im Oktober achtsam zu sein und die Schönheit des Wandels zu erkennen.

Dinge,
die du im Oktober verinnerlichen darfst

Der Oktober ist eine Zeit des Übergangs, in der sich die Natur auf den Winter vorbereitet. In dieser Zeit des Jahres gibt es einige Dinge, die du symbolisch oder praktisch in deinem Leben verinnerlichen darfst. Auch hier sind viele dieser Ideen nicht nur für den Moment, sondern das ganze Jahr über von Nutzen. Sie erinnern uns daran, uns auf das Wesentliche zu besinnen, uns selbst und andere zu schätzen und in Harmonie mit der Natur zu leben.

Loslassen: Der Herbst ist eine Zeit des Loslassens. Die Bäume lassen ihre Blätter fallen und die Natur bereitet sich darauf vor, in die Ruhe des Winters einzutreten. Dies kann eine Erinnerung sein, dass auch du Dinge in deinem Leben loslassen kannst, die dir nicht mehr dienlich sind. Sei es eine schlechte Angewohnheit, eine toxische Beziehung oder unnötiger Ballast. Nutze den Oktober, um bewusst loszulassen.

Dank: Der Erntedanktag fällt oft in den Oktober, und das ist kein Zufall. Dies ist die Zeit des Jahres, in der wir die Früchte von den Feldern und Gärten geerntet haben. Es ist eine großartige Zeit, um Dankbarkeit zu praktizieren und darüber nachzudenken, wofür du in deinem Leben dankbar bist. Führe vielleicht ein Dankbarkeitstagebuch, in dem du das täglich aufschreibst.

Ruhe und Reflexion: Da die Tage kürzer werden und die Natur zur Ruhe kommt, kannst du diese Zeit nutzen, um selbst ruhiger zu werden. Setze dich abends hin, zünde eine Kerze an, meditiere, praktiziere Achtsamkeit oder finde auf andere Weise Momente der Stille und Reflexion. Dies kann dir helfen, Klarheit über deine Ziele und Werte zu gewinnen.

Gemütlichkeit: Der Herbst ist die Zeit der Gemütlichkeit. Es ist die Jahreszeit der warmen Decken, von Tee und Kerzenlicht. Nutze den Oktober, um bewusst gemütliche Momente zu schaffen. Backe Kürbisbrot, lade Freunde ein und iss mit ihnen zusammen eine wärmende Suppe. Spüre die Kraft der Verbindung zu deinen Lieben.

Verbindung zur Natur: Die bunten Blätter und das klare Herbstlicht sind ein Genuss für die Sinne. Nutze die Gelegenheit, um Spaziergänge im Wald zu unternehmen oder warm eingekuschelt ein letztes Mal draußen zu picknicken.

Lausche dem Wind: Im Oktober weht der Wind gern stark. Zieh dich also warm an, geh in die Natur und lausche dem Wind.

Kreativität: Der Herbst mit seinen warmen Farben und der klaren Luft kann eine großartige Zeit sein, um deine kreative Seite zu entfalten. Du könntest Blätter sammeln und damit herbstliche Kunstwerke gestalten. Du könntest das Schreiben, Malen oder Fotografieren als Ausdrucksmittel für dich entdecken. Für mich ist die herbstliche Atmosphäre eine fortwährende inspirierende Quelle für meine Kreativität.

Gesundheit: Da die Erkältungssaison näher rückt, ist der Oktober eine gute Zeit, um deine Gesundheitsgewohnheiten zu überprüfen. Stell sicher, dass du ausreichend Vitamine zu dir nimmst, dich regelmäßig bewegst und genug Schlaf bekommst. Schau in deinen Vorratsschrank, ob du genug Salbei und Thymianhonig hast.

Achtsamkeit für Vergänglichkeit: Der Herbst erinnert uns auch an die Vergänglichkeit des Lebens. Wenn die Blätter fallen und die Natur sich auf den Winter vorbereitet, können wir daran denken, dass alles in einem ständigen Wandel begriffen ist. Dies kann uns inspirieren, das Hier und Jetzt bewusster zu erleben und unsere kostbare Zeit zu schätzen.

Erdungsmeditation für den Oktober

Schließe deine Augen und finde dich innerlich in einer herbstlichen Waldlandschaft wieder. Die Bäume tragen kaum noch Blätter, die letzten schweben langsam zu Boden und bilden einen bunt-braunen Teppich, auf dem du gehst. Du atmest die klare Herbstluft ein und spürst, wie sich die Natur langsam verändert.

In dieser friedlichen Umgebung tritt eine weise Frau hervor, gekleidet in den Farben des dunklen Waldes, mit einer weißen Kugel in der Hand.

Sie strahlt eine tiefe Ruhe und Gelassenheit aus und verkörpert die Essenz des Herbstes, den Übergang von Leben und Sterben, das Loslassen und die Wiedergeburt.

Sie lächelt dich an und reicht dir die kraftvolle Kugel. Diese Kugel symbolisiert das Licht und die Möglichkeit der Neugeburt. Du nimmst sie behutsam an und fühlst die Wärme und die Energie, die von ihr ausgehen. In dieser Kugel liegen die Schönheit und die Kraft all der vorangegangen Jahreszeiten verborgen.

Gemeinsam mit der weisen Frau machst du eine Reise durch einen Eibenwald. Die dunkelgrünen Eiben mit ihren weichen Nadeln streicheln dich im Vorbeigehen wie liebende große Schwestern. Ihre herrlichen roten Blüten erblühen, sobald du an ihnen vorbeigehst. Die Eiben symbolisieren das Leben und den Tod, die Dualität des Seins. Du spürst, wie du dich mit diesem Wald mit seiner tiefen Weisheit und seiner stillen Präsenz verbindest.

Nach einiger Zeit kommt ihr an einem klaren See an, in dem sich zwei Schwäne spiegeln. Sie fliegen und tanzen zusammen als Einheit in ihrer Partnerschaft und sich wieder trennend – im eigenen Tanz der Nacht auf dem Wasser. Du fühlst dich von ihrer Anmut und Eleganz inspiriert. Die Schwäne symbolisieren die Schönheit und die Leichtigkeit des Lebens, selbst in Zeiten des Übergangs.

Die weise Frau führt dich weiter zu einem Feld mit einzelnen strahlenden Kosmee- und Calendulablüten, die zwischen ihren schon trockenen Schwestern voller reifer Samen stehen. Das Mondlicht taucht sie in sanftes Licht und du erkennst all ihre Schönheit und Heilkraft. Die Cosmea repräsentiert die empfangene Schönheit des Lebens, die Calendula bringt ihre heilende Kraft in dein Bewusstsein.

Du nimmst all diese Eindrücke und Energien in dich auf. Du spürst, wie sich in dir ein tiefes Verständnis für all die Botschaften entwickelt, die dir geschenkt wurden. Du erkennst, dass der Herbst eine Zeit des Loslassens und der Vorbereitung auf die Wiedergeburt ist.

Als du dich von der weisen Frau und dem Herbstwald verabschiedest, spürst du, wie du gestärkt und erfüllt von innerer Ruhe und Klarheit bist, und fällst in einen tiefen ruhigen Schlaf. Du träumst von einem Sonnenaufgang, der kühl und frisch ist, dich aber voller Wärme in deinem Herzen begrüßt. Du fühlst die Wärme der weißen Kugel in deiner Hand und die

Energie des Herbstes, die in dir pulsiert. Du atmest tief ein und spürst, wie du dich für die kommenden Monate vorbereitest, auf die dunkle Zeit des Jahres. Du bist bereit, loszulassen, dich zu erden und die Wiedergeburt in dir zu begrüßen. Der Herbst hat dir seine Weisheit geschenkt und du trägst sie wie einen Schatz in deinem Herzen.

Du gehst los und siehst die Welt mit neuen Augen. Du erkennst die Schönheit in den sich verfärbenden Blättern, in den klaren Herbsthimmeln und in den Vorbereitungen der Natur auf den Winter. Du fühlst dich mit allem verbunden, mit der Erde, den Bäumen, den Tieren und den Elementen.

Mit jedem Schritt durch den herbstlichen Wald vertiefst du deine Verbindung zur Natur und zur inneren Welt. Die klare Luft füllt deine Lunge und der Duft von Laub und Erde umgibt dich. Der Wald schweigt in ehrfürchtiger Stille, als wüsste er um die Bedeutung deiner Reise.

Ein Tor aus Efeu taucht vor dir auf. Es wirkt einladend und mysteriös zugleich. Die Ranken und Blätter scheinen dich zu umarmen, als du den Türknauf in deinen Händen spürst und die Tür öffnest. Vor dir erstreckt sich dein Garten, ein lebendiges Paradies voller Blumen und Pflanzen. Es ist dein Heim, das dich einlädt einzutreten. Es strahlt Wärme und Geborgenheit aus. Jedes Detail ist mit Liebe und Sorgfalt gestaltet.

Du gehst auf den runden Tisch am großen Fenster zu. Dort sitzt die zukünftige Version deiner selbst. Eure Blicke begegnen sich und bald erfüllt dich eine liebevolle Umarmung. Die Zeit scheint stillzustehen, während ihr euch anschaut und spürt.

Dein zukünftiges Ich spricht zu dir, Worte voller Weisheit und Vertrauen. Es sagt dir, dass dein Weg vorherbestimmt ist, dass du keine Angst haben musst, denn alles geschieht zum richtigen Zeitpunkt. Du fühlst eine tiefe Erleichterung, denn du begreifst, dass all deine Sorgen, Tränen und der Schmerz des Loslassens Teil eines Prozesses waren, der dich zu diesem Moment geführt hat.

Ihr verbringt wertvolle Stunden miteinander und du spürst, wie dich Glückseligkeit und Zuversicht erfüllen. Doch schließlich ist es Zeit, zurückzukehren. Du verlässt das Haus, den Garten und trittst durch das Efeutor zurück in den Herbstwald. Der Wald empfängt dich erneut und du nimmst die Botschaften und die Energie deiner Reise in dich auf. Du weißt, dass du gestärkt und erfüllt von dieser Erfahrung zurückkehrst und dass du die kommenden Monate mit einer neuen Perspektive und einem offenen Herzen erleben wirst. Während du deinen Weg fortsetzt, spürst du die Verbindung zur Natur und zu deinem inneren Selbst, die dich auf dieser Reise begleitet hat. Du weißt, dass die Dunkelheit des Winters nur eine Phase im ewigen Zyklus des Lebens ist, und du bist bereit, sie in all ihrer Tiefe zu erfahren.

So gehst du durch den Oktober, getragen von der Weisheit des Herbstes und der Gewissheit, dass du in jedem Abschied auch einen Neuanfang findest. Du bist bereit für die Wiedergeburt, für das, was das Leben dir im nächsten Jahr schenken wird.

Mit der weißen Kugel in der Hand und all diesen Eindrücken in deinem Herzen kehrst du langsam in die Gegenwart zurück. Du öffnest deine Augen und fühlst dich erfüllt von Dankbarkeit und Demut für den Zyklus des Lebens und die Schönheit des Herbstes. Du trägst das Licht und die Wiedergeburt in dir, bereit, den Übergang in die dunkle Zeit mit offenen Armen zu empfangen.

NOVEMBER: DIE DUNKELHEIT DURCHDRINGEN

»Ich bin Dankbarkeit«

Im November, wenn die Tage nur noch kurz sind und die Kühle des Herbstes allgegenwärtig ist, breitet sich eine Ruhepause über die Natur aus, die auch wir verinnerlichen dürfen. Die Bäume haben ihre Blätter in einem Anflug von Demut schon weitgehend verloren. Die Landschaft trägt ein karges Kleid, aber in dieser Schlichtheit offenbart sich eine Schönheit von erhabener Tiefe.

Die Luft ist erfüllt von einer stillen Anmut, während der Nebel die morgendliche Dämmerung zärtlich in einen schillernden Schleier hüllt. Es ist, als ob die Welt den Atem anhält und wir, eingehüllt in diese feinen Nebelschleier, im Gleichklang der Erde ein- und ausatmen dürfen. In diesen Momenten der Stille fühlen wir uns tief mit ihr verbunden.

Es ist eine Zeit des Loslassens, des Innehaltens und der Sammlung. In diesen Tagen ist die Tür, hinter der die Weisheit unserer Ahnen wartet, nur ganz leicht angelehnt und wir dürfen den Zauber der Verbindung zulassen. Wir erkennen, dass wir Teil eines größeren Ganzen sind, dass unsere Wurzeln tief in die Vergangenheit reichen und uns mit all den Müttern und Vätern, Schwestern und Brüdern, Großmüttern und Großvätern in einem fest verwobenen Netz zusammenhalten und stärken.

Die Bäume, in ihrer kahlen anmutigen kraftvollen Gestalt, haben ihre Wurzeln fest im Schoß der Erde verankert und bereiten sich in der Ruhe vor, im Frühling mit neuer Pracht zu erblühen. Es ist ein leises Wachsen im Verborgenen, eine Zeit, in der auch wir unsere inneren Wurzeln stärken können, um im kommenden Jahr erneut zu erblühen.

Der November lehrt uns, mit Zuversicht und Demut die Veränderungen des Lebens zu akzeptieren. In seiner scheinbaren Einfachheit liegt eine Tiefe, die uns

Affirmation für den November

»Ich finde Geborgenheit in der Ruhe der Natur. Ich bin dankbar für die Veränderungen und die Erneuerung, die dieser Monat bringt. Ich lasse los, was nicht mehr gebraucht wird, und öffne mich für die Fülle des Moments. In der Stille finde ich inneren Frieden und Kraft für meine Reise.«

daran erinnert, dass in jedem Ende ein neuer Anfang, in jeder Trostlosigkeit eine verborgene Schönheit wohnt. Und so verweilen wir im November inmitten seiner stillen Schönheit und seiner versteckten Magie. Wir nehmen diese Zeit der inneren Einkehr an.

Der November enthüllt seinen Charakter allmählich. An einigen Tagen ist bereits die kalte Umarmung des Winters spürbar. Der Raureif legt sich sanft auf die Felder und Wiesen und die Luft wird durchdrungen von einer eisigen Klarheit. Auch dies ist Teil des natürlichen Rhythmus der Erde. Es erinnert uns daran, dass alles im Leben zyklisch ist, dass es Zeiten des Wachsens und Zeiten des Vergehens gibt, dass der Winter notwendig ist, damit im Frühling neues Leben erblühen kann. In jedem Ende lebt bereits der Zauber des Anfangs. Wir nehmen die Veränderungen in der Natur mit einer stillen Akzeptanz an und wissen, dass der Winter uns auf eine Reise der inneren Einkehr führt, damit wir wachsen für die Geburt des Neuen.

Gegen den Herbstblues: glücksbringende Tipps

Der Herbst zeigt sich oft nebelverhangen, mit tiefstehenden Wolken und immer kürzer werdenden Tagen. Der Mangel an Sonnenlicht kann uns manchmal den Blues bringen. Doch dem bist du nicht machtlos ausgeliefert. Hier sind hilfreiche Tipps für gute Herbststimmung:

- Herbstliebe-Tee: Beginne deinen Tag mit einer Tasse Herbstliebe-Tee – das Rezept folgt gleich hier. Die stärkende Mischung ist gut für dein Immunsystem, sorgt für Entspannung und eine ausgeglichene Stimmung. Zwei Tassen täglich über vier Wochen können Wunder wirken.
- Lächeln: Ein Lächeln, sei es echt oder auch künstlich, löst Glückshormone aus. Beginne deinen Tag mit einer Gesichtsmassage, während du dich im Spiegel anlächelst.
- Helfen: Gutes tun, anderen helfen, das macht uns glücklicher. Studien zeigen, dass eine gute Tat auch uns selbst ein besseres Gefühl gibt.
- Musik: Erstelle eine Playlist mit fröhlichen Songs und tanze am Morgen durch deine Wohnung.

- Dankbarkeit: Nimm dir Zeit, um darüber nachzudenken, wofür du dankbar bist. Schreibe es auf, um die Dankbarkeit tiefer zu erleben.
- Meditation: Meditiere am Abend, um Stress abzubauen und stressresistenter zu werden.
- Mehr Nähe: Schon zehn Minuten Kuscheln stabilisiert den Blutdruck und schenkt Energie. Noch besser wirkt Sex. Eine Gewichtsdecke, die einem das Gefühl gibt, gehalten zu sein, kann auch effektiv sein.
- Dunkle Schokolade: Ein Stückchen dunkle Schokolade kann die Stimmung heben. Sie gleicht einen Mangel an Serotonin aus.
- Freunde einladen: Gemeinsame Mahlzeiten mit Freunden und Familie heben die Stimmung und fördern das Miteinander.
- In die Natur gehen und sich bewegen: Bewegung setzt Glückshormone frei und kann wahre Wunder wirken. Geh also spazieren, erde dich bewusst mit deinen Füßen, vielleicht sogar kurzzeitig barfuß, oder gehe joggen, wenn es dir Spaß macht.
- Verwöhne dich: Nimm dir Zeit für ein warmes Bad, eine Gesichtsmaske und gutes Essen. Sich selbst zu verwöhnen, tut einfach gut.

Herbstliebe-Tee gegen den Novemberblues

Diese Teemischung hilft dir, dich in der Herbstzeit zu stärken und den Novemberblues, den viele gut kennen, zu vertreiben.

Zutaten

- 50 g Hagebutten
- 30 g Johanniskraut
- 10 g Melisse
- 5 g Hopfenblüten
- 5 g Lindenblüten

Zubereitung

- Mische die Kräuter gründlich. Du kannst sie auch in der Apotheke zusammenstellen lassen.
- Für eine Tasse Tee nimmst du 1 Teelöffel der Kräutermischung. Gieße kochendes Wasser über die Kräuter und lass sie etwa 10 Minuten abgedeckt ziehen, damit die wertvollen Inhaltsstoffe in der Tasse bleiben.
- Seihe den Tee ab und genieße ihn. Am besten trinkst du zwei Tassen davon täglich über vier Wochen, um das Immunsystem zu stärken und für Entspannung und positive Gefühle zu sorgen.

Eine liebevolle pflanzliche Umarmung für kalte Wintertage

In der Welt der Pflanzen gibt es Schätze, die uns in allen Jahreszeiten begleiten. Doch gerade in den kalten, dunklen Wintertagen, wenn die Natur in einen tiefen Schlaf fällt und die Temperaturen nicht weit über den Nullpunkt klettern, sehnen wir uns nach Wärme, Trost und Geborgenheit. In diesen Momenten erscheinen Lavendel, Johanniskraut und Rose als unsere treuen Begleiter, die uns mit offenen Armen empfangen und mit ihrer positiven Wirkung auf unser Gemüt und ihrer heilenden Kraft auf unsere Haut die kalte Jahreszeit erhellen.

Möglicherweise hast du dich über die letzten Monate schon mit den Pflanzen verbunden, sie gesammelt und Öle hergestellt. Diese selbst gemachten Öle sind wie Schätze aus unserer eigenen Gartenapotheke und bilden auch die Basis für unsere Rosencreme mit Lavendel und Johanniskraut, die ich dir gleich zeigen werde. Doch keine Sorge, wenn du diese Schätze nicht zur Hand hast: Hochwertige Bio-Öle sind eine großartige Alternative.

Selbst gemachte Rosencreme mit Lavendel und Johanniskraut

Diese Creme wird dir an kalten Wintertagen nicht nur die Haut wärmen, sondern auch deine Seele sanft streicheln. Trage sie in der Herzgegend auf, nutze sie als Hand- oder Körpercreme oder trage sie hinter deinen Ohren am Hals auf. Genieße die liebevolle Umarmung der Pflanzen, während du den Zauber des Winters erlebst.

Zutaten

- 5 g Bienenwachs und 5 g Lanolin
- 20 ml Lavendelöl (selbst gemacht – siehe August – oder hochwertiges Bio-Öl)
- 10 ml Johanniskrautöl (selbst gemacht – siehe Juni, Rotöl – oder hochwertiges Bio-Öl)
- 20 ml Wildrosenöl (selbst gemacht – siehe Juni – oder hochwertiges Bio-Öl)

- ein paar Tropfen ätherische Öle (Lavendel und Rose, optional)
- dunkle Glasbehälter zur Aufbewahrung

Zubereitung

- Stelle sicher, dass alle Utensilien sauber und trocken sind. Ich spüle die Glasbehälter gern noch mal mit Alkohol aus, um hundertprozentige Sauberkeit zu gewährleisten.
- Fülle einen Topf zur Hälfte mit Wasser. Bring das Wasser zum Köcheln und reduziere dann die Hitze, um es auf einer Temperatur zu halten, wo es leise simmert.
- In einem hitzebeständigen Behälter, der über den Topf passt, schmelze das Bienenwachs im Wasserbad. Rühre gelegentlich, damit es gleichmäßig schmilzt.
- Wenn das Bienenwachs vollständig geschmolzen ist, gib Lavendelöl, Johanniskrautöl und Rosenöl hinzu. Rühre die Mischung vorsichtig um, damit sich alles gut vermischt.
- Optional kannst du noch 10 bis 20 Topfen ätherische Öle hinzufügen: 5 bis 10 Tropfen Lavendelöl und 5 bis 10 Tropfen Rosenöl zum Beispiel. Rühre erneut vorsichtig um.
- Gieße die Creme in die dunklen Glasbehälter und lass sie bei Raumtemperatur abkühlen. Sobald die Creme abgekühlt ist, kannst du die Deckel aufsetzen und die Creme an einem kühlen, dunklen Ort aufbewahren.

- **Lavendel** ist eine pflanzliche Umarmung für die Seele. Dieser zarte Strauch mit seinen violetten duftenden Blüten hat die bemerkenswerte Fähigkeit, unser Gemüt zu beruhigen und unsere Seele zu trösten. Sein betörender Duft allein vermag es, den Stress des Tages zu vertreiben und uns in einen Zustand tiefster Entspannung zu versetzen. An kalten Wintertagen, wenn die dunklen Wolken am Himmel dominieren, ist Lavendel wie ein Sonnenstrahl für unsere Seele.
- **Johanniskraut** ist ebenso ein Licht in der Dunkelheit. Das strahlend gelbe Blümchen ist ein Symbol des Lichts und der Freude. Johanniskraut erblüht genau zur Zeit der Sonnenwende, wenn die Tage kürzer werden und die Dun-

kelheit die Welt zu erobern beginnt. Dieses sonnenverwöhnte Kraut hat die erstaunliche Fähigkeit, unsere Stimmung aufzuhellen und uns dabei zu helfen, das Licht in uns selbst zu entdecken, selbst an düsteren Wintertagen.

- Rosen bringen Heilung für Körper und Seele. Ihre Blätter und Blütenblätter, sanft wie Liebesbriefe der Natur, sind reich an ätherischen Ölen und feuchtigkeitsspendenden Eigenschaften. Im Winter, wenn unsere Haut unter der trockenen Heizungsluft leidet, ist die Liebe der Rose eine wohltuende Rettung.

All diese wundervollen Eigenschaften kannst du auch in deiner Rosencreme mit Lavendel und Johanniskraut nutzen. Das folgende Ritual damit ist prima zum Einschlafen.

Gute-Nacht-Ritual: erdende Herzverbindung mit der Rosencreme

Vor dem Zubettgehen, wenn die Welt draußen zur Ruhe kommt und die Sterne am Himmel funkeln, ist ein schöner Zeitpunkt, um eine kostbare Verbindung zu deinem innersten Selbst herzustellen. Dieses einfache, herzöffnende Ritual wird dich erden und in einen Zustand der Ruhe und Selbstliebe versetzen.

Finde einen ruhigen Ort, an dem du dich wohlfühlst. Entzünde eine sanfte Lichtquelle wie eine Kerze oder eine warme Lampe. Nimm deine selbst gemachte herzwärmende Creme zur Hand oder eine andere Lieblingscreme, in die du einen Tropfen ätherisches Lavendelöl gibst. Halte sie kurz vor dein Herz und spüre die liebevolle Energie, die in ihr steckt. Diese Creme ist mehr als nur ein Produkt – sie ist eine Verkörperung der Natur, der Erde und der Schönheit. Denn alles, was in ihr steckt, ist ein Geschenk für dich: das Bienenwachs ein Geschenk der Bienen, das Öl und seine Heilkraft ein Geschenk der Pflanzen.

Schließe sanft die Augen und atme tief ein und aus, um dich zu zentrieren. Spüre deinen Atem und wie er in deinem Körper fließt. Öffne das Glas mit der Creme und nimm eine kleine Menge zwischen deine Finger. Spüre die Textur und den zarten Duft.

Trage die Creme in kleinen, liebevollen Kreisen auf dein Herzchakra auf, das sich in der Mitte deiner Brust befindet. Dies ist der Ort, an dem du dich selbst liebst und von dem aus du Liebe ausstrahlen kannst. Während du die Creme sanft einmassierst, stell dir vor, wie dein Herz sich öffnet wie die Blütenblätter einer Rose. Visualisiere, wie eine warme, erdende Energie von der Creme in dein Herz fließt. Spüre, wie deine Verbindung zur Erde gestärkt wird. Du stehst im Einklang mit der Natur und fühlst dich sicher und geborgen. Sage leise für dich selbst: »Ich bin verwurzelt, ich bin geliebt, ich bin im Einklang mit der Natur.«

Leg deine Hände sanft auf dein Herz und nimm dir einen Moment, um dankbar zu sein, für dich selbst und für diesen besonderen Moment der Verbindung.

Wenn du bereit bist, öffne deine Augen und lass das Kerzenlicht oder die Lampe weiter brennen, um dich an die Wärme und die Liebe zu erinnern, die du gerade in dein Herz gebracht hast. Schenke dir selbst einen Gute-Nacht-Gruß: »Gute Nacht, liebes Herz. Du bist geliebt und geborgen.«

Achtsamkeitsmomente im November

- Bird Watching: Mach einen Spaziergang durch den Wald oder einen Park und beobachte deine Umgebung. Welche Vögel siehst du? Sind da vielleicht noch Kraniche oder Gänse, die sich auf den letzten Drücker doch noch auf den Weg gen Süden machen? Welche Bäume tragen noch Blätter, wie duften die Nadelbäume?
- Teezeit: Bereite dir eine Tasse warmen Kräutertee zu und widme dich ganz dem Ritual des Teetrinkens. Genieße den Duft und den Geschmack und sei dir bewusst, wie der Tee dich von innen wärmt.
- Dankbarkeit: Führe dein Dankbarkeitstagebuch, in das du jeden Tag schreibst, wofür du dankbar bist. Lenken wir die Aufmerksamkeit auf positive Dinge, kann das die Stimmung heben.
- Lichterfreude: Da die Tage im November kurz sind und es länger dunkel als hell ist, kannst du zu Hause eine gemütliche Atmosphäre schaffen, indem du

Kerzen anzündest oder Lichterketten aufhängst. Beobachte das flackernde Licht und lass dich von seiner Wärme umhüllen. Gestalte gern auch ein kleines Kerzenritual, bei dem du eine Kerze anzündest und für eine kurze Zeit der Stille und Besinnung davorsitzt. Du kannst auch eine spezielle Intention oder einen Wunsch dabei im Geist bewegen.
- Regen erleben: Wenn es regnet, geh nach draußen und höre den Regentropfen zu, wie sie auf Blätter, Gras oder Dächer fallen. Diese einfache Übung kann beruhigend wirken. Wenn du nicht nach draußen gehen magst, dann setze dich ans offene Fenster und lausche den Geschichten, die der Regen erzählt.
- Massage: Verwöhne dich mit einer achtsamen Selbstmassage. Du kannst ätherische Öle oder die herzöffnende Creme mit Rose, Lavendel und Johanniskraut (Rezept in diesem Kapitel) verwenden und dich ganz und gar auf dich konzentrieren.

Der November bietet viele Gelegenheiten für achtsame Momente, in denen du dich mit der Natur, deinen Gedanken und deinen Gefühlen verbinden kannst. Nutze diese Zeit, um zur Ruhe zu kommen und die Schönheit des Herbstes in vollen Zügen zu genießen.

Blumenzwiebeln setzen

Das Setzen von Blumenzwiebeln im Garten oder an Orten, an denen du oft vorbeigehst, ist eine wundervolle Möglichkeit, die Erdung und den Rhythmus der Natur zu erleben. Hier ist ein Impuls für dieses achtsame Tun. Doch schauen wir zunächst, welche Blumenzwiebeln sich gut für das Einpflanzen im Herbst eignen und im Frühling schöne Blüten hervorbringen:

- Tulpen: Tulpen sind wohl die bekanntesten Frühlingsblumen. Sie gibt es in einer Vielzahl von Farben und Formen, von einfachen, eleganten Sorten bis hin zu gefüllten, bunten Blüten.
- Narzissen: Sie sind ebenfalls sehr beliebte Frühlingsblumen und duften oft herrlich. Sie gibt es in verschiedenen Farben, von strahlendem Gelb bis zu zartem Weiß.

- Krokusse: kleine, aber leuchtende Frühlingsblumen. Sie sind perfekt, um den Frühling zu begrüßen und eignen sich besonders gut für Randbepflanzungen oder in kleinen Tuffs unter Obstbäumen.
- Hyazinthen: Sie sind für ihren betörenden Duft bekannt. Es gibt sie in verschiedenen Farben, mit denen sie einen intensiven Frühlingszauber in deine Welt bringen.
- Traubenhyazinthen: Diese Blumen haben dichte, traubenförmige Blütenstände und sind in verschiedenen Blautönen oder auch in Weiß erhältlich.
- Schneeglöckchen: Schneeglöckchen sind mit die ersten Frühlingsblumen und symbolisieren oft den Beginn der wärmeren Jahreszeit. Sie sind klein, zart, weiß und bezaubernd.
- Kaiserkronen: Das sind große, auffällige Blumen mit einer exotischen Ausstrahlung. Sie sind eine großartige Wahl, um im Frühling einen Hauch von Eleganz in den Garten zu bringen.
- Allium: Allium oder Zierlauch hat auffällige, kugelförmige Blütenstände und ist ein wahrer Bienenmagnet.

Impuls: Blumenzwiebeln für bunte Freuden im nächsten Jahr

Beginne damit, dich auf diesen Moment vorzubereiten. Zieh warme Kleidung an, um dich vor der kühlen Herbstluft zu schützen. Nimm eine Gartenschaufel und deine Blumenzwiebeln mit.

Bevor du mit dem Pflanzen beginnst, nimm dir einen Moment, um dich mit der Natur um dich herum zu verbinden. Atme tief ein und aus und spüre die Erde unter deinen Füßen. Denke daran, dass du Teil des natürlichen Zyklus von Leben und Wachsen bist.

Wähle einen Ort aus, an dem du deine Blumenzwiebeln pflanzen möchtest. Vielleicht ist es ein sonniger Fleck im Garten oder ein besonderer Ort in der Natur, den du oft besuchst. Mit der Gartenschaufel grabe vorsichtig Löcher in die Erde. Stell dir vor, wie du damit einen Raum für das kommende Leben schaffst.

Nimm eine Blumenzwiebel in die Hand und betrachte sie genau. Sie ist ein kleines Wunder der Natur, das darauf wartet, zu wachsen und zu blühen. Setze die Zwiebel vorsichtig in das vorbereitete Loch und bedecke sie mit Erde. Spüre, wie deine Hände die Erde berühren, und stell dir vor, wie du der Zwiebel einen gemütlichen Platz gibst, an dem sie wachsen kann.

Während du die Löcher schließt, erinnere dich daran, dass diese Zwiebeln in den kommenden Monaten ruhen werden, um im Frühjahr zu erblühen. Du wirst Zeuge sein, wie das Leben aus der Erde hervorbricht und die Welt mit Farben und Düften erfüllt. Die Erwartung dieses Erwachens kann dich jetzt schon mit Freude erfüllen. Wenn du alle Zwiebeln gepflanzt hast, nimm dir einen Moment der Dankbarkeit. Danke der Erde für ihre Fruchtbarkeit und der Natur für ihre Schönheit.

Kehre zum Abschluss noch einmal in den Moment zurück und fühle die Verbindung zur Erde unter dir. Denke daran, dass du ein Teil dieses Prozesses bist und dass du mit jedem Pflanzen die Schönheit und das Wunder des natürlichen Lebens feierst. Das Setzen von Blumenzwiebeln ist nicht nur eine Möglichkeit, den Frühling vorzubereiten, sondern auch eine achtsame Handlung, die dich tiefer mit der Erde und der Natur verbindet.

Kleine feine Tätigkeiten

Herbst und Winter sind eine Zeit der Besinnung. Jetzt zieht sich die Natur zurück und es ist, als ob die Welt langsamer wird. Unsere Vorfahren nutzten den Winter als eine Zeit des Innehaltens und der Gemeinschaft. Die Vorräte waren längst eingebracht, die Felder zur Ruhe gelegt und nun konnte man sich auf etwas Wesentliches konzentrieren: aufeinander.

Die langen Abende im Kerzenschein, das Verspinnen von Wolle, das Ordnen der Räucherkräuter – all dies geschah in der ruhigen Stimmung des Winters. Es war eine Zeit des Miteinanders und des kreativen Schaffens. Die Ergebnisse dieser Tätigkeiten waren oft kleine, handgefertigte Dinge wie Kerzen, Wolle oder

Gegenstände aus Ton, die nicht nur praktisch waren, sondern auch eine tiefe Bedeutung hatten.

Mit dem folgenden Projekt lade ich dich ein, in die Fußstapfen unserer Vorfahren zu treten und deine eigene kreative Ausdrucksweise im Einklang mit den Jahreszeiten zu finden. Du kannst kleine Gegenstände aus Ton herstellen, die nicht nur schön anzusehen sind, sondern auch eine Verbindung zur Natur und zur Gemeinschaft symbolisieren. Diese kleinen Gefäße können im Dezember eine besondere Rolle spielen, wenn du sie beispielsweise für deine Raunachtkräuter oder andere Rituale verwendest. Lass uns gemeinsam eintauchen in die ruhige, kreative Welt des Winters.

Schalen und Vasen herstellen

Selbst trocknender Ton ist eine großartige Möglichkeit, kleine Teller, Schüsseln oder Vasen für Dekorationszwecke oder den täglichen Gebrauch herzustellen. Falls du eine Tonbrennerei in der Nähe hast, kannst du natürlich auch mit richtigem Ton arbeiten.

Materialien

- selbst trocknender Ton
- ein Nudelholz
- ein Messer oder ein Tonwerkzeug
- verschiedene runde Gegenstände (Deckel, Gläser, Tassen, Joghurtbecher)
- Zeitungspapier zum Unterlegen
- Wasser
- Schleifpapier (optional)
- Acrylfarben und Pinsel (optional)
- Klarlack (optional)

Anleitung

- Knete erst einmal den selbst trocknenden Ton gründlich durch, um ihn geschmeidig zu machen. Rolle ihn mit einem Nudelholz zu einer gleichmäßigen Dicke von etwa 0,5 bis 1 Zentimeter aus.

- Verwende deine runden Gegenstände, um die gewünschte Größe der Mini-Teller oder -Schüsseln zu markieren, und schneide sie dann mit einem Messer oder Tonwerkzeug aus. Du kannst verschiedene Größen herstellen.
- Oder du nutzt Blätter von Bäumen, drückst sie auf den Ton, schneidest die Konturen aus und formst daraus eine kleine Schale.
- Mit deinem Werkzeug oder den Fingern kannst du die Ränder der Teller oder Schüsseln nach Belieben formen. Du kannst sie wellig, gerade oder mit Mustern gestalten. Schön ist es auch, wenn Pflanzen hineingedrückt werden.
- Um eine Tonvase später auch als funktionierende Vase nutzen zu können, modelliere den Ton um einen wasserdichten Behälter. Joghurtbecher oder kleine Flaschen eignen sich hierfür gut. So bleibt deine Tonvase wasserfest und ist bereit, wunderschöne Blumen oder andere grüne Schätze mitsamt Wasser aufzunehmen.
- Lass die Teller oder Schüsseln langsam an der Luft trocknen. Die Trocknungszeit hängt von der Dicke des Tons und der Luftfeuchtigkeit ab, kann jedoch einige Tage bis zu einer Woche betragen.
- Optional kannst du, wenn der Ton fast trocken ist, die Oberfläche mit etwas Wasser und Schleifpapier glätten.
- Du kannst die getrockneten Gefäße nach Belieben mit Acrylfarben bemalen und anschließend mit Klarlack versiegeln, um sie wasserfest zu machen.

Waldbaden im Herbst

Das wohlige Gefühl, das sich einstellt, wenn wir im Herbstwald sind, ist schwer in Worte zu fassen. Das Rascheln des Laubs unter unseren Füßen, ein Gefühl von Entspannung, das sich sofort einstellt, sobald wir einen Fuß in den Wald setzen … Oft schließe ich die Augen, um ganz bewusst auch die leisen Vögel zu hören oder die Sprache des Waldes zu verstehen – das Rascheln der Tiere ringsum, die ich mit den Augen nicht sehe.

Im Wald überkommt mich ohne die kleinste Verzögerung das Gefühl des Loslassens. Ich bin umgeben von der schönsten Zeitqualität, denn ich vergesse die Zeit. Ich höre den Specht in der Ferne, beobachte die bunten Blätter, die in sanften Wogen vom Wind auf den Waldboden getragen werden. Ich rieche den aromatischen Duft des Waldes.

Im Herbst verbinde ich das Waldbaden gern mit einem Wünsche-Zauber. Der Herbst ist die Jahreszeit des Erntens, aber auch des Loslassens. Eine Pflanze, die eben noch in vollster Blüte stand, welkt nun dahin und schenkt Mutter Erde ihre Samen. Diese Samen werden sich unter einer Decke von Erde und Blättern zur Ruhe legen und mit den ersten starken Sonnenstrahlen im Frühling anfangen zu keimen. Der Kreislauf beginnt von Neuem. Wie Johann Wolfgang von Goethe schon sagte: »Wohl ist alles in der Natur Wechsel, aber hinter dem Wechselnden ruht ein Ewiges.«

Die Früchte des Herbstes nähren all das Leben dieser Erde. In einem kleinen Samen steckt so viel Kraft – und diese Kraft können wir für uns nutzen und ein kleines Waldritual pflegen. Jeder kleine Samen steht dabei für einen Wunsch, der das Potenzial des Neuen in sich trägt.

Kleines-Wald-Wunsch-Ritual

Tauche ein in die Atmosphäre des Waldes. Suche dir einen Baum, zu dem du dich hingezogen fühlst, und setze dich zu seinen Wurzeln. Schließe die Augen und verbinde dich mit dem Baum. Atme tief ein und aus, verwurzele dich in Gedanken mit dem nährenden Waldboden. Werde eins mit dem Wald – einatmen, ausatmen im stetigen Gleichklang. Spüre, dass du langsam ankommst und in gewisser Weise ein Teil des Waldes bist, im völligen Einklang mit der Natur.

Jetzt, in dieser tiefen Verbundenheit, denke über deine innersten Wünsche nach. Lass die Wünsche organisch in dir aufsteigen. Nimm dir Zeit für Träume, die über die Grenzen deiner eigenen Welt hinausreichen. Denke an Wünsche nicht nur als individuelle Hoffnungen, sondern als Botschafter für das Wohl des gesamten Gefüges – für die Menschen, die Tiere, die Pflanzen und die Erde selbst.

Deine Atmung wird zur lebendigen Brücke, die die Energie des Waldes in dein Herz trägt. Spüre, wie die heilende Kraft der Natur in jedem Atemzug deine Seele berührt, während du deine Wünsche formst und ihnen Leben einhauchst. Nimm dir die Zeit, die du brauchst, und überlege genau, welche Wünsche du hast. Wünsche dir etwas für dich, für deine Mitmenschen, die Lebewesen um dich herum und für die Natur. Lass die entstehende Energie in dein Herz fließen.

Öffne nun die Augen und geh mit dieser gewonnenen Energie durch den Wald. Sammle ein paar Dinge, die dir ins Auge fallen.

Erinnere dich an deine Wünsche, such dir einen schönen Platz und leg ein kleines Mandala aus deinen Schätzen. Jede Wurzel, jedes Blatt, jede Eichel oder Frucht darf gemeinsam mit deinen Wünschen an den Wald zurückgegeben werden. Diese Wünsche werden nun genau wie die Samen der Waldblumen und Bäume in den Kreislauf eintauchen und im Frühling voller Kraft erblühen.

Heilsames Atmen im Wald

Die Atmung spielt beim Waldbaden eine zentrale Rolle. Wir nehmen die heilsame Waldluft über unsere Lunge auf, wertvolle Stoffe gelangen in unseren Blutkreislauf, finden ihren Weg in unsere Organe und kurbeln das Immunsystem an. Eine bewusste Atmung, ergänzt durch Meditation und Atemübungen, kann die stressreduzierende und immunstärkende Wirkung des Waldbadens noch intensivieren. Gönn dir regelmäßig diese wohltuenden Momente im Wald. Und: Sammle unbedingt mal eine Handvoll Tannen-, Fichten- oder Kiefernnadeln, um ein Waldbad für zu Hause zu kreieren.

Waldbad für die Badewanne

Erlebe die wohltuende Atmosphäre des Waldes in deiner eigenen Badewanne! Dieses Bad ist perfekt, um die belebende Energie des Waldes in dein Zuhause zu bringen.

Zutaten

- gut 1 EL getrocknete Pflanzenteile: Fichtennadeln, Thymianblättchen und Rosmarinnadeln
- 2 EL Meersalz
- einen genähten Stoffbeutel oder Teebeutel
- 3 bis 5 Tropfen ätherisches Fichtenöl

Anleitung

- Gib die getrockneten Pflanzenteile sowie das Meersalz direkt in einen Stoffbeutel oder einen Teebeutel. Alternativ kannst du eine größere Menge in einer Schüssel mischen.
- Tröpfle pro Beutel das Fichtenöl hinzu. Du kannst die Mischung in einer großen Schüssel nach deinem Gefühl anpassen.
- Leg den gefüllten Beutel in deine Badewanne voller warmem Wasser.
- Genieße dein entspannendes Waldbad in der Badewanne und spüre, wie der beruhigende Duft von Fichte, Thymian und Rosmarin dich umhüllt.

Erdender Impuls: Übergib deine Wünsche dem Wind

Stell dir dein eigenes Schreibgerät aus einer Gänsefeder her, um dich beim Aufschreiben deiner Wünsche tief mit der Natur zu verbinden. Dieses kleine Ritual erinnert dich daran, wie wichtig es ist, achtsam mit der Welt um dich herum umzugehen, und wie kraftvoll deine Gedanken und Wünsche sein können, wenn du sie in die Welt trägst.

Materialien

- eine große Gänsefeder (kann gesammelt oder online oder im Bastelladen gekauft werden)
- ein kleines Messer oder eine Schere
- Tinte oder einen Stift deiner Wahl
- ein paar getrocknete Herbstblätter

Anleitung

- Wenn du deine Gänsefeder gesammelt hast, stelle sicher, dass sie sauber und trocken ist. Entferne vorsichtig lose Federn oder Schmutz.
- Verwende das Messer oder die Schere, um die Spitze der Feder zu einer scharfen Schreibspitze zu schneiden. Achte darauf, vorsichtig und präzise zu arbeiten, um die Feder nicht zu beschädigen.
- Bereite deine Tinte oder deinen Stift vor. Wenn du Tinte verwendest, gieße sie in ein kleines Tintenfass. Oder du schiebst eine Kugelschreibermine von unten in den Federkiel, um damit schreiben zu können.
- Setze dich mit deiner Feder und den Herbstblättern an einen ruhigen Ort im Freien, sei es im Garten, im Wald oder am Ufer eines Sees. Atme tief ein und aus, um dich zu zentrieren. Stell dir vor, wie du dich wie die Wurzeln eines Baumes tief in die Erde ausdehnst. Spüre die Erdenergie, die dich umgibt, und fühle, wie sie dich stabilisiert und nährt. Nimm dir einen Moment Zeit, um

über deine Wünsche nachzudenken. Was möchtest du in dein Leben ziehen oder loslassen? Was sind deine tiefsten Sehnsüchte? Halte deine Schreibfeder in der Hand und spüre die Energie von Mutter Erde, die durch sie hindurchfließt. Fühle, wie du in diesem Moment mit der Natur und deinen eigenen Wünschen verbunden bist.

- Schreibe oder male deine Gedanken und Wünsche auf die Blätter. Lass deine Intuition und Kreativität fließen. Du kannst Worte, Bilder oder Symbole verwenden, die für dich bedeutsam sind. Während du schreibst oder malst, halte deine Gedanken auf das Hier und Jetzt gerichtet. Spüre die Textur der Blätter unter deiner Feder und die Verbindung zur Erde. Es ist nicht wichtig, ob man wirklich etwas sehen oder erkennen kann.
- Leg die beschrifteten Herbstblätter an einem ruhigen Ort im Freien aus. Bevor du sie freilässt, nimm dir einen Moment, um dich bei Mutter Erde für ihre Energie und Unterstützung zu bedanken. Lass die Blätter dann sanft vom Wind davontragen. Um sie in Bewegung zu bringen, kannst du sie auch aus deinen Händen herauspusten. Beobachte, wie sie deine Botschaften und Wünsche in die Welt tragen.
- Beende dein Ritual, indem du dich erneut auf die Erde setzt und tief ein- und ausatmest. Spüre die Verbindung zu Mutter Erde, leg eine Hand auf dein Herz und die andere auf deinen Bauch und verweile einen Moment, bevor du dich verabschiedest.
- Bewahre die selbst gemachte Feder als Erinnerung an dieses erdende Ritual auf. Du kannst sie in deinem Zimmer platzieren oder für dein Tagebuch nutzen.

Du kannst auch einen normalen Stift verwenden. Auch das ist eine wunderbare Möglichkeit, deine Gedanken und Wünsche auf eine achtsame Weise auszudrücken und in die Welt hinauszutragen. Pass die Aktivität einfach deinen persönlichen Vorlieben an und genieße den Prozess.

DIY: Lampe aus Seidenpapier: eine leuchtende Herbstidee

Der Herbst bringt ein wunderbares Farbenspiel mit sich, und was könnte besser sein, als diese Schönheit in die eigenen vier Wände zu holen? Mit dieser Anleitung kannst du eine atemberaubende Herbstblatt-Lampe aus Seidenpapier herstellen, die warmes, gemütliches Licht verbreitet. Ich mag es sehr gern, diese Lampe frühmorgens anzumachen, wenn es draußen noch dunkel ist.

Du kannst natürlich auch ohne Herbstblätter eine schlichte Variante basteln. Ich finde das sehr schön. Meine Kinder bevorzugen die mit Blättern.

Materialien

- Herbstblätter in verschiedenen Größen und Formen (gepresst und mindestens einen Tag lang getrocknet)
- transparentes Seidenpapier in einer Farbe deiner Wahl, ich bevorzuge weiß oder gelb
- Mehl
- Wasser
- ein Luftballon
- ein Pinsel
- eine LED-Lichterkette oder eine LED-Teelichtkerze

Anleitung

- Wenn die Blätter trocken sind, entferne vorsichtig die Stiele und achte darauf, dass die Blätter flach liegen.

- Schneide oder ritze dein Seidenpapier in kleine Quadrate oder Rechtecke.
- Mische in einer Schüssel Mehl und Wasser, erhitze es in einem Topf und lass es leicht einköcheln, bis du eine sämige Paste hast. Die Konsistenz sollte ähnlich wie Pudding sein.
- Blase den Luftballon auf, bis er die gewünschte Größe für deine Lampe hat. Streiche mit einem Pinsel die Mehlpaste auf den Ballon und klebe die Blätter und das Seidenpapier auf dem Ballon fest. Achte darauf, dass sie sich überlappen und eine gleichmäßige, durchgehende Schicht bilden. Lass einen kleinen Bereich im oberen Teil des Luftballons frei, damit später das Licht eingefügt werden kann.
- Hänge den mit Blättern bedeckten Luftballon an einer Schnur auf und lass ihn gründlich trocknen. Dies kann einige Tage dauern, je nach Luftfeuchtigkeit in deinem Raum.
- Sobald die Blätter-und-Seidenpapier-Schicht vollständig getrocknet und hart geworden ist, kannst du den Luftballon vorsichtig mit einer Nadel platzen lassen und aus der Lampe entfernen.
- Setze eine LED-Lichterkette in die Lampe ein oder platziere eine LED-Teelichtkerze im Inneren. Schalte das Licht ein und sieh zu, wie deine Herbstblatt-Lampe ein warmes und gemütliches Leuchten erzeugt.

Dinge, die du im November verinnerlichen darfst

Dankbarkeit: Der November ist eine großartige Zeit, um dir die Dinge ins Bewusstsein zu rufen, für die du dankbar bist. Schätze die kleinen Freuden des Lebens und die Menschen um dich herum.

Gemütlichkeit: Nutze die Herbstzeit, um dich zu erden und zur Ruhe zu kommen. Genieße entspannte Abende zu Hause bei Kerzenlicht und warmen Getränken. Entschleunige deinen Alltag.

Reflexion: Schau schon jetzt mal auf das Jahr zurück und überlege, was du erreicht hast und was noch vor dir liegt. Welche Ziele möchtest du im kommenden Jahr erreichen?

Selbstfürsorge: Denke daran, gut für dich selbst zu sorgen. Der November kann manchmal trüb sein, also achte gut auf dich und mache ganz bewusst Dinge, die dir guttun.

Naturverbundenheit: Trotz des kühleren Wetters kann der November eine schöne Zeit sein, um in die Natur zu gehen. Achte auf die Veränderungen in der Natur um dich herum und verbinde dich bewusst mit ihr.

Kreativität: Die dunklen Abende laden dich zu kreativen Aktivitäten ein. Malen, handwerkeln, Kerzen gießen, Kräuter zusammenstellen, schreiben – finde dein Ausdrucksmittel oder probier dich in Verschiedenem aus.

Besinnung: Der November erinnert uns daran, dass alles im Leben zyklisch ist. Überlege, wie du dich in diesen natürlichen Zyklus einfügst und wie du dich darauf vorbereiten kannst, im kommenden Jahr wieder aufzublühen. Der Samen wird in den Wintermonaten gesetzt, überlege dir, welcher Samen es sein darf.

Akzeptanz: Wir werden daran erinnert, dass wir die Natur der Dinge oft nicht ändern können. Lerne, Dinge anzunehmen, wie sie sind, und finde Frieden in der Akzeptanz.

Licht: In einer Zeit, in der die Tage kurz und sonnenarm sind, kann es hilfreich sein, sich auf das Licht zu konzentrieren. Sei es im wörtlichen Sinne durch Kerzen, einen Prismakristall, Lampen oder im übertragenen Sinne, indem du Positives und Inspirierendes in dein Leben bringst.

Verbindung mit Ahnen: Der November, insbesondere die Zeit um Allerheiligen und Allerseelen, ist eine Zeit, um sich mit den Ahnen zu verbinden. Überlege, wie du diese Verbindung in deinem Leben ehren kannst. Die einfachste Art ist es, abends eine Kerze anzuzünden, ans Fenster zu stellen, kurz innezuhalten und dich mit deinen Ahnen zu verbinden.

Vertrauen: Vertraue darauf, dass der November, obwohl er dunkel und kühl sein mag, dennoch Schönheit und Wachstum in sich trägt. Vertraue auf den natürlichen Zyklus des Lebens und dass nach der Dunkelheit immer wieder das Licht zurückkehrt.

Erdungsmeditation für den November

Schließe sanft deine Augen und beginne, tief und bewusst zu atmen. Stell dir vor, wie du dich in einem dichten, friedlichen Wald befindest. Der Nebel hüllt die Welt in einen sanften Schleier der Stille.

Der Wind streicht sanft über das Land, trägt die leisen Melodien des Novembers von Ort zu Ort. Die Tannen im Wald um dich herum tragen ihr schönes grünes Kleid, an der schwarzen Erle neben dir hängen nur noch die kleinen Perlenzapfen, was ihrer Schönheit und Stärke aber keinen Abbruch tut. All diese sichtbaren Veränderungen sind ein natürlicher Teil des Rhythmus der Erde, eine Erinnerung daran, dass das Leben in stetigem Wandel ist.

Während du in diesem Novembermoment verweilst, spürst du, wie fest du auf der Erde stehst, verwurzelt wie die Bäume um dich herum. Du erkennst die Schönheit in ihrer hingebungsvollen Vorbereitung auf die kommende Jahreszeit. Die Bäume lassen los, ohne Widerstand, und vertrauen darauf, dass der Frühling sie erneut beleben wird.

Diese Erkenntnis, dass Loslassen und Hingabe Teil des natürlichen Lebenszyklus sind, erfüllt dich mit einer tiefen inneren Ruhe. Du akzeptierst die Veränderungen in deinem eigenen Leben und vertraust darauf, dass in jedem Ende bereits ein neuer Anfang schlummert.

Die Dunkelheit des Novemberabends enthüllt auch die Schönheit des klaren Vollmondes, der am Himmel thront. Sein silbernes Licht taucht die Landschaft in einen zauberhaften Schein und erinnert dich daran, dass selbst in der Dunkelheit ein Funke des Lichts existiert. Es ist dieser Mond, der so voller Klarheit sein Licht verschenkt, dass auch du ganz klar und ruhig wirst.

Du stehst neben der majestätischen Erle, einem Baum von beeindruckender Schönheit und Kraft. Diese Erle ist ein Symbol für die tiefen

Wurzeln deiner Ahnen, die bis in die dunkelsten Tiefen der Erde reichen. Diese Wurzeln sind wie starke, verwobene Seile, die dich fest mit der Erde verbinden.

Plötzlich tritt eine Frau hervor, voller Anmut und in einen Mantel aus grau schimmernden Gänsefedern gehüllt. Sie strahlt Sanftmut aus und ihr Blick erweckt dein Vertrauen. Diese Frau ist die Botschafterin deiner Ahnen, sie bildet für dich die Brücke zwischen den Welten.

Die geheimnisvolle Frau entzündet eine Kerze und stellt sie zu Füßen der Erle. Diese Kerze wird den gesamten November über brennen und symbolisiert das Licht der Hoffnung, selbst in den dunkelsten Stunden dieses Monats. Sie weist dir den Weg durch die lange Nacht und dient als Leuchtfeuer für deine Ahnen, um den Weg zu dir zu finden.

Du spürst, wie deine eigene Energie mit der Energie der Erle verschmilzt, und du fühlst die Wurzeln, die tief in die Erde hinabreichen. Dies ist die Verbindung zu deinen Ahnen, die dir Stärke und Halt geben. Du siehst, wie die Wurzeln immer tiefer in die Erde eindringen, und spürst, wie du selbst fest in der Erde verankert bist.

Unter dem klaren, strahlenden Vollmond am nächtlichen Himmel fühlst du die Anwesenheit deiner Ahnen um dich herum. Sie sind hier, um dich zu unterstützen, zu lieben und zu führen. Du spürst ihre Präsenz in der kühlen Nachtluft, in den sanften Winden des Novembers.

Die Frau, die dir erschienen ist, verwandelt sich allmählich in eine Gans und erhebt sich. Du spürst, wie auch du leicht und frei wirst, wie du dich erhebst und gemeinsam mit der Gans durch die Lüfte gleitest. Die Dunkelheit des Waldes unter euch und der helle Vollmond über euch verstärken das Gefühl von Freiheit und Verbundenheit.

Deine Reise mit der Gänsefrau führt dich weiter durch die stille Nacht und du spürst, wie sich die Präsenz deiner Ahnen verstärkt. Ihre Weisheit und Liebe begleiten dich und du fühlst dich von ihrer Energie umarmt.

Plötzlich beginnt die Gans, sanft zu landen. Gleich findest du dich neben ihr an einem besonderen Ort wieder, einem heiligen Ort der Ehrung des Vergangenen. Hier kannst du deine Dankbarkeit für all das, was war, ausdrücken. Lass deine Gedanken und Gefühle fließen, während du an diesem heiligen Ort verweilst.

Die Gans, die dich sicher hierhergeführt hat, schenkt dir eine Feder als Zeichen ihrer Anmut und Verbundenheit. Sie flüstert dir zu, dass du immer eine Verbindung zu diesem Ort und zu deinen Ahnen haben wirst.

Nun, da du diese Reise gemacht hast, kehrst du langsam in dein gegenwärtiges Bewusstsein zurück. Du trägst die Erkenntnisse und die Weisheit dieses Moments in deinem Herzen. Die Feder, die dir geschenkt wurde, erinnert dich daran, dass du immer mit der Erde, den Bäumen und deinen Ahnen verbunden bist. Du kannst diesen Platz der inneren Ruhe und Verbundenheit jederzeit in deinem Herzen aufsuchen, egal, wo du dich gerade befindest.

Öffne deine Augen und kehre gestärkt und erfüllt in deine Welt zurück, bereit, den November und seinen Rhythmus mit einer tiefen Erdung und Dankbarkeit zu erleben. Wenn du magst, zünde eine Kerze an, um die Energie der Meditation noch bei dir zu behalten. Und wer weiß, vielleicht begegnet dir in den nächsten Tagen eine Gänsefeder.

WINTER

Die Bedeutung des Winters zum Verinnerlichen

Die Wärme des goldenen Herbstes ist noch leise spürbar. Treten wir hinaus, gehen in Verbindung mit Mutter Erde, so treten wir wahrscheinlich auf kühle, feuchte, welke Blätter. Der Boden fühlt sich noch nicht eisig kalt an, eine leichte Wärme von der Erde aus ist noch spürbar, doch die Luft lässt uns schon Kälte erleben. Unsere Sinne, unser ganzer Körper sehnt sich nach wohlig uns einhüllender Kleidung. Unser Atem wird ruhiger und auch die Erde kommt zur Ruhe. Kalter Wind weht uns um die Nase. Wir machen uns bereit für den Winter, die kälteste Zeit im Jahr. Sobald der Wind die Blätter von den Bäumen getragen hat, sind die Tage kurz, die Nächte lang. Ein Zyklus vollendet sich.

Wenn sich die Natur, die Bäume, Pflanzen und Tiere zurückgezogen haben, sind auch wir zu einer Zeit der Einkehr eingeladen. Der Winter ist die Jahreszeit, in der uns die Vergänglichkeit besonders stark ins Bewusstsein gerufen wird. Alles zieht sich in dieser Zeit in sich zurück. Unsere Wintervögel, die Schutz in alten Gemäuern oder wärmenden Nadelbäumen suchen. Säugetiere, die in den Winterschlaf gehen. Insekten, die Winterruhe in Holzspalten, Baumlöchern oder im Inneren der Erde suchen. Das Bienenvolk, das sich zu einer Traube zusammenfindet, um die Wärme zu halten ... Und eben wir Menschen, die in dieser Jahreszeit am liebsten zu Hause am wärmenden Feuer sitzen, sich auf die Familie zurückbesinnen und eine ruhige Zeit verbringen.

Der Winter ist wie jede Jahreszeit von einem ganz besonderen Zauber geprägt, es ist eine Zeit der inneren Ruhe. Eine Zeit, die äußere Welt zu verlassen, um sich mit der eigenen inneren Welt auseinanderzusetzen. Diese magische Winterzeit mit ihren weiß glitzernden Schneekristallen auf den rotwangigen Hagebutten und dem warmen Grün der Tannen lädt uns dazu ein, uns in uns zurückzuziehen, die innere Fülle zu spüren und Energie für das nächste Jahr zu sammeln. Wir bündeln unsere Kräfte und gelangen in eine Phase, in der wir uns energetisch aufladen.

In den Wintermonaten können wir uns mit unseren Wurzeln verbinden und damit, was über das Jahr gewachsen ist und uns am Herzen liegt. Wir dürfen uns unserer starken Wurzeln bewusst werden und sie für uns nutzen. Die Natur macht es uns vor: Eine Pflanze lässt sich von der Sonne wecken, wächst und gedeiht, trägt Früchte und gibt ihre Samen zurück in die Erde. Dieser Samen trägt all die Weisheit, verinnerlichte Herzensliebe und Willenskraft all der Pflanzeneltern, die vor ihm waren, in sich. Und dieser Samen zieht sich nun in den winterlichen Schoß von Mutter Erde zurück, um Kraft zu sammeln für die kommende Strahlkraft und sein Wachstum gen Sonne.

Da die Tage im Winter kurz sind, die Nächte lang, steht uns weniger Tageslicht zur Verfügung und wir werden auch auf diese Weise dazu aufgefordert, nach innen zu schauen und den Blick von Äußerem abzuwenden. Die Welt, die uns die Natur zeigt, ist kalt, kahl und häufig dunkel. Ich empfinde das als großes Geschenk, denn es fordert uns auf, unser eigenes Licht (wieder) zu entdecken und die innere Liebe neu aufkeimen zu lassen.

Durch den Rhythmus des Kalenders endet unser Jahr im Winter und das neu beginnende Jahr ist ebenfalls im Winter und nicht von der lebendigen Frühlingskraft angeregt. Es ist die behutsame Zeit zwischen den Jahren, in der wir uns in alter Tradition rückverbinden dürfen, viele feiern die Raunächte in dieser Zeit und erleben hier Erdung, Reflexion und Ruhe in achtsamer Verbindung. Wir schließen mit dem Alten ab und begrüßen eine neue Zeit, in der unser inneres Licht die dunkelsten Nächte zum Leuchten bringen kann. Der Winter ist für mich eine sehr kraftvolle Jahreszeit und ich lege dir wirklich ans Herz, diese Zeit für dich zu nutzen, um dir deine eigene Selbstwirksamkeit und Schöpferkraft zu erschließen.

DEZEMBER: IN DER STILLE DES WINTERS RUHEN

»Ich bin Besinnung«

Im Dezember, wenn der Winter Einzug hält, geschieht Magie. Die Welt wird still und geheimnisvoll, als ob sie sich in einen tiefen Schlaf zurückzieht. Die Tage verkürzen sich, die Nächte dehnen sich aus und die Natur hüllt sich in frostige Stille.

In der Kälte zeigen sich die Misteln wie grüne Juwelen zwischen den kahlen Baumästen, ein Andenken an den vergangenen Sommer. Die einst leuchtenden Blätter des Baumes sind mit dem Wind davongeweht und bedecken den Boden als ein Teppich der Vergänglichkeit. Tiere und Pflanzen ruhen im tiefen Schlaf, die Natur selbst scheint innezuhalten. Doch in dieser Stille vollzieht sich eine innere Transformation.

Wir schauen in unsere Seele, betrachten unsere Träume und Wünsche und nähren sie mit Gedanken und der Liebe in unseren Herzen. Der Dezember bringt Zeit – Zeit, um in uns selbst einzutauchen, Zeit für unsere Sehnsüchte und Träume. Wir betrachten sie wie funkelnde Sterne am winterlichen Himmel. In dieser Stille und Einkehr finden wir uns selbst wieder, so wie die Natur sich auf ihre Wiedererweckung im Frühling vorbereitet.

Die rauen Nächte zwischen den Jahren laden uns in besonderer Weise zur Besinnung und Einkehr ein. Du kannst sie nutzen, um dich zu erneuern, dein inneres Feuer zu schüren und dich auf das neue Erblühen im nächsten Jahr einzustellen.

Lassen wir uns von der Magie dieser Jahreszeit verzaubern und genießen wir die Ruhe und die Geheimnisse des Dezembers. Lassen wir den Monat in all seiner stillen Pracht auf uns wirken. Tauchen wir ein in diese Zeit des Rückzugs und der Besinnung. Erforschen wir unsere inneren Welten, lassen wir unsere Träume fliegen und bereiten wir uns auf die kommende Erneuerung vor. Der Dezember schenkt uns die Möglichkeit, uns selbst und unsere Wünsche zu finden und zu nähren. Es ist eine Zeit der inneren Reifung, in geheimnisvoller Stille.

Affirmation für den Dezember

»Ich umarme die Stille und die Dunkelheit der Wintertage. In der Ruhe finde ich Frieden und in der Dunkelheit entdecke ich das Licht in meinem Herzen.«

Dezember – ohne Stress bitte

Der Dezember, ein Monat, der eigentlich so viel Schönheit in sich trägt, scheint oft von großen Wünschen, Bedürfnissen und Erwartungen überlagert zu werden. Wie ein Wirbelwind verfliegt er, während unsere Seelen kaum Schritt halten können. Feste Termine und hohe Ansprüche an das, was geschehen soll, lasten auf uns und machen den Dezember eher stressig als besinnlich, zumindest für die meisten Menschen, die ich kenne.

Es fällt mir schwer, dieses Kapitel zu schreiben, denn ich fürchte, dass all die Impulse, die ich gebe, den Druck noch verstärken könnten. In Momenten von Stress und Anspannung scheint all das, wovon wir hier sprechen – Erdung, Innenschau und Einkehr –, in den Hintergrund zu treten. Und das ist schade, denn der Dezember lädt uns eigentlich genau dazu ein. Wir haben die Wintersonnenwende, einen bedeutenden Moment im Jahreskreis, und dann die Raunächte, die in ihrer Essenz, so wie sie einst gedacht waren und uns von unseren Vorfahren weitergegeben wurden, von großer Schönheit und Stille sind. In den letzten Jahren hatte ich jedoch das Gefühl, dass es fast zur Mode geworden die Raunächte zu feiern – wenn man es nicht tut, gehört man nicht richtig dazu und verpasst etwas Bedeutendes. Es ist zu einer Art Performance geworden, die mehr Stress als Glück bringt, denn es muss so viel beachtet werden. Ich werde die Raunächte hier auch beschreiben und kurze Impulse für jeden Tag geben – für all jene, die Lust haben, sich dieser heiligen Zeit hinzugeben, ohne Zwang und Stress, sondern aus dem Bedürfnis heraus, in eine tiefe Verbindung zu gehen mit dir, deinen Ahnen und all dem, was dich auf dem Fleckchen Erde umgibt, auf dem du lebst.

Ich persönlich beginne bereits zur Wintersonnenwende und nicht erst am 24. Dezember. Es ist mir wichtig zu betonen, dass du es dann tun solltest, wenn es für dich stimmig ist. Lass dich nicht von hochglanzpolierten Instagram-Beiträgen unter Druck setzen und lass dich auch nicht von den Impulsen hier stressen. Das Wichtigste ist, dass du achtsam mit deiner Zeit und deinen Gefühlen umgehst. Wenn du am Ende keine Meditation gemacht, keinen Gewürzzucker gegessen und keine Kerze angezündet hast, ist das vollkommen in Ordnung. Vielleicht bist du stattdessen an einem schönen Dezembernachmittag durch den Schnee oder den Regen oder die kalte Winterlandschaft oder einfach so durch Straßen spazieren gegangen. Du hast für einen Moment innegehalten und die köstlich kalte Luft deinen Körper durchströmen lassen. Genau in diesem Moment warst du wunderbar mit der Natur verbunden und geerdet, und das ist es, worum es geht.

Sei mutig und schaffe dir deine eigenen kleinen Rituale in dieser oft turbulenten Dezemberzeit, um sie für einen Moment ganz ruhig und besinnlich werden zu lassen.

Wintersonnenwende am 21. Dezember

Wieder einmal scheint es, als würde die Welt für einen Augenblick innehalten. Der Atem der Erde stockt angesichts der Dunkelheit. Wir stehen an einem Wendepunkt: der Wintersonnenwende am 21. Dezember.

Die Wintersonnenwende ist von großer Kraft, da sie das Wiedererstarken der Sonne symbolisiert. Die Dunkelheit erreicht ihren Höhepunkt und genau dann ist bereits das zarte Licht des Neuanfangs spürbar – leise und voll kindlicher Anmut. Diese Nacht trägt auch den Namen Mutternacht oder im Althochdeutschen Modranecht, da etwas Neues geboren wird. Wir feiern das Fest der Sonne. Die Geburt des Sonnenkindes steht für den Neubeginn des Lebenszyklus. Der Kreislauf des Jahres beginnt von vorn und das Licht triumphiert über die Dunkelheit. Mit Jul (oder Jol) beginnt die Vertreibung der Dunkelheit. Die Nächte werden wieder kürzer, und alles, was zuvor als tot erschien, erwacht zu neuem Leben. Schritt für Schritt.

Die Wintersonnenwende markiert auch die Geburt der Erdgöttin, die einst das Reich der Unterwelt beherrschte. Inmitten der tiefsten Dunkelheit bringt sie das Licht, das Sonnenkind, und somit ein neues Leben auf die Erde. Dunkelheit und das neugeborene Licht ringen miteinander, doch letztendlich siegt das Licht über die Dunkelheit. In den folgenden Tagen wird es wachsen und der Bogen, den die Sonne am Himmel beschreitet, wird wieder größer. Zunächst wird das frische Licht noch drei Tage lang im Schoß von Mutter Erde behütet, bevor es am 24. Dezember auf unserer Welt erscheint.

Die Wintersonnenwende markiert nicht nur den Sieg des Lichts über die Dunkelheit, sondern auch den Beginn der »Nacht der Mütter«, die zwischen dem 21. und dem 25. Dezember liegt. In dieser Zeit steht die Geburt durch die Mutter im Mittelpunkt, wobei das Weibliche und nicht das Kind gefeiert wird. Oftmals rückt die Geburt des Lichts in den Vordergrund, doch sein Ursprung liegt in der Dunkelheit, die ebenso Anerkennung und Feier verdient. So wie das Licht in der Mythologie aus der Dunkelheit geboren wird, wachsen Pflanzen aus der

Dunkelheit der Erde empor und Menschen sowie Tiere erblicken das Licht der Welt aus dem dunklen Schoß des Mutterleibes. Dies ist der Zeitpunkt, an dem der ewige Kreislauf des Lebens von Neuem beginnt.

Alles ist miteinander verbunden, das Christentum, die keltische Mythologie, Vergangenheit und Zukunft. Maria, als die Mutter Jesu, repräsentiert all dies in ihren Symbolen, die uns vertraut sind. Sie ist die Verkörperung des Weiblichen, die Urmutter. Sie erhebt sich aus den unendlichen Tiefen des Ozeans der Fruchtbarkeit (Maria = *mare*, das Urmeer, ein Symbol der weiblichen Fülle und Fruchtbarkeit) und wird in einen leuchtenden Sternenmantel gehüllt. Maria ist in ihrer symbolischen Geschichte die Repräsentantin von Mutter Erde, die sich nun, da die Tage kurz und dunkel sind, auf die Rückkehr der Sonne vorbereitet.

Dieser Tag steht für Loslassen und Besinnung. Die Bedeutung dieser Zeit liegt darin, dass die Wiedergeburt des Lichts erst stattfinden kann, wenn wir das Vergehen des Alten vollständig akzeptiert haben. Erst dann können wir loslassen und unser Herz und unser Wesen dem Licht eines neuen Morgens öffnen. Wenn du magst, kannst du während dieser Zeit räuchern, um in der Stille das Alte zu verabschieden und das Neue sanft zu begrüßen.

Die Wintersonnenwende erinnert uns daran, dass alles im Leben einem Kreislauf unterliegt und dass selbst in der tiefsten Dunkelheit ein Funke Hoffnung und Licht existiert. Möge die Wintersonnenwende für dich eine Zeit der Reflexion, des Gemeinschaft und der Freude sein, während du das Licht willkommen heißt und dich auf die Rückkehr des Frühlings freust.

Achtsamkeitsmomente im Dezember

- Winterzauber: Wenn Schnee fällt, nimm dir einen Moment Zeit, um die einzigartige Schönheit jeder einzelnen Schneeflocke zu betrachten. Wenn du die Möglichkeit hast, geh nach draußen und genieße die Winterlandschaft. Höre auf den Klang der Schritte im Schnee und das Rauschen des Windes in den Bäumen.
- Licht: Entzünde Kerzen in deinem Zuhause und beobachte das flackernde Licht. Lass dich von der Wärme und Ruhe, die Kerzen ausstrahlen, erfüllen.
- Teegenuss: Bereite dir eine Tasse warmen Tee zu und nimm dir Zeit, jeden Schluck bewusst zu genießen. Spüre die Wärme des Tees in deinem Inneren. Vielleicht süßt du ihn mit dem Gewürzzucker (siehe Seite 306).

- Dankbarkeit, auch jetzt: Nimm dir täglich einen Moment Zeit, um in dein Dankbarkeitsjournal zu schreiben. Reflektiere über die Dinge, für die du dankbar bist, sei es die Unterstützung von Freunden oder die Schönheit der Natur.
- Atemkraft: Mach kurze Atemübungen, um Stress abzubauen und dich zu beruhigen. Atme tief ein und aus und konzentriere dich nur auf deinen Atem. Versuche mal Nadi Shodhana – bewusste Wechselatmung (Anleitung im Kapitel Januar).
- Achtsam essen: Wenn du isst, sei ganz präsent. Genieße das Essen und eventuell die Gesellschaft, ohne Ablenkung durch elektronische Geräte.
- Höre besinnliche Musik und lass dich von den Klängen mitreißen. Schließe die Augen und tauche ganz in die Musik ein.
- Himmelschau: Beobachte den Himmel, egal ob es tagsüber die Sonne ist, die Wolken oder nachts die Sterne. Lass deinen Blick schweifen und denke über die Unendlichkeit des Universums nach. Schau, was sich zeigt. Wolken, Vögel, Sonnenstrahlen, Sterne …
- Gute Taten: Führe täglich eine kleine gute Tat aus, sei es ein Lächeln für jemanden, der es braucht, ein liebevoller Gedanke oder das Teilen von Essen mit Bedürftigen.
- Rückschau: Nutze den Dezember, um auf das vergangene Jahr zurückzublicken.

Diese Achtsamkeitsmomente können dir helfen, den Dezember bewusster und erfüllter zu erleben. Genieße die Magie dieser besonderen Jahreszeit und finde Momente der Ruhe und inneren Einkehr.

Kleine lichtbringende Rituale

Wir gehen in den Wald und schmücken die Bäume mit Äpfeln an einer Schnur für die Waldtiere. Wir bringen kleine Gaben wie Nüsse und legen sie für die Tiere aus oder befüllen leere Orangenhälften damit und hängen sie in die Bäume.

Wir sammeln Tannengrün im Wald, um symbolisch das Leben und Erwachen in unser Haus zu tragen. Wir sammeln Stöcke und formen daraus einen Stern für unseren Tannenbaum.

Wir setzen bei uns zu Hause einen Samen oder eine Blumenzwiebel und beobachten in den nächsten Wochen sein Wachstum. Genau wie der keimende Samen, der das Licht der Welt erblickt, werden auch die Tage allmählich heller und das Leben erwacht von Neuem.

Wir entzünden eine Kerze in unserem Haus, um mit dem Licht die Dunkelheit zu vertreiben. Dann entzünden wir weitere Kerzen an dieser einen Kerze. Das Entzünden aller anderen Kerzen an diesem einen Licht symbolisiert die Existenz der einen Quelle allen Lebens, des Lichts und der Liebe.

DIY: deine Jahreskerze

Deine Jahreskerze oder auch Wintersonnenwende-Kerze ist ein schönes Symbol für den Übergang. Genau in dieser Zeit bietet es sich an, eine Jahreskerze für dein neues Jahr herzustellen – es ist gewissermaßen das Licht, das du in die Welt bringen möchtest. Die Kerze wird zu einem kraftvollen Symbol für den Kreislauf des Lebens, für den Wechsel der Jahreszeiten und den ständigen Fluss von Zeit.

Wenn die Kerze fertiggestellt ist, wird sie am Tag der Wintersonnenwende entzündet. Dieser Akt symbolisiert nicht nur die Rückkehr des Lichts in die Welt, sondern auch den Beginn eines neuen Jahres. Die Kerze kann in den folgenden Monaten immer mal wieder brennen und damit die Energie des Lichts in deine Räume bringen. Die Jahreskerze wird so zu einem Begleiter durch das gesamte Jahr, ein Licht in der Dunkelheit, das die Veränderungen der Natur und des Lebens reflektiert.

Die Kerze steht als kraftvolles Symbol für die Verbundenheit mit der Natur und für die Hoffnung, die in jedem Neubeginn liegt.

Materialien

- eine weiße Kerze (am besten unparfümiert, sodass der Duft der Blüten besser zur Geltung kommt)

- getrocknete Blüten, Samen und Blätter, die du im Sommer gesammelt hast (zum Beispiel Rosen, Lavendel, Gänseblümchen, Thymian)
- Backpapier
- ein Bügeleisen
- eine Schere

Anleitung

- Beginne damit, die getrockneten Blütenblätter sorgfältig auszuwählen. Du kannst verschiedene Farben und Arten verwenden, um eine einzigartige Mischung zu erstellen.
- Leg die ausgewählten Blütenblätter auf Backpapier. Stell dein Bügeleisen auf eine niedrige Stufe (ohne Dampf). Du möchtest die Blütenblätter nur leicht erhitzen, um sie auf die Kerze zu übertragen, ohne sie zu verbrennen.
- Leg die Kerze auf eine ebene, hitzebeständige Oberfläche. Platziere das Backpapier mit den Blütenblättern darauf über der Stelle der Kerze, die du dekorieren möchtest. Das Backpapier ist jetzt oben.
- Drücke nun das Bügeleisen vorsichtig auf das Backpapier über den Blütenblättern. Halte es für etwa 3 bis 5 Sekunden an Ort und Stelle, um die Blütenblätter zu übertragen. Du wirst sehen, wie die Farben der Blütenblätter auf die Kerze übergehen.
- Wiederhole diesen Vorgang, bis du mit dem Aussehen deiner Kerze zufrieden bist. Du kannst die Blütenblätter überlappen lassen oder verschiedene Teile der Kerze verzieren und den Rest leer lassen.
- Lass die Kerze und die übertragenen Blütenblätter vollständig abkühlen. Dies dauert nur wenige Minuten.
- Entzünde deine Kerze in einem für dich stimmigen Moment und genieße den zarten Duft.

Achtsamer, erdender Segensimpuls zur Einstimmung auf die heiligen Tage

Schließe für einen Moment die Augen und atme tief ein und aus. Spüre die Verbindung zur Natur und zu all den Sommerblumen, mit denen diese Kerze geschmückt wurde. Fühle die Energie des Sommers, die in den Blütenblättern eingeschlossen ist.

Halte die Kerze sanft in deinen Händen und betrachte die zarten Blütenblätter. Sie tragen die Essenz des Sommers in sich, die Wärme der Sonne, den Duft der Blumen und die Magie der Natur.

Jetzt, in dieser Zeit des Winters, kannst du deine Kerze segnen. Bitte darum, dass dich ihr Licht durch die dunkelsten Nächte des Jahres führt, dir Wärme und Trost spendet und dein Herz erhellt. Möge die Energie des Sommers, die in diesen Blütenblättern lebt, dir Hoffnung schenken, dich an die Schönheit der Natur erinnern und dich mit der Kraft der Erde verbinden.

Möge diese Kerze zu einem Symbol deiner Verbundenheit mit der Natur werden, ein Licht, das dich durch die Dezembernächte und noch hinein ins neue Jahr trägt und an die lebendige Schönheit erinnert, die in jedem Moment deines Lebens existiert.

Öffne deine Augen und entzünde diese gesegnete Kerze. Lass ihr Licht dein Zuhause erstrahlen und erde dich in der Wärme des erinnerten Sommers. Finde dein inneres Licht auch in der tiefsten Dunkelheit des Winters.

Pflanzen in der Winterzeit

Natürlich ist es nicht so, dass es jetzt überhaupt keine Pflanzen zu betrachten und zu nutzen gibt. Die folgenden beispielsweise bieten vielfältige Möglichkeiten, sich in der Winterzeit zu erden und die Verbindung zur Natur zu stärken.

Nutze ihre Kräfte, um deine Sinne zu beleben und in Einklang mit der Welt um dich herum zu kommen.

- Hagebutte: Die Hagebutte wird traditionell zur Stärkung des Immunsystems und zur Entgiftung eingesetzt.
- Christrose: Sie wird häufig mit spiritueller Erneuerung und innerem Wachstum in Verbindung gebracht. Sie kann auch dabei helfen, innere Ruhe und Gelassenheit zu finden.
- Fichte: Die Fichte hat eine erdende Wirkung und kann helfen, das Gefühl der Verbundenheit mit der Natur zu stärken. Sie kann dich auch dabei unterstützen, Stress abzubauen, und innere Ruhe fördern.
- Mistel: Sie wird häufig als heilige Pflanze angesehen und kann dabei helfen, spirituelle Verbindungen zu stärken.
- Wacholder: Wacholderbeeren haben eine reinigende und schützende Wirkung und können helfen, negative Energien abzuwehren.
- Schlehen: Ihre Beeren werden traditionell zur Reinigung und Entgiftung eingesetzt. Es gibt einen tollen Schlehensaft im Reformhaus oder Bioladen.
- Salbei: Salbei hat eine reinigende und schützende Wirkung und kann helfen, negative Energien abzuwehren.
- Beifuß: Seine Wurzel hat eine beruhigende und entspannende Wirkung und kann helfen, Stress abzubauen.
- Beinwell: Beinwellwurzel wird traditionell zur Stärkung von Knochen und Gelenken eingesetzt.

Salbei: Zauber der Erdung

Der Salbei ist eine wunderbare Gabe der Natur. Auch wenn du ihn nicht in deinem Garten hast oder mitten in der Stadt wohnst, ist das kein Problem! Denn in vielen Supermärkten oder Bioläden findest du frischen Salbei in der Gemüseabteilung. Gerade im Winter, wenn Reinigung, Erneuerung und Loslassen ein großes Thema sind, ist Salbei eine gute Möglichkeit, um mit der Natur in Verbindung zu treten, da er so unglaublich reinigend und heilend wirkt.

Nimm dir doch mal ein Bündel aus dem Bioladen oder pflücke ihn in deinem Garten. Stell ihn in eine kleine Vase und verbinde dich mit der Pflanze. Atme tief

ein und nimm den Salbei in deine Hände. Reibe sanft mit Daumen und Zeigefinger an einem Blatt und atme den Duft ein. Spüre, wie du ganz ruhig wirst, und genieße diesen Moment der Verbundenheit mit der Natur. Der Salbei schenkt dir Ruhe und Klarheit, hilft dir, Altes loszulassen und dich auf neue Wege einzustimmen. Er fördert deine Konzentration und ist eine wunderbare Pflanze für deine Gesundheit.

Du könntest dir auch einen Tee mit drei oder vier Salbeiblättern und ein wenig Honig zubereiten. Dieser Tee bringt Klarheit in deinen Körper und verbindet dich gleichzeitig mit Himmel und Erde. Schließe deine Augen und genieße das Gefühl, wie der Salbei durch dich hindurchströmt und dich erdet. Nimm dir Zeit, um diesen Moment der Ruhe und Klarheit zu erleben, und fühle dich von der umarmenden Kraft des Salbeis getragen.

Erdung im Winter? Viel zu ungemütlich?

In der winterlichen Umarmung der Natur, wenn der Boden von einem dicken Teppich aus Schnee bedeckt und der Himmel in den frühen Abendstunden bereits in Dunkel getaucht ist, kann es sich manchmal so anfühlen, als würden die Elemente selbst uns auffordern, unser Draußensein auf Eis zu legen. Die Äste der Bäume strecken sich nackt in den Himmel und der Wind singt eine einsame Melodie. In diesen Momenten, in denen es uns draußen zu nass, zu kalt und zu dunkel erscheint, findet die wahre Magie der Erdung ihren Höhepunkt. Während die äußere Welt in einer frostigen Starre verharrt, haben wir die Gelegenheit, uns nach innen zu wenden und unsere innere Welt zu erkunden. Die winterliche Erdung beginnt in unseren eigenen vier Wänden, wo wir uns in die Kuscheldecke der Gemütlichkeit hüllen und die Wärme unseres Herzens spüren können.

Betrachten wir das flackernde Kerzenlicht, das den Raum mit sanftem Glanz erfüllt. Es erinnert uns an die lodernde Flamme in unserem Inneren, die auch in den dunkelsten Zeiten hell leuchtet. Die Stille des Winters, unterbrochen nur vom Knistern des Kaminfeuers oder dem leisen Ticken einer Uhr, ermutigt uns, innezuhalten und uns auf das Wesentliche zu konzentrieren.

Ein dampfender Becher Kräutertee, der unsere Hände wärmt, ist ein Bote der Natur, der uns in unsere Mitte zurückführt. Ingwer und Zimt, die darin tanzen, verleihen uns die Wärme und Kraft, die wir jetzt benötigen.

Erdung im Winter kann auch in Form von Yoga oder Meditation in den eigenen vier Wänden praktiziert werden. Wenn wir uns auf die Atmung konzentrieren und uns mit dem Boden unter unseren Füßen verbinden, spüren wir, wie unsere Wurzeln in die Tiefe reichen und uns Halt geben. Und schließlich, wenn wir unsere Gedanken und Träume auf Papier bringen, nehmen wir an einem inneren Spaziergang durch den winterlichen Wald teil. Unsere Worte werden zu Spuren im Schnee, die uns zeigen, welchen Weg wir in dieser Jahreszeit einschlagen wollen.

Die Erdung im Winter, sei es durch das warme Licht der Kerzen, den tröstlichen Geschmack von Tee, die Ruhe der Meditation oder die Inspiration des Schreibens, bringt uns näher zu uns selbst und zur Erde. Sie schenkt uns Trost, Stärke und Inspiration, um die Kälte und Dunkelheit des Winters mit einer tiefen Verbindung zur Natur zu überstehen.

Erdende Genüsse

In der winterlichen Zeit, wenn die Natur draußen ruht, können erdende Gemüsesorten und Gewürze eine wohltuende und stärkende Wirkung auf unseren Körper und unseren Geist haben. Im Folgenden findest du einige Beispiele für Gemüse und Gewürze, die uns mit Wärme und Nährstoffen versorgen. Nutze davon gerade im Winter reichlich.

- Süßkartoffeln: Diese leckeren Knollen sind nicht nur reich an Ballaststoffen, sondern haben auch einen warmen wohlmundenden Geschmack. Sie können zu cremigem Süßkartoffelpüree, Ofenkartoffeln oder auch knusprigen Pommes verarbeitet werden und schaffen eine gemütliche, erdende Atmosphäre.
- Rote Bete: Die kräftige, tiefrote Farbe der Roten Bete erinnert an die Tiefe der Erde, aus der sie entsprungen ist. Sie ist reich an Antioxidantien und Vit-

aminen und kann in Salaten oder als Beilage gegessen werden oder auch als köstliche Soße zu Pasta.

- Kürbis: Er ist ein Symbol des Herbstes und des Winters und hat einen süßlichen Geschmack. Er kann zu wärmenden Suppen, cremigen Kürbispürees und sogar zu Kürbiskuchen und Waffeln verarbeitet werden.
- Pastinaken: Diese Wurzeln haben einen süßlich-würzigen Geschmack und eine angenehme Textur. Sie eignen sich hervorragend zum Rösten im Ofen oder zur Zubereitung von Pastinakensuppe.
- Karotten: Karotten sind nicht nur knackig und gesund, sondern haben auch in ihrer gesamten Wachstumsphase unter der Erde all die umhüllende Energie von Mutter Erde aufgenommen.
- Stangensellerie: Ein vielseitiges Gemüse mit einem milden Aroma. Er kann in Suppen, Eintöpfen oder als gesunder grüner Saft am Morgen genossen werden.
- Kohl: Verschiedene Kohlsorten wie Grünkohl, Wirsing und Rotkohl sind im Winter frisch verfügbar. Sie sind reich an Vitaminen und Mineralstoffen und können in Salaten, gedünstet oder als Beilage serviert werden.

Diese erdenden Gemüsesorten tragen nicht nur zur Versorgung unseres Körpers mit wichtigen Nährstoffen bei, sondern verleihen unseren Mahlzeiten auch eine beruhigende Note, die perfekt zur winterlichen Atmosphäre passt. Indem wir sie in unsere Speisen integrieren, können wir die Erde symbolisch in unsere eigenen vier Wände holen und uns während der kalten Jahreszeit gestärkt und geerdet fühlen.

Das funktioniert auch mit erdenden Gewürzen, die unsere Mahlzeiten nicht nur geschmacklich, sondern auch emotional und spirituell wohltuend machen. Sie bringen eine gemütliche, wärmende Atmosphäre in unsere Küche und tragen dazu bei, dass wir uns in der winterlichen Dunkelheit erden und stärken können.

- Zimt: Dieses Gewürz verströmt einen süßen, warmen Duft und erinnert an gemütliche Abende am Kamin. Zimt kann zu Haferflocken, heißen Getränken wie Tee oder Kakao und Backwaren wie Zimtschnecken hinzugefügt werden.
- Ingwer: Mit seiner leichten Schärfe kann Ingwer eine wärmende Wirkung haben. Er eignet sich gut für Suppen, Eintöpfe und Currys oder kann in heißem Wasser als Ingwertee genossen werden. Er ergibt gerade im Winter eine schöne Kombination mit der warmen Zitrone am Morgen.

- **Nelken:** Nelken haben ein reiches, würziges Aroma und erinnern an gemütliche Winterabende als Kind, wenn der Nelkenduft in der Luft lag und die festlichen Tage ankündigte. Nelken können in Glühwein, Chai-Tee oder auch in herzhaften Eintöpfen verwendet werden.
- **Muskatnuss:** Die süße Würze der Muskatnuss verleiht vielen Gerichten eine angenehme Tiefe. Sie kann zu Kartoffelpüree, Kürbissuppen und cremigen Soßen hinzugefügt oder auch im Kakao genossen werden.
- **Kardamom:** Mein Gewürz für Zimtschnecken, das wie eine liebevolle Umarmung wirkt und besonders tief in uns drinnen ein wohliges Gefühl auslöst.
- **Vanille und Tonkabohne:** Vanille verströmt einen beruhigenden, süßen Duft und verleiht Desserts und Backwaren eine tief verwurzelnde und zugleich süße Note.
- **Honig:** Honig wird oft als erdend wahrgenommen, da er ein Naturprodukt ist, das von Bienen aus dem Nektar von Blüten hergestellt wird. Dieser Nektar ist eng mit der Erde verbunden, da er von Pflanzen aufgenommen wird, die tief in der Erde verwurzelt sind.

Duftender Gewürzzucker

In der winterlichen Stille bereitet es mir eine ganz besondere Freude, die Wärme und den Duft von Gewürzen in unsere Küche zu holen. Ein Rezept für duftenden Gewürzzucker ist wie eine Einladung an die winterlichen Gewürze, in unsere kulinarische Welt einzutreten und uns mit ihrer herzhaften Wärme zu umarmen.

Zutaten

- 200 g Rohrzucker oder Kokosblütenzucker
- 4 TL gemahlener Zimt
- 1 TL Kurkuma
- 2 TL gemahlener Piment
- etwas Vanille und Tonkabohne

- 1/2 TL gemahlene Nelken
- 1/2 TL gemahlene Muskatnuss

Diese Gewürze sind die Boten des Winters, die uns mit ihrem erdigen, warmen Aroma in eine gemütliche Atmosphäre hüllen. Um den duftenden Gewürzzucker herzustellen, vermische den Zucker sorgfältig mit diesen winterlichen Gewürzen und bewahre ihn in einem luftdichten Glas auf. Füge jede Zutat bewusst in deine Schüssel und vermische alles gut.

Die Magie dieses Gewürzzuckers liegt nicht nur in seiner Anwendung beim Backen, sondern auch in seiner Fähigkeit, herzhafte Gerichte zu verzaubern. Ein Teelöffel dieses Gewürzzuckers, kombiniert mit Honig, Zitronensaft und Olivenöl, verleiht deinem Wintergemüse eine warme und süße Note. Beim Überbacken einfach auf den schon fast fertigen Kürbis oder die Karotten streichen und wieder in den Ofen schieben. Oder ein wenig davon in deine goldene Milch oder deinen Kakao geben! So köstlich! Lass diese Gewürze deine Winterküche bereichern und genieße die genussvollen Ergebnisse.

Chai-Sirup-Rezept

Meine Familie und ich lieben dieses Rezept, das ich vor langer Zeit einmal von einer Freundin bekam. Es ist schnell zubereitet und kann besonders in der kalten Jahreszeit genossen werden, da es den Körper von innen zu wärmen beginnt. Alle Zutaten sind wunderbare Heilpflanzen, die nicht nur den Geschmack verbessern, sondern auch stärkend und schützend wirken. Dieser Sirup verleiht Kaffee, Kakao, Tee, Milchreis, Eis und vielem mehr einen köstlichen Geschmack. Es ist ratsam, gleich die doppelte Menge zuzubereiten!

Zutaten für 250 ml

- 10 g frischen Ingwer
- 6 Kapseln Kardamom
- 1 TL schwarze Pfefferkörner
- 3 Zimtstangen
- 4 Nelken
- 1 Vanilleschote
- 500 ml Wasser
- 250 g brauner Zucker
- 3 Beutel Schwarztee

Zubereitung

- Schäle zuerst den Ingwer und schneide ihn in dünne Scheiben. Die Kardamomkapseln und die Pfefferkörner mit einem Mörser oder Löffel leicht andrücken. Röste sie zusammen mit dem Zimt und den Nelken in einem Topf unter ständigem Rühren an, bis sie anfangen zu duften.
- Kratze das Mark aus der Vanilleschote und gib es zusammen mit der Schote, dem Wasser und dem Zucker zu den Gewürzen. Lass die Mischung aufkochen und füge den Schwarztee hinzu. Die Teebeutel nimmst du nach 5 Minuten wieder heraus und lässt die Mischung weitere 5 Minuten köcheln.
- Nimm den Topf nun von der Hitze und lass die Mischung weitere 30 Minuten ziehen. Schließlich siebst du sie durch ein feines Sieb.
- Reduziere die Flüssigkeit beim Kochen auf 250 Milliliter, gieße sie in zuvor heiß ausgespülte Flaschen und verschließe sie gut.

Aromakerzen für gemütliche Stimmungen

Im Herzen des Winters, wenn die Tage kurz und die Nächte lang sind, sehnen wir uns oft nach Wärme und Licht. Eine wunderbare Möglichkeit, diese Wärme in unser Zuhause zu bringen und gleichzeitig achtsam mit den Gaben der Natur umzugehen, ist die Herstellung von aromatischen Kerzen (siehe Seite 318).

Ich nutze sehr gern Bienenwachs dabei – immer nur so viel, wie ich wirklich brauche. Das Bienenwachs hat nicht nur den Vorteil, dass man warmes, sanftes Licht erhält, sondern es ist auch eine Möglichkeit, Mutter Natur und den Bienen für ihre großzügigen Gaben zu danken. Und es duftet soooo wunderschön. Bienenwachs ist ein wundervolles Material. Es brennt langsam und gleichmäßig, was deine Kerzen länger haltbar macht.

Wenn du eine vegane Alternative bevorzugst, ist Soywachs eine gute Wahl. Es wird aus Sojabohnen hergestellt und ist biologisch abbaubar. Die Kerzen aus Soywachs brennen sauber und erzeugen wenig Rauch.

DIY: Aromakerzen zum Selbermachen

Diese selbst gemachten Aromakerzen sind nicht nur wunderbare Geschenke, sondern auch eine Gelegenheit, dich mit der Natur zu verbinden und einen Hauch von Sommer in die kalten Monate zu bringen.

Materialien

- Bienenwachs- oder Soywachspellets
- Topf und Metallschüssel für das Wasserbad
- Docht aus Holz
- ätherische Öle deiner Wahl
- Apothekergläser oder Keramikbecher
- Rührstab oder Holzstab zum Umrühren
- kleine Dochthalter (Metall- oder Klebepunkte)

Anleitung

- Schmelze deine bevorzugten Wachspellets in einer Metallschüssel, die in einem Topf mit siedendem Wasser platziert ist. Während das Wachs schmilzt, befestige den Holzdocht in der Mitte des Glases oder Bechers. Du kannst kleine Metallhalter, Klebepunkte oder Wachstropfen verwenden, um den Docht in Position zu halten.
- Sobald das Wachs die richtige Temperatur erreicht hat, nimm es vom Herd und füge ätherische Öle deiner Wahl hinzu. Die Menge hängt von deinem persönlichen Geschmack und der gewünschten Duftstärke ab. Rühre die Öle gut unter. Ich nutze dafür Sushi-Holzstäbchen.

- Gieße das duftende Wachs vorsichtig in das Glas oder den Becher über den Docht. Stelle sicher, dass der Docht während des Gießens gerade bleibt, oder stabilisiere ihn noch mal in der Mitte, auch das geht gut mit zwei Holzstäbchen.
- Lass die Kerze mehrere Stunden lang ruhen, bis das Wachs vollständig abgekühlt und fest geworden ist.
- Schneide den Docht auf die gewünschte Länge und entzünde deine wunderschöne Aromakerze.

Achtsamkeitsimpulse für die Herstellung der Aromakerze

- Während das Wachs schmilzt und du die ätherische Öle hinzufügst, nimm dir Zeit, um ganz bewusst den Duft zu genießen.
- Visualisiere beim Wachsgießen, wie das warme Licht dieser Kerze deine Umgebung mit Wärme und Liebe erfüllen wird.
- Beim Entzünden der Kerze nimm dir einen Moment, um zur Ruhe zu kommen und den Tanz des Lichts zu beobachten.

Öle, die sich gut für Duftkerzen eignen

Bedenke immer: Weniger ist mehr! Drei Aromaöle oder auch ein einzelnes sind oftmals völlig ausreichend.

- **Lavendelöl:** Beruhigend und entspannend. Perfekt, um Stress abzubauen und eine friedliche Atmosphäre zu schaffen.
- **Zitronen-, Mandarinen- oder Orangenöl:** Erfrischend und belebend. Ideal, um Energie zu tanken und die Stimmung zu heben, auch gut für Konzentration.
- **Rosmarinöl:** Anregend und konzentrationsfördernd. Gut geeignet, um die Produktivität zu steigern und den Geist zu klären.
- **Pfefferminzöl:** Erfrischend und kühlend. Hilft bei der Linderung von Kopfschmerzen und fördert die Konzentration.
- **Eukalyptusöl:** Befreit die Atemwege und fördert die Klarheit der Sinne.
- **Thymianöl:** Reinigt deine Umgebung und bringt sanfte Klarheit.
- **Vanilleöl:** Ein süßer, beruhigender Duft, der Gemütlichkeit und Entspannung schafft.

- **Bergamotteöl:** Ein frischer, fruchtiger Duft, der die Stimmung aufhellt und Stress reduziert.
- **Sandelholzöl:** Ein warmes, erdiges Aroma, das Entspannung und inneren Frieden fördert.
- **Ylang-Ylang-Öl:** Ein blumiger, exotischer Duft, der die Sinnlichkeit steigert und das emotionale Gleichgewicht unterstützt.
- **Zedernholzöl** (so wie alle Waldöle): Ein holziger Duft, der Ruhe und Ausgeglichenheit fördert.

Diese ätherischen Öle sind nur einige Beispiele, und du kannst sie nach Belieben mischen, um einzigartige Duftkombinationen zu kreieren. Denke daran, ätherische Öle sind hochkonzentriert, daher reicht oft schon eine geringe Menge aus, um einen angenehmen Duft zu erzeugen. Ich nutze etwa zehn Tropfen für eine Kerze. Finde für dich heraus, welches Öl gerade zu dir und deiner Lebensphase passt, und probiere verschiedene Varianten.

Dinge, die du im Dezember verinnerlichen darfst

Trotze der Kälte: Nutze den Dezember, um dich mit der Natur zu verbinden, selbst wenn es draußen kalt ist. Spaziere im Wald, genieße die frische Winterluft und beobachte die Veränderungen in der Natur.

Behagliches Licht: In der dunklen Jahreszeit sind Lichtquellen von großer Bedeutung. Denn in der Natur ist derzeit nur wenig Licht. Verinnerliche die Symbolik des Lichts und schaffe gemütliche Lichtmomente mit Kerzen oder dezenten Lampen.

Wiederkehr des Lichts: Der Dezember ist die Zeit der kürzesten Tage und der Beginn des Winters, der zugleich auf die Rückkehr des Lichts hinweist. Verinnerliche die Botschaft, dass selbst in der Dunkelheit Hoffnung und Licht existieren.

Die Feiertage sind oft geprägt von Ritualen und Traditionen. Verinnerliche die Bedeutung dieser Rituale und schaffe deine eigenen, um eine tiefere Verbindung zur Jahreszeit aufzubauen. Egal welche Feiertage du begehst, lass dich von der Vorfreude auf die Festlichkeiten anstecken. Verinnerliche die Freude und das kindliche Staunen, das mit dem Dezember einhergeht.

Vergebung: Der Dezember ist eine Zeit des Abschlusses und des Neubeginnes. Verinnerliche den Wert der Vergebung, sowohl dir selbst als auch anderen gegenüber, und lass Altes los, um Platz für Neues zu schaffen.

Ruhe und Stille: Der Dezember bietet viel Gelegenheit zur Besinnlichkeit. Verinnerliche den Wert von Ruhe und Stille, um deine inneren Gedanken und Gefühle besser wahrnehmen zu können. Das geht besonders gut in der ruhigen Zeit zwischen den Jahren. Nutze den Dezember, um zur Ruhe zu kommen. Die Natur zieht sich zurück und bereitet sich auf die Erneuerung im Frühling vor. Erlaube dir selbst, zur Ruhe zu kommen und Energie zu tanken.

Danke für alles Gewesene: Schließe das Jahr mit Dankbarkeit ab. Verinnerliche all die Erfahrungen, Herausforderungen und Freuden, die das Jahr gebracht hat, und lerne aus ihnen.

Erdungsmeditation für den Dezember

Schließe deine Augen und finde eine bequeme Position, sei es im Sitzen oder Liegen. Beginne damit, einige tiefe Atemzüge zu nehmen, um dich zu zentrieren. Atme ruhig und gleichmäßig ein und aus.

Stell dir vor, wie sanfter Schnee langsam vom Himmel fällt und die Welt um dich herum in ein zauberhaftes Weiß hüllt. Du spürst, wie der Schnee auf deine Haut fällt und dich umgibt.

In dieser Winterlandschaft, inmitten schneebedeckter Felder, stehst du. Die Welt um dich herum ist still, die Dunkelheit umgibt dich. Du erinnerst dich in diesem Moment daran, wer du wirklich bist. Du bist mehr als dein physischer Körper. Du trägst ein Licht in dir, das in dieser Dunkelheit leuchtet und dir den Weg erhellt. Während du hier stehst, in dieser magischen Winterlandschaft, nimmst du wahr, wie sich die Stille um dich herum vertieft. Du spürst ganz sanft das Pulsieren der Erde, auf der deine Füße stehen, und du spürst die Kraft, die aus ihrem Inneren nach oben strömt, und wie sich all die Pflanzen schon bereit zu machen scheinen für den kommenden Frühling. In deinen Fußsohlen kribbelt es, doch du verweilst ganz still und achtsam. Du bist völlig mit der Stille um dich herum verbunden. Du spürst die Präsenz einer alten Frau, die aus der Dunkelheit tritt und für dich immer klarer sichtbar wird. Ihr Haar ist weiß wie der Schnee und ihre Augen strahlen eine unendliche Weisheit aus. Die Alte öffnet eine ihrer Hände und du siehst, dass sie eine Kugel aus sanftem weißem Licht hält. Sie streckt die Hand aus und legt sie mit diesem Licht über dein Herz. In diesem Moment durchfluten Mitgefühl und Güte dein Sein. Dein Herz öffnet sich weiter und du fühlst, wie es von Liebe erfüllt wird. Es ist deine Liebe für dich. Ein Geschenk von dir an dich.

»Dies ist dein Geschenk«, flüstert die alte weise Frau. »Es beinhaltet die Magie, zu lieben, zu akzeptieren, zu vergeben und die Vergangenheit hinter dir zu lassen.«

Ein tiefes Gefühl des Friedens erfüllt dich und wunderschönes weißes Licht strahlt sanft von deinem Herzen aus. Hier, wo Himmel und Erde sich begegnen, spürst du die Einheit aller Dinge.

»Mein Zauber liegt in der Stille«, sagt die Weise ruhig. »Erkenne meine Geschenke in Momenten der Ruhe im Winter. An Tagen, an denen der Mond im Dunkeln steht, und in der Stille der Nacht. An diesen Tagen ist die Erneuerung in ihrer stärksten Kraft.«

Die alte Frau streichelt sanft über dein Gesicht. »Etwas Neues wird kommen«, flüstert sie. »Die Zukunft verheißt Liebe und Licht, alles wird dir zufließen.« In dieser Winterlandschaft, in der die Zeit stillzustehen scheint, erlaube dir, dich auszuruhen und alles, was dich belastet, loszulassen. Spüre, wie du dich in Liebe und Mondlicht erneuerst.

Ihr verweilt in diesem Moment der Stille und Liebe. Die alte Frau wendet sich dann langsam ab und verschwindet in der Dunkelheit der Nacht. Während sie verblasst, hörst du sie flüstern: »Alles ist gut. Alles ist gut. Alles ist gut.« Öffne langsam deine Augen und finde dich wieder in deinem gegenwärtigen Raum. Du schaust dich um und der Schnee draußen schimmert immer noch im Mondlicht. Du bist erfüllt von Frieden und Liebe, bereit für alles, was kommen mag.

»In den Raunächten empfange ich Wandel und
Weisheit. Ich lasse Altes los und begrüße das Neue
mit Zuversicht. Jede Nacht ist ein Schritt für mich,
um Neues einzuladen und zu empfangen.
In dieser Magie bin ich verbunden und
gestärkt für ein erfülltes neues Jahr
voller Licht und Liebe.«

ZAUBERHAFTE RAUNÄCHTE

Eine Begegnung mit der Anderswelt

Seit vielen Jahren nutze ich die heiligen Nächte, um mich auf das Wesentliche zu besinnen, das vergangene Jahr loszulassen und mit Freude das neue Jahr willkommen zu heißen. In dieser Zeit gehören tägliche Räucherungen, Visualisierungen, Meditationen, gutes gemeinsames Essen und die Reinigung von Körper, Geist, Seele, Haus und Hof zu meinen Ritualen. Unsere Kinder werden, wenn sie Lust haben, in diese magische Atmosphäre einbezogen oder sie spüren die positive Energie der heilenden Räucherungen um uns herum.

Leider habe ich in diesem Buch nicht genug Raum, um tiefer in das Thema einzutauchen. Von daher teile ich hier mit dir nur eine kurze Einführung und eine Meditation, die du gern täglich in dieser Zeit praktizieren kannst. Schau gern auf meiner Internetseite vorbei, dort gibt es einige Impulse zu den Raunächten und auch einen Kurs für eine intensive Verbindung zur Natur in dieser Zeit.

Es verbinden sich verschiedene traditionelle Regeln mit den Raunächten. In meiner Kindheit wurde auf dem Hof meiner Großmutter in dieser Zeit zum Beispiel keine Wäsche aufgehängt. Man fürchtete, dass die Holle oder andere düstere Wesen sich darin verfangen könnten und dann ein Leichentuch ins Haus kommen würde. Solche alten Geschichten begleiten uns oft durchs Leben, ohne dass wir viel darüber nachdenken oder sprechen. Dennoch sind sie tief in uns verwurzelt – und so waschen viele Menschen in der Zeit der Raunächte keine Wäsche und hängen sie nicht auf (ich übrigens auch nicht). Ob Aberglaube oder frühkindliche Prägung, sei dahingestellt. Es geht darum, die Bedeutung dieser langen, dunklen Nächte zu verstehen. Tatsächlich können wir es als eine Art erzwungene Pause ansehen, dass wir nicht waschen, nicht »spinnen« und einfach nicht viel tun. Gerade für uns Frauen heute und damals ist es eine gute Zeit, um wirklich einmal zur Ruhe zu kommen und das »empfangende Prinzip« zu verinnerlichen.

Die Raunächte sind eine Zeit des Übergangs, in der die Dunkelheit dem Licht weicht und die Tage allmählich länger werden. Es ist eine Zeit des Neuanfangs, in der das Leben aus der Dunkelheit erwacht und erblüht. Diese magische Zeit erinnert uns daran, dass alles im Leben einem Kreislauf unterliegt und dass selbst in der tiefsten Dunkelheit ein Funke Hoffnung und Licht existiert. Möge die Zeit der Raunächte für uns eine Zeit der Reflexion, des Zusammenseins und der Freude sein, während wir das Licht willkommen heißen und uns auf die Rückkehr des Frühlings freuen. Nutze die Raunächte, um dich zu erden, zu reflektieren und dich auf das kommende Jahr vorzubereiten. Verbinde dich in diesen heiligen zwölf Nächten mit der Natur und der spirituellen Energie, die in dieser Zeit besonders stark ist.

Räuchern in den Raunächten

Das Räuchern ist jetzt eine besonders kraftvolle und tiefe spirituelle Praxis, die dazu dient, die besonderen Energien der Nächte zwischen den Jahren zu nutzen. Während dieser Zeit sind die Tore zur Anderswelt geöffnet und das Räuchern kann dazu beitragen, die Verbindung zur spirituellen Welt zu vertiefen, das Alte loszulassen und das Neue willkommen zu heißen.

Durch das Räuchern mit Kräutern können wir uns innerlich auch auf das kommende Jahr vorbereiten und uns im Moment verankern. Das intensive Räuchern während dieser Zeit, die Kombination von Duft und Rauch, löst unmittelbar Gefühle in uns aus. Versuche dann einfach, dich diesem Moment hinzugeben, und du wirst erstaunt sein, wie wohltuend das oft ist.

Bei der Auswahl der Kräuter darf es entspannt zugehen. Es muss nicht die perfekte Mischung sein. Schau einfach in deiner Küche nach, denn die wichtigsten Kräuter hast du wahrscheinlich schon im Schrank. Thymian, Salbei und ein paar Tannennadeln, die du draußen sammeln kannst, sind bereits ausreichend. Möglicherweise hast du im Sommer auch schon eine Raunächte-Mischung gesammelt und getrocknet (siehe Kapitel zum Juni) – oder das Lavendelsträußchen, das in deinem Flur hängt, ruft dir liebevoll entgegen, dass es sich gern in den folgenden Tagen verräuchern lassen möchte.

Raunachtsmeditation: Eine Reise durch die heiligen Nächte

Bereite dich auf deine Reise durch die heiligen Raunächte vor. Leg deine Räucherkräuter, glühende Kohle, ein Glas Wasser, eine Kerze und Streichhölzer, einen Zettel und einen Stift bereit.

Schließe deine Augen und atme tief ein und aus. Spüre, wie du dich in eine tiefe Ruhe begibst. Dies ist die Zeit der Raunächte, eine Zeit zwischen den Jahren, in der die Tore zur Anderswelt weit offen stehen.

Stell dir vor, du befindest dich in einer dunklen Höhle, umgeben von einer tiefen Stille. Diese Dunkelheit ist der Ursprung von allem, der Anfang und das Ende. Sie ist die Quelle des Lebens und der Erneuerung. Wenn du möchtest, öffne deine Augen, entzünde jetzt deine Kerze und streue deine Räucherkräuter in dein Räucherschälchen. Verweile in diesem Moment, atme tief ein und aus und spüre, wie sich die heilende und herzöffnende Magie der Kräuter ausbreitet.

Schließe nun wieder deine Augen und spüre, wie auch vor deinem inneren Auge ein warmes Licht zu scheinen beginnt. Es ist die Kerze der Hoffnung, die in dieser Dunkelheit leuchtet. Diese Flamme repräsentiert die Kraft des Neubeginns, die auch in den dunkelsten Momenten erstrahlen kann.

Du spürst den festen Boden unter dir, die Erde, die dich trägt. Du bist mit ihr verwurzelt wie ein Baum, dessen Wurzeln tief in die Erde reichen. Diese Verbindung zur Erde gibt dir Stabilität und Kraft.

Dein Blick geht nach oben in den Nachthimmel und du betrachtest die funkelnden Sterne. Du fühlst dich verbunden mit dem Universum, ein Teil des großen Ganzen. Die Sterne sind deine Begleiter auf dieser Reise, sie geben den Weg vor, während du den pulsierenden Takt von Mutter Erde hörst. Du bist in Vollkommenheit verbunden und eins mit der Melodie des Himmels und der Erde.

Die Nacht um dich herum fühlt sich wunderbar still an, du hörst nur das leise Rauschen der Natur. Die Natur ruht und atmet. Du spürst, wie ihre Energie dich umgibt und belebt. Es fühlt sich an, als würdest du in einem Traumzustand verweilen, in einer Welt der Visionen und Botschaften.

Träume, die sich in diesen Tagen zeigen, sind Fenster zur Seele, in denen sich deine tiefsten Wünsche und Sehnsüchte offenbaren. Nimm diese Träume wahr und verankere sie.

Die Weisheit deiner Ahninnen und Ahnen ist bei dir. Du spürst ihre liebevolle Präsenz und ihre Verbundenheit mit dir. Sie hüten das Wissen und die vielleicht vergessenen Traditionen.

Öffne mit dem nächsten Atemzug bewusst deine Augen. Nimm das Glas Wasser in deine Hand und halte es in das Licht der Kerze. Dieses Wasser wird gereinigt und mit heilender Energie durchströmt. Trinke es langsam und spüre, wie es dich von innen heraus erfrischt, belebt und reinigt.

Nimm nun deinen Stift zur Hand und beginne mit dem Schreiben einer Liste von Dingen, für die du dankbar bist. Die Kraft der Dankbarkeit öffnet dein Herz und zieht positive Energien an. Fühle die tiefe Dankbarkeit in dir und lass sie in dein Leben strömen.

Möglicherweise spürst du die Anwesenheit der Tier- und Pflanzenwelt um dich herum. Vielleicht spürst du auch deine Ahnen. Jedes Gefühl und jede Energie, die sich zeigt, hat ihre eigene Weisheit und Botschaft. Lass dich von ihrer Präsenz inspirieren und lerne von ihnen.

Deine Reise nähert sich für heute dem Ende. Atme noch einmal tief in das gerade Erlebte hinein und nimm wahr, wie sich dein Körper anfühlt. Du hast dich mit der Dunkelheit, dem Licht, der Erde, den Sternen, der Natur, deinen Träumen, den Ahnen, dem Wasser, der Dankbarkeit und dem Feuer verbunden. Spüre die Tiefe dieser Verbindungen, die dich in dieser heiligen Zeit begleiten. Du bist bereit für das, was das kommende Jahr bringen mag, gestärkt und erfüllt von der Magie des Vergangenen, der Gegenwart und des Kommenden. Öffne deine Augen und kehre sanft in deine Alltagswelt zurück.

Bewahre all deine notierten Dankbarkeitsgedanken vielleicht auf kleinen Zetteln in einem Glas auf und immer, wenn du dich im nächsten Jahr mal nicht so gut fühlen solltest, ziehe einen der Zettel aus dem Glas, lies dir durch, was du geschrieben hast, und du wirst merken, wie kraftvoll deine eigenen Worte in dem Moment dein Herz berühren. Oder du bewahrst die Liste einfach in deinem Raunacht-Tagebuch auf.

JANUAR: DIE STILLE GENIESSEN

»Ich bin Stille«

Im Januar, wenn die Welt in einer stillen Umarmung des Winters ruht, haben wir die Gelegenheit, unsere Sinne zu schärfen und die subtile Schönheit um uns herum wahrzunehmen. Die klare, kalte Luft füllt unsere Lunge und erinnert uns an die Essenz des Lebens. Jeder Atemzug ist wie ein kostbares Geschenk, das uns lebendig erhält.

Die Sonne steht tief am Himmel und ihr Licht zaubert wundervolle Muster in die Landschaft. Die Welt wirkt friedlich und zeitlos und wir können uns in dieser Ruhe verlieren, während wir durch den vielleicht verschneiten Wald spazieren. Die Bäume scheinen in meditativer Stille zu stehen und erzählen Geschichten von vergangenen Zeiten.

In dieser Zeit der Stille und Besinnung recken sich die allerersten Schneeglöckchen durch die Schneedecke oder vereinzelte Schneefleckchen, als Boten des Neuanfangs und der Hoffnung. Ihre zarten Blütenköpfe öffnen sich der Welt, als ob sie uns ermutigen würden, ebenfalls unser Innerstes zu enthüllen und unsere Herzen für neue Möglichkeiten zu öffnen. Die Schneeglöckchen sind wie kleine Lichter in der Dunkelheit des Winters, die uns den Weg weisen.

Hoch am Himmel ziehen die Gänse in perfekter Formation, als ob sie die Weisheit der Muster des Lebens selbst tragen würden. Ihr Flug erinnert uns daran, dass es Zeiten des Wandels gibt und dass wir uns dennoch auf unseren inneren Kompass verlassen können, um unseren Weg zu finden. Die Blässgänse sind Botschafter des Fernen und des Unbekannten, sie laden uns ein, unsere Flügel auszubreiten und neue Horizonte zu erkunden.

Der Januar ist eine Zeit des Zuhörens – nicht nur den Geräuschen der Welt um uns herum, sondern auch dem sanften Flüstern unserer Seele. Wenn wir uns in die Stille begeben und unseren Atem spüren, können wir die Botschaften hören, die unser Herz uns mitteilen möchte. Hier finden wir die Kraft, uns mit unserem wahren Selbst zu verbinden und unser inneres Licht in die Welt zu tragen. Der Atem des Januars ist ein Hauch des Lebens selbst, der uns daran erinnert, dass wir lebendig sind.

So gleicht der Januar einer empfängnisvollen Zeit, in der wir die Samen unserer Träume und Absichten für das kommende Jahr in die fruchtbare Erde legen. Wir sind bereit, uns mit der Weisheit der Natur zu verbinden und unseren eigenen Lebenszyklus zu ehren. Der Januar gibt uns die Möglichkeit, unsere Geschichte auf eine neue Art und Weise zu schreiben. Er fordert uns auf, unsere Gedanken zu ordnen und unseren Geist zu klären. Wir können unsere Ziele und Träume für das neue Jahr klar definieren und uns auf das konzentrieren, was uns wirklich wichtig ist.

Die Tannenbäume stehen stolz da und trotzen dem Wintersturm. Sie erinnern uns daran, dass uns Standhaftigkeit und Ausdauer durch die härtesten Zeiten tragen können. Wir können von der Tanne lernen, wie man seine Wurzeln tief in der Erde verankert und dennoch den Himmel erreicht.

Im Januar, in dieser Zeit des Neuanfangs und der Verbindung mit der Natur, können wir unsere eigene innere Strahlkraft erkennen. Wir sind Teil eines größeren Ganzen und unser Leben ist ein kostbares Geschenk. Möge der Januar dir die Ruhe, die Klarheit und die Inspiration bringen, die du brauchst, um das kommende Jahr mit Freude und Entschlossenheit zu gestalten.

Die kraftvolle Energie der Tanne

Die majestätische Tanne erstrahlt im Winter wie eine leuchtende Königin des Waldes. Sie verkörpert Beständigkeit, Kraft und Ausdauer und birgt eine Fülle heilender Eigenschaften in sich. Ihre Nadeln und das Harz sind Schätze für die Naturheilkunde. Diese Wirkstoffe sind reich an schleimlösenden, entzündungshemmenden und immunstärkenden Stoffen. In der kalten Jahreszeit sind sie ein wertvoller Verbündeter gegen Erkältungen, Bronchitis und andere Atemwegsbeschwerden. Ihr ätherisches Nadelöl findet sich oft in wohltuenden Erkältungsbädern.

Die Tanne heilt jedoch nicht nur den Körper, sondern auch die Seele. Sie ist ein Balsam für stressgeplagte Gemüter, ein Licht in der Dunkelheit von Ängsten und Traurigkeit. Die Tanne schenkt uns Ruhe und Klarheit, eine sanfte Brise für die im Sturm aufgewühlte Seele.

Affirmation für den Januar

»Ich öffne mein Herz für die Stille der Natur. Ich lasse die Ruhe und Klarheit des Winters in mein Inneres fließen. Mit jedem Atemzug spüre ich die erfrischende Kälte, die mich belebt und reinigt.«

Im Januar, wenn die Tage noch kurz und die Nächte lang sind, ermuntert uns die Tanne, an die Erneuerung des Lebens zu glauben. Es ist Zeit, unsere inneren Kräfte zu mobilisieren und den Blick auf das Positive zu richten. Die Tanne, grün und fest verwurzelt, steht als Symbol der Standhaftigkeit vor uns. Wir dürfen uns mit ihrer kraftvollen Energie verbinden und sie in uns aufnehmen. Wir erinnern uns daran, dass auch wir stark und beständig sind. Wir klären unsere Atemwege und beruhigen unsere Gedanken, um auf einer höheren Bewusstseinsebene zu schwingen. Die Tanne ist ein wahrer Segen der Natur, der uns durch den Januar und darüber hinaus begleitet.

In Verbindung mit der Tanne

Anfang Januar liegt die Erde noch im tiefen Winterschlaf, doch schon kurz nach Silvester beginnt das erste emsige Treiben unter den Menschen. Weihnachtsbäume finden ihren Weg nach draußen und die neu gesetzten Vorsätze möchten gelebt werden. Doch inmitten dieses geschäftigen Tuns lade ich dich ein, einen Augenblick innezuhalten, tief durchzuatmen und aus dem Fenster zu schauen.

Was siehst du, wenn du die Natur betrachtest? Alles scheint still und harmonisch zu sein. Die Kälte hält die meisten Tiere verborgen. Die einzige heilsame Farbe, die deine Augen streift, ist das Grün der Tannen, die um dich herum stehen oder als Weihnachtsbäume auf den Straßen liegen. Wenn du das Glück hattest, einen Bio-Weihnachtsbaum in deinem Wohnzimmer zu haben, dann kannst du ihm jetzt ein zweites Leben schenken, indem du die Kraft des Grüns weiterhin mit ihm teilst. Falls du keinen Weihnachtsbaum hattest, genügt auch ein kleiner Spaziergang im Wald oder Park, um ein paar Tannennadeln zu sammeln. Tannen, Fichten, Douglasien oder Kiefern eignen sich hervorragend – nur bitte meide die giftige Eibe.

Während du durch den Wald wanderst, versuche, dich mit jedem Schritt bewusst mit Mutter Erde zu verbinden. Verweile an den Stellen, die dich besonders ansprechen, und genieße die Stille. Manchmal ist es schon das einfache Gehen, das dich tiefer in deinen eigenen Körper und Geist eintauchen lässt.

Besonders in den Tagen nach den Raunächten und den Feiertagen lädt uns die Natur ein, innezuhalten und in der frischen Energie des neuen Jahres anzukommen. Ein Spaziergang im Wald ist in dieser Zeit eine wundervolle Idee.

Kommst du nach deinem Waldspaziergang mit einer Handvoll Tannennadeln nach Hause, kannst du ein duftendes und pflegendes Tannenöl herstellen. Dieses Öl kannst du immer dann verwenden, wenn du wieder in den Moment des stillen Winters eintauchen möchtest. Körper und Geist werden sich sofort an diesen wunderbaren Tag im Wald erinnern und eine glückliche Leichtigkeit wird sich in dir ausbreiten. So kannst du die Energie des Waldes und die Ruhe des Winters immer bei dir tragen.

Tannenöl

Mit diesem selbst gemachten Tannenöl kannst du die Energie des Waldes und die Ruhe des Winters das ganze Jahr über für dich nutzen.

Zutaten

- 50 g Tannennadeln
- 1 EL Honig
- 50 g Alkohol
- 250 ml Öl
- 1 Prise Salz

Anleitung

- Schneide die Tannenspitzen klein. Du kannst die ganzen Zweige verwenden, da die Rinde viele Phytohormone, Wachstumsstoffe und Gerbstoffe enthält. Das Holz speichert Harz und Aromastoffe und kann ebenfalls verwendet werden. Achte darauf, dass das Pflanzenmaterial klein genug ist, um später leicht gefiltert werden zu können.
- Mixe die Tannenspitzen zusammen mit den anderen Zutaten in einem Blender. Je kleiner das Pflanzenmaterial, desto besser können sich die Inhaltsstoffe lösen. Es sollte aber noch gut zu filtern sein.

- Bring die Mischung zum Kochen und lass sie 10 Minuten köcheln. Das Öl sollte dabei Temperaturen leicht unter 100 Grad erreichen. Das verdampfende Wasser aus dem Alkohol reguliert die Temperatur und verhindert, dass das Öl zu heiß wird. Dieser Prozess extrahiert die Inhaltsstoffe und stabilisiert das Öl durch die hohen Temperaturen.
- Schalte den Herd nach 10 Minuten ab und lasse die Mischung weitere 30 Minuten zugedeckt ziehen.
- Filtere den Sud anschließend durch ein Feinsieb und fülle ihn in zuvor desinfizierte Flaschen.

Wohltuendes mit Tannennadeln und Tannenöl

Die folgenden Rezepte bieten verschiedene Möglichkeiten, die wohltuenden Eigenschaften der Tanne zu nutzen.

Tannenbadesalz

Zutaten

- 1 Tasse grobes Meersalz oder Epsom-Salz
- 1/4 Tasse getrocknete Tannennadeln (klein geschnitten)
- 10 bis 15 Tropfen ätherisches Tannenöl

Anleitung

- Die Tannennadeln und das Salz in einer Schüssel vermengen. Das ätherische Öl hinzufügen und gut mischen.
- Die Mischung solltest du in einem luftdichten Behälter aufbewahren.
- Füge eine Handvoll davon dem Badewasser hinzu und entspanne in einem herrlich duftenden Tannenbad.

Tannen-und-Honig-Gesichtsmaske

Diese Maske hilft, die Haut zu beruhigen und zu pflegen.

Zutaten

- 2 EL Tannenöl aus deiner eigenen Herstellung
- 1 EL Honig

Anleitung

- Das Tannenöl und den Honig in einer kleinen Schüssel vermengen, bis eine gleichmäßige Masse entsteht.
- Die Maske gleichmäßig auf das gereinigte Gesicht auftragen und 15 bis 20 Minuten einwirken lassen.
- Mit warmem Wasser abspülen und die Haut sanft abtrocknen.

Tannen-Erkältungssalbe

Zutaten

- 1/2 Tasse Kokosöl
- 2 EL Bienenwachs (Pellets oder gehackt)
- 10 bis 15 Tropfen ätherisches Tannenöl

Anleitung

- Kokosöl und Bienenwachs in einem hitzebeständigen Behälter schmelzen und gut vermengen.
- Das Tannenöl hinzufügen und gründlich einrühren.
- Die Mischung in einen kleinen Tiegel gießen und abkühlen lassen. Verwende diese Salbe auf Brust und Rücken, um Erkältungssymptome zu lindern.

Tannen-Aromadiffuser

Zutaten

- Wasser
- 5 bis 10 Tropfen ätherisches Tannenöl

Anleitung

- Fülle einen Diffuser gemäß den Anweisungen des Herstellers mit Wasser und füge 5 bis 10 Tropfen Tannenöl hinzu.
- Schalte den Diffuser ein und genieße den erfrischenden Tannenduft in deinem Raum.

Überblick über unterschiedliche Tannenöle

Es gibt verschiedene Arten von ätherischen Tannenölen, die aus verschiedenen Tannenarten gewonnen werden können. Hier sind einige Beispiele:

- **Tannenöl *(Abies alba)*:** Dieses Öl wird aus der Weißtanne gewonnen und hat einen frischen, harzigen Duft. Es wird oft zur Unterstützung der Atemwege und zur Linderung von Erkältungssymptomen verwendet.
- **Fichtennadelöl *(Picea)*:** Fichtennadelöl wird aus verschiedenen Fichtenarten gewonnen und hat einen erfrischenden, balsamischen Duft. Es kann bei Muskelverspannungen und zur Linderung von Atemwegsproblemen eingesetzt werden.
- **Douglasienöl *(Pseudotsuga menziesii)*:** Dieses Öl stammt von der Douglasie und hat einen angenehm frischen Duft. Es wird oft wegen seiner beruhigenden und entspannenden Eigenschaften verwendet.
- **Sibirische Tanne *(Abies sibirica)*:** Das ätherische Öl der Sibirischen Tanne hat einen frischen, leicht süßlichen Duft. Es wird häufig zur Unterstützung des Immunsystems und zur Entspannung eingesetzt.
- **Silbertanne *(Abies procera)*:** Die Silbertanne liefert ein ätherisches Öl mit einem erfrischenden, klaren Duft. Es kann dazu beitragen, die Atemwege zu öffnen und Stress abzubauen.

Bitte beachte, dass ätherische Öle sehr konzentriert sind und verdünnt werden müssen, bevor sie auf die Haut aufgetragen oder eingenommen werden. Es ist auch ratsam, ätherische Öle mit Bedacht und unter Berücksichtigung der individuellen Bedürfnisse und Empfindlichkeiten zu verwenden. Wenn du unsicher bist, konsultiere eine Fachperson für Aromatherapie oder Naturheilkunde.

Achtsamkeitsmomente im Januar

Barfuß in den Schnee: Nutze die Gelegenheit, um barfuß in den Schnee zu gehen. Spüre die Kälte und die Berührung des Bodens unter deinen Füßen. Lass dich von der erdenden Kraft des Schnees und der Natur inspirieren.

Körperliche Zuwendung: Achte bewusst auf deinen Körper und widme ihm besondere Aufmerksamkeit. Massiere deine Füße oder lass dir eine entspannende Massage geben. Durch die gezielte Zuwendung kannst du deine Muskeln entspannen, deine Gelenke unterstützen und eine tiefere Verbindung zu deinem Körper herstellen.

Badesalz mit Tannenöl: Gönne dir ein entspannendes Bad mit Badesalz und füge ein wenig Tannenöl hinzu. Das Tannenöl verbindet dich mit der erdenden Energie des Waldes und hilft dir, dich zu entspannen. Spüre die wohltuende Wirkung des Duftes und lass dich von der Natur umarmen.

Beobachte den Himmel und die Vögel: Nimm dir bewusst Zeit, um am Fenster zu stehen und den Himmel oder das Treiben der Vögel zu beobachten. Achte auf die Details, die Formen der Wolken oder das Flugverhalten der Vögel. Lass dich von der Schönheit und dem Wunder der Natur berühren und fühle dich eins mit dem Moment. Erkennst du unsere heimischen Wintervögel?

Verbindung mit der Christrose: Die Christrose ist eine winterliche Blume, die im Januar blüht. Nimm dir bewusst Zeit, um eine Christrose zu betrachten und dich mit ihrer Energie zu verbinden. Spüre die Zartheit und Stärke dieser Blume und lass dich von ihrer Schönheit und Ausdauer inspirieren.

Diese Achtsamkeitsmomente helfen dir im Januar dabei, dich zu erden und mit der winterlichen Energie zu verbinden. Nutze diese Zeit, um bewusst im Moment zu sein, dich auf deinen Körper zu konzentrieren, die Natur zu beobachten und dich mit den winterlichen Elementen zu vereinen. Lass dich von der Ruhe und Stille des Januars inspirieren und finde Frieden in deinem Inneren.

Atem und Erden

Das Atmen ist ein unscheinbarer, aber dennoch großer Akt, der uns ständig begleitet und mit der tiefsten Essenz des Lebens verknüpft ist. Stell dir vor, du stehst auf einem saftig grünen Feld, umgeben von majestätischen Bäumen und einem klaren blauen Himmel. Du spürst den festen Boden unter deinen Füßen und die sanfte Brise, die durch dein Haar streicht. In diesem Moment wird dir bewusst, wie tief verwurzelt du mit der Erde und der Natur um dich herum bist.

Deine Atmung ist wie der Pulsschlag der Erde selbst, ein stetiger Rhythmus, der dich mit jedem Atemzug mit der Lebenskraft der Natur verbindet. Wenn du tief einatmest, fühlst du, wie die Luft deine Lunge erfüllt, wie sie frische Energie und Klarheit hineinströmen lässt. Und wenn du ausatmest, spürst du, wie sich alles, was nicht mehr gebraucht wird, sanft und mühelos von dir löst und zur Erde zurückkehrt.

Dieses einfache, aber kraftvolle Handeln des Atmens erdet dich inmitten des hektischen Lebens, das oft von Sorgen, Stress und Ablenkungen geprägt ist. Es erinnert dich daran, dass du ein Teil dieses wundervollen Planeten und seiner Atmosphäre bist, dass du in einer tiefen Verbindung zur Natur stehst und dass du die Fähigkeit besitzt, dich in jedem Augenblick auf das Wesentliche zu besinnen.

Die Erde, auf der du stehst, gibt dir Halt und Sicherheit, genau wie die bewusste Atmung. Sie schenkt dir die Möglichkeit, in der Gegenwart zu verweilen, zuzuhören, was deine Seele dir im Flüstern des Windes mitteilt, und neue Kraft zu schöpfen, um den Herausforderungen des Lebens mit einem ruhigen und gelassenen Herzen zu begegnen. Atmen ist mehr als nur ein physischer Akt – es ist eine Einladung, dich mit der tiefsten Essenz des Seins zu verbinden und deine innere Ruhe zu finden.

Atemimpuls: Wechselatmung

Die Wechselatmung ist eine bewährte Atemübung aus dem Yoga, die auch als »Nadi Shodhana« bekannt ist. Diese Technik zielt darauf ab, deine Atmung zu beruhigen, Stress abzubauen und Klarheit in deinen Geist zu bringen. Hier ist eine Variante, wie du die Wechselatmung praktizieren kannst:

Setze dich in eine bequeme Position, entweder auf einem Stuhl mit aufrechter Wirbelsäule oder im Lotossitz auf dem Boden. Leg deine linke Hand auf deinen Schoß und bringe den Daumen und den Zeigefinger deiner rechten Hand zur Nase.

Schließe deine Augen und atme einige Male tief durch die Nase ein und aus, um dich zu entspannen.

Verwende nun deinen rechten Daumen, um dein rechtes Nasenloch zu verschließen, während du durch das linke Nasenloch einatmest. Atme ruhig und gleichmäßig ein, ohne es zu forcieren.

Halte deinen Atem einen Moment lang an, während du beide Nasenlöcher verschließt: Der rechte Daumen bleibt auf dem rechten Nasenflügel und der rechte Zeigefinger legt sich auf den linken Nasenflügel.

Lass nun dein rechtes Nasenloch frei, das linke bleibt geschlossen. Atme durch das rechte Nasenloch ruhig und gleichmäßig aus und wieder ein. Wechsel der Nasenlöcher – wieder aus und ein. Wechsel.

Wiederhole diesen Prozess für mehrere Atemzyklen. Jedes Mal, wenn du eingeatmet hast, wechselst du die Nasenlöcher, indem du den Daumen und den Zeigefinger abwechselnd verwendest.

Konzentriere dich während der Übung auf deinen Atem und spüre die erfrischende und beruhigende Wirkung, die die Wechselatmung auf deinen Geist hat.

Beende die Übung, indem du nach einer Ausatmung durch das rechte Nasenloch beide Nasenlöcher öffnest und einige normale Atemzüge durch beide Nasenlöcher machst.

Die Wechselatmung hilft, deine beiden Gehirnhälften auszugleichen, beruhigt das Nervensystem und fördert die Konzentration.

Sie ist besonders nützlich, wenn du dich gestresst oder überfordert fühlst, da sie dir hilft, dich zu zentrieren und zu erden. Du kannst diese Übung täglich praktizieren oder immer dann, wenn du eine kurze Auszeit für Entspannung und Klarheit benötigst.

Strahlkraft des Bergkristalls

Bergkristalle, die klaren Juwelen der Erde, sind von lichtdurchfluteter Reinheit. Ihre Wirkung ist wie ein erfrischender Atemzug in der kristallklaren Winterluft.

Stell dir vor, du hältst einen glitzernden Bergkristall in deinen Händen. Die glatten Facetten des Steins spiegeln das sanfte Licht des Wintermorgens wider. In diesem klaren Kristall ruht eine ungeahnte Kraft. Er hat die Fähigkeit, Dunkelheit zu vertreiben und deinen Geist zu erhellen.

Bergkristalle sind wie ein Spiegel für die Seele. Sie klären, reinigen und energetisieren. Wenn du dich von negativen Energien umgeben fühlst, können sie dir helfen, diese abzuleiten, und stattdessen positive Energie fördern. Der Bergkristall ist wie ein unsichtbarer Wind, der frische Lebensenergie in deine Umgebung bläst.

Besonders im Winter, wenn die Luft kalt und klar ist, steht der Bergkristall in Verbindung mit dem Element Luft. Er erinnert dich an die Reinheit und Klarheit dieses Elements und lädt dich ein, diese Klarheit in deinem eigenen Geist zu finden. Wenn die Welt draußen von einer weißen Schneedecke bedeckt ist und alles ruhig und still wirkt, kann der Bergkristall dir dabei helfen, eine ähnliche Ruhe und Klarheit in dir selbst zu entdecken.

Stell dir vor, wie du den Bergkristall in deinem Raum platzierst. Seine Präsenz belebt die Energie um dich herum und klärt sie von allem Ballast. Dunkle Gedanken und belastende Energien weichen dem hellen Glanz des Kristalls. Er erinnert dich daran, dass selbst in der dunkelsten Winterzeit Reinheit und Klarheit des Geistes erreichbar sind.

Nimm dir Zeit, dich mit dem Bergkristall zu verbinden. Halte ihn in deinen Händen, spüre seine kühle Energie und lass seine klärende Wirkung zu. Er ist wie ein Freund, der dir in der Winterzeit beisteht und dir hilft, diese Zeit mit einem offenen Herzen und einem klaren Geist zu erleben.

DIY: Bergkristall-Traumfänger oder -Windspiel

Dieses Windspiel kann nicht nur eine schöne visuelle Ergänzung in deinem Zuhause oder Garten sein, sondern auch eine beruhigende und inspirierende Wirkung haben, wenn du die funkelnden Bergkristalle im Wind tanzen siehst.

Materialien

- ein Metallring oder Metallreifen (je nach gewünschter Größe)
- durchsichtiger Nylonfaden oder Angelschnur
- Bergkristall-Perlen oder -Splitter (du kannst ein Bergkristall-Armband zerlegen)
- klarer Kleber
- eine Schere
- eine dünne Nadel

Anleitung

- Zerlege das Bergkristall-Armband oder verwende bereits vorhandene Perlen oder Splitter aus Bergkristall.
- Wenn der Metallring nicht bereits geschlossen ist, verbinde die Enden miteinander, sodass ein geschlossener Kreis entsteht. Du kannst den Ring auch bemalen oder mit einer Schicht Klarlack versehen, um ihn vor Rost zu schützen, wenn er im Freien hängen soll.
- Schneide eine ausreichende Länge des Nylonfadens oder der Angelschnur ab. Die Länge hängt von der Höhe ab, in der du dein Windspiel aufhängen möchtest, aber es ist besser, etwas zu viel als zu wenig zu haben.

- Fädele die Bergkristall-Perlen oder -Splitter einzeln auf den Nylonfaden auf. Du kannst ein Muster erstellen oder sie zufällig anordnen, je nach deinem persönlichen Geschmack.
- Wenn du die gewünschte Anzahl von Bergkristallen aufgefädelt hast, verwende einen Tropfen klaren Kleber, um jeden Bergkristall am Faden zu fixieren. Stell sicher, dass sie fest sitzen und nicht verrutschen können. Lass den Kleber gut trocknen.
- Befestige den Nylonfaden mit den Bergkristallen am Metallring. Du kannst dies tun, indem du den Faden um den Ring wickelst und dann verknotest oder indem du den Faden durch den Ring fädelst und verknotest. Achte darauf, dass die Bergkristalle gleichmäßig am Ring verteilt sind.
- Schneide einen weiteren Abschnitt des Nylonfadens oder der Angelschnur ab, um das Windspiel aufzuhängen. Befestige ihn an einem Punkt auf dem Metallring. Diesen Faden kannst du auch verknoten oder durch den Ring fädeln.
- Dein selbstgemachtes Bergkristall-Windspiel ist jetzt fertig! Hänge es an einem Ort auf, wo es von sanften Brisen bewegt werden kann, damit die Bergkristalle im Licht funkeln und Glanz in deine Umgebung bringen können.

Wintervögel beobachten

Meine persönlich liebste Beschäftigung im Januar ist das Beobachten unserer heimischen Wintervögel, die, sobald die Sonne sich zeigt, fröhlich umherfliegen. Sie suchen Nahrung und scheinen völlig im Moment versunken, während sie miteinander spielen und singen.

Im stillen Januar, wenn der Winter die Natur mit einer sanften Ruhe umhüllt, schenken uns die heimischen Vögel ein kostbares Geschenk. Sie flattern umher, als wären sie Boten des Universums, die uns Geheimnisse über das Leben und die Natur enthüllen wollen. In dieser hektischen Welt, in der wir oft von Terminen, Aufgaben und Technologie überwältigt werden, bieten sie dir eine kostbare Fluchtmöglichkeit.

Du kannst sie selbst in einer kurzen Mittagspause genießen, indem du dein Handy in der Tasche lässt und stattdessen achtsam und wach durch die Welt gehst.

Schließe zunächst für einen Moment deine Augen und stell dir vor, wie du dich warm einhüllst, bevor du nach draußen trittst. Die kalte Luft streichelt dein Gesicht, während du durch die Straßen deiner Stadt, die Wälder deiner Berge oder die verschneiten Weiten deines Dorfes schlenderst. Deine Hände finden Schutz in den Taschen deines Mantels und du atmest die klare Winterluft.

Deine Sinne sind wach, als du in die Welt der Wintervögel eintauchst. Welcher von ihnen zeigt sich zuerst? Lausche ihren Melodien, ihrem fröhlichen Zwitschern, das den Wintertag durchdringt. Welche dieser gefiederten Wesen kannst du erkennen?

- Das Rotkehlchen mit seinem zarten Rot auf der Brust, leuchtend wie ein Feuer im Schnee, erinnert dich an die Leichtigkeit des Seins. Beobachte, wie es durch die kühle Luft flattert, scheinbar ohne Sorgen.
- Der Spatz, ein kleiner, quirliger Geselle, zeigt dir, wie man das Leben mit Freude erfüllt. Sein fröhlicher Gesang erinnert dich daran, den nächsten Schritt zu wagen und dich stets von Glückseligkeit begleiten zu lassen.
- Die Taube, ein Symbol bedingungsloser Liebe, fliegt majestätisch dahin. Sie erinnert dich daran, dass du geliebt und gehalten wirst, in jedem Augenblick deines Lebens.
- Die Elster, mit ihrem schillernden Gefieder, symbolisiert die Wahrheit. Sie zeigt dir, wie wichtig es ist, im Hier und Jetzt zu leben und die Wahrheit in allem zu suchen.
- Die Blaumeise, ein zierlicher Wirbelwind, versprüht Lebensfreude und Leichtigkeit. Beobachte, wie sie von Zweig zu Zweig hüpft, und lerne deine eigene Freude zu entfalten.
- Die Amsel, die im Frühling bald wieder ihre Lieder in den Himmel singt, lehrt dich, die Verbindung zwischen Himmel und Erde zu spüren. Sie erinnert dich an die Glückseligkeit, die in dieser Verbindung liegt.
- Der Eichelhäher, klug und magisch, fliegt in die Höhe und erinnert dich daran, dass deine Worte Kraft haben. Achte auf das, was du sagst, denn es wird sich manifestieren, wenn du es möchtest.

Wenn du dich auf diese Weise mit den Wintervögeln verbindest, wirst du erkennen, dass sie mehr sind als nur gefiederte Kreaturen. Sie sind Botschafter der Natur, Träger von Weisheit und Schönheit. Lausche ihren Liedern und nimm die Botschaften an, die sie dir bringen, während du die Stille des Winters genießt. Achte in den nächsten Monaten immer mal wieder auf die Vögel, die dir begegnen, denn es werden von Monat zu Monat mehr sein.

Selbst gemachte Vogelfutter-Küchlein

Dies kann eine tolle Möglichkeit sein, die Vögel in deinem Garten oder auf deinem Balkon zu unterstützen. Du kannst die Küchlein sogar während eines Spaziergangs in der Stadt, im Wald oder an Landstraßen aufhängen. Das inspiriert sicher auch andere Menschen, den Vögeln im Winter zu helfen.

Material

- 1 Tasse Pflanzenfett (zum Beispiel Kokosöl, Sonnenblumenöl oder auch Rindertalg)
- 2 Tassen Vogelfuttermischung
- Silikon-Gugelhupf-Backformen
- Schnur zum Aufhängen

Anleitung

- Schmelze das Pflanzenfett in einem Topf bei niedriger Hitze. Achte darauf, es nicht zu überhitzen, da es später für die Vögel aushärten soll.
- Während das Fett schmilzt, kannst du die Vogelfuttermischung in eine große Schüssel geben.

- Sobald das Pflanzenfett vollständig geschmolzen ist, gieße es über die Mischung. Rühre alles gut durch, bis die Körner und Samen gleichmäßig verteilt sind und das Futter mit dem geschmolzenen Fett überzogen ist.
- Fülle die Silikon-Gugelhupf-Backformen mit der Futter-Fett-Mischung und drücke die Masse leicht an, um sicherzustellen, dass sie kompakt ist.
- Lass das Vogelfutter an einem kühlen Ort aushärten. Dies kann einige Stunden dauern. Sobald das Vogelfutter fest ist, nimm es aus den Silikonformen heraus.
- Verwende eine Schnur, um die Vogelfutter-Küchlein aufzufädeln. Hänge sie dann an einem geeigneten Ort im Freien auf, wo die Vögel sie leicht finden können.

Denke daran, dass verschiedene Vogelarten unterschiedliche Vorlieben haben. Wenn du eine Vielzahl von Vögeln in deinem Garten oder auf deinem Balkon anziehen möchtest, kannst du verschiedene Arten von Vogelfutter verwenden. Es gibt beispielsweise Streufutter, das beinahe alle Wintervögel mögen. Viel Spaß beim Beobachten der gefiederten Besucher!

Das Aufstellen einer Vogeltränke in deinem Garten ist ebenfalls eine sehr nützliche Maßnahme, besonders im Winter, wenn Wasserquellen oft gefrieren. Wenn du sicherstellst, dass die Vogeltränke eisfrei bleibt, können die Vögel leichter darauf zugreifen und trinken.

Dinge, die du im Januar verinnerlichen darfst

Neuanfang und Transformation: Der Januar markiert den Beginn des neuen Jahres und ist damit eine Zeit des Neuanfangs. Nutze diese Zeit, um innezuhalten, zu reflektieren und dir Ziele und Wünsche für das kommende Jahr zu setzen. Nimm dir bewusst Zeit, um dich auf deine persönliche Transformation und positive Veränderungen zu konzentrieren.

Innere Einkehr: Nutze die längeren Nächte und die ruhigere Atmosphäre, um dich nach innen zu wenden und deine Gedanken, Gefühle und Träume zu erkunden. Meditiere, schreibe in dein Tagebuch, Journale oder praktiziere andere Formen der Selbstreflexion, um Klarheit und Ausrichtung zu finden.

Achtsamkeit für die kleinen Freuden: Obwohl der Januar oft kalt und dunkel ist, gibt es dennoch viele kleine Freuden, die du bewusst wahrnehmen kannst. Sei achtsam für das Knistern des Schnees unter deinen Füßen, den klaren Sternenhimmel oder die gemütlichen Stunden zu Hause mit einer Tasse Tee und einem guten Buch. Finde Schönheit und Freude in den kleinen Momenten.

Wiederkehrende Rituale: Schaff dir unterstützende Rituale. Trinke jeden Morgen nach dem Aufstehen warmes Wasser mit Ingwer, Zitrone und ein wenig Honig.

Loslassen und Reinigung: Der Januar ist eine ideale Zeit, um sich von alten Belastungen und Ballast zu befreien. Lass los, was dich belastet, sei es physisch, emotional oder geistig. Nutze diese Zeit, um deine Umgebung aufzuräumen, alte Gewohnheiten zu überdenken und Platz für Neues zu schaffen. Reinige und kläre dein Zuhause und deine Gedanken.

Selbstfürsorge und Gesundheit: Der Januar bietet dir eine gute Gelegenheit, dich um deine körperliche und geistige Gesundheit zu kümmern. Nimm dir bewusst Zeit für Selbstfürsorge, sei es durch regelmäßige Bewegung, gesunde Ernährung, ausreichend Schlaf oder das Praktizieren von Entspannungstechniken wie Yoga oder Meditation. Achte auf dich selbst und geh liebevoll mit dir um.

Diese Dinge kannst du im Januar verinnerlichen, um einen positiven Start ins neue Jahr zu gestalten. Beginne das Jahr mit einer positiven und achtsamen Einstellung und lass dich von der Energie des Januars inspirieren.

Erdungsmeditation für den Januar

Stell dir einen wunderschönen Nadelwald vor. Du befindest dich in einer Umgebung, in der du dich wohlfühlst. Die Bäume geben dir Schutz und Sicherheit, und ihr Duft umgibt dich wie eine wohlig warme Umarmung. Die Schönheit des Waldes lädt dich dazu ein, einen Spaziergang zu unternehmen. Du versinkst vollständig im gegenwärtigen Moment. Du breitest deine Arme aus und spürst die zarten Triebe der Tannenspitzen, die dich berühren. Diese leichte Berührung erinnert dich daran, dass alles um dich herum im Prozess des Wachstums ist. Jeder Baum, jedes Lebewesen, alle Pflanzen und auch du selbst entspringen aus dem tiefen, warmen, nährenden, dunklen Schutz der Mutter Erde.

Werde dir deiner eigenen Kraft bewusst, spüre in deine Finger und Zehenspitzen hinein und atme ganz bewusst und tief in deine Wurzelkraft, in deinen unteren Bauch. Leg, wenn du magst, deine Hände auf diesen Bereich, spüre die Wärme und die allgegenwärtige Kraft, die aus deiner Mitte entspringt. Atme tief ein, halte deinen Atem für drei Sekunden und atme dann aus. Wiederhole diesen Atemzyklus einige Male.

Du spürst nun, wie klar dein Geist ist. Deine Aufmerksamkeit folgt der Energie um dich herum und du erblickst einen wunderschönen Nadelbaum. Es ist ein ganz besonderer Baum und du spürst sofort eine intensive Verbindung zu ihm. Du erkennst, dass dieser Baum zu dir gehört. Du gehst auf ihn zu und betrachtest ihn voller Liebe. Nimm seine Silhouette wahr, den Stamm, die Wurzeln, die in den Boden eindringen, die Äste, die sich feingliedrig formen, die Zweige und die Nadeln, die in sorgfältiger Ordnung gewachsen sind.

Geh weiter auf deinen Baum zu, um ihm ganz nahe zu sein. Berühre seine Rinde mit deinen Händen, nimm seinen Geruch wahr. Leg nun deine Arme um ihn herum und spüre bei dieser Umarmung die Kraft, die er dir gibt, ohne etwas von dir zu nehmen. Er ist einfach da und hält dich.

Löse diese Umarmung nun langsam in tänzerischer Leichtigkeit und drehe dich mit deinem Rücken zu deinem Baum. Lehne dich an ihn, lass dich fallen. Seine Äste und weichen Nadeln sind wie eine warme Umarmung, die dich hält. Lass dich fallen und verschmelze voller Leichtigkeit mit der Energie deines Baumes. Du und dein Baum, ihr seid jetzt eins.

Du spürst deine Wurzeln, die tief in den Schoß unserer Mutter Erde reichen. Du spürst, wie auch du mit deinen Wurzeln Nahrung von der Erde aufnimmst. Atme noch einmal tief ein und spüre diese Nahrung in dir aufsteigen.

Nun nimm deine Krone wahr und spüre, wie du mit deinen zur Sonne gerichteten Nadeln Nahrung in Form von Licht und Sonnenwärme tankst. Stell dir vor und spüre, wie sich die Nahrung der Sonne und die Nahrung der Erde in dir verbinden, sodass du langsam zu wachsen beginnst. Du bist tief verwurzelt in der warmen, nährenden Erde und strebst gleichzeitig hoch hinauf zur Sonne. Du fühlst dich stark, erfrischt, gehalten und voller Energie. Verweile einen Moment in diesem Gefühl.

Löse dich nun von deinem Baum, sodass ihr wieder getrennt seid. Entferne dich einige Schritte von ihm, führe deine Hände vor deiner Brust zusammen und verneige dich voller Liebe vor deinem Baum. Bedanke dich bei ihm für sein Dasein und die Kraft, die er dir geschenkt und in dir erweckt hat. Verabrede dich zum Abschied, so oft wie möglich wiederzukommen.

Kehre nun mit deiner Aufmerksamkeit zurück, bewege deine Hände und Füße und spüre in deinen Körper hinein. Atme ein paar Mal kräftig ein und aus und öffne dann deine Augen, um wieder ganz hier zu sein.

FEBRUAR: INNERE WÄRME WECKEN

»Ich bin Erneuerung«

Im zarten Februar, während der Winter allmählich dem Frühling Platz macht, erleben wir den Übergang von einer stillen Zeit ohne sichtbares Wachstum zu einer Zeit, in der die Steigkräfte der Erde langsam wieder spürbar werden. Dies ist eine Zeit des Wandels und der Erneuerung, in der wir uns von der Dunkelheit des Winters verabschieden und uns auf das Wachstum und die zurückkehrende Frische des Lebens vorbereiten.

Erdung ist in diesem Monat von besonderer Bedeutung. Wir verbinden uns mit der Erde, indem wir unsere Wurzeln tief in den Boden graben und uns von dort aus entfalten. Wir können barfuß gehen, vielleicht einfach in der Wohnung oder über eine schneebedeckte Wiese. Die Berührung mit der Erde führt uns zu unseren Ursprüngen, zu unserem natürlichen Rhythmus und zu unserem inneren Wesen. Es ist, als ob die Erde selbst uns an ihre heilende Kraft erinnert.

Während wir uns erden, können wir unsere innere Stärke und Standhaftigkeit finden, um den Veränderungen des Lebens zu begegnen. Wir besinnen uns auf unsere wahren Werte und Ziele und lösen uns von äußeren Einflüssen und Ablenkungen. Diese innere Reinigung ermöglicht es uns, auf unsere innere Stimme zu hören und uns auf das zu konzentrieren, was uns wirklich wichtig ist.

Der Februar markiert den Beginn einer Phase des Wachstums und der Heilung. Wir stimmen uns geistig auf den Neubeginn ein und freuen uns auf die Chancen und Möglichkeiten, die vor uns liegen. Alte Muster und Gewohnheiten lassen wir hinter uns, während die Winterkälte allmählich nachlässt und die ersten Anzeichen des Frühlings in der wiedererwachenden Natur sichtbar werden. Es ist eine wunderbare Zeit, um den Körper zu entgiften. In manchen Gegenden werden zum Ende des Monats auch schon die ersten Wildkräuter zu finden sein.

Die Steigkräfte der Erde sind spürbar, wenn die Schafe ihre Lämmer bekommen. In dieser Phase des Übergangs vom Winter zum Frühling können wir uns von der Natur inspirieren lassen. Sie bereitet sich auf den Neubeginn vor und wir können uns diesem Prozess anschließen. Die Erde selbst zeigt uns, dass Veränderungen unausweichlich sind, und sie steckt uns an mit Hoffnung und Optimismus.

Das erste zarte Schneeglöckchen, das sich durch den Schnee kämpft, erfüllt uns mit Glückseligkeit. Es leuchtet inmitten der winterlichen Stille und erinnert uns daran, dass das Leben unaufhaltsam weitergeht. Die Schlüsselblumen, deren zartes Gelb die Landschaft allmählich erhellt, stehen für Glück, Reinheit und Hoffnung. Ihr Erscheinen markiert den Beginn des Frühjahrs und das lang ersehnte Erwachen der Natur. Ihre Blütenblätter öffnen sich behutsam, als ob sie das Licht und die Wärme des kommenden Frühlings begrüßen.

Diese Zeit erinnert uns daran, dass Veränderungen ein Teil des Lebens sind und dass wir bereit sein dürfen, ihnen mit Hoffnung und einem offenen Herzen zu begegnen. Lassen wir uns von der Natur im Februar lehren, dass das Leben immer in Bewegung ist und dass in jedem Neubeginn die Möglichkeit zur Heilung und zum Wachstum liegt. Indem wir uns erden und uns auf unsere inneren Werte besinnen, können wir den Übergang vom Winter zum Frühling in all seiner Schönheit und Tiefe erleben.

Die heilende Kraft der Schlüsselblume

In dieser Zeit des Übergangs vom Winter zum Frühling blühen die zarten Schlüsselblumen und bringen uns eine Botschaft der Erneuerung und des Wachstums. Ihre gelben Blüten symbolisieren Glück und Reinheit. Die Schlüsselblume erinnert uns daran, uns auf das Licht und die positiven Aspekte des Lebens zu konzentrieren, selbst wenn es draußen noch kalt ist.

Die Natur zeigt uns im Februar, dass das Leben ein ewiger Zyklus von Sterben und Wiedergeburt ist. Trotz des scheinbaren Stillstands erwachen die Schlüsselblumen zu neuem Leben und kündigen den Frühling an. Im Winter scheint alles tot und kalt zu sein, aber die Schlüsselblume zeigt uns als eine der ersten Pflanzen, dass das Leben unter der Oberfläche weitergeht und dass neues Wachstum immer möglich ist. Wir verinnerlichen, dass es selbst in schwierigen Zeiten immer Chancen für Neuanfänge gibt, wenn wir geduldig sind und uns auf das Positive konzentrieren.

Affirmation für den Februar

»Ich spüre die erwachende Energie der Natur und begrüße Veränderung und Erneuerung in meinem Leben.«

Die Schlüsselblume hat auch heilende Kräfte. Ihre Blütenblätter können dazu beitragen, winterlichen Husten loszuwerden und das Immunsystem zu stärken. Wenn wir uns mit dieser Blume verbinden, erfahren wir eine sanfte innere Heilung. Sie kann helfen, unseren Geist zu klären, körperliche Spannungen zu lösen und unsere Energiezentren ins Gleichgewicht zu bringen.

Während die Schlüsselblumen blühen, kehren die Vögel zurück und verkünden den nahenden Frühling mit ihrem Gesang. Auch das erinnert uns daran, dass das Leben in ständiger Bewegung ist und sich immer weiterentwickelt. Die Schlüsselblume ermutigt uns, sich dem Neuen zu öffnen und Altes loszulassen. Sie ist wie ein Schlüssel, der das Tor zum Frühling aufsperrt. Nicht umsonst wird sie auch Himmelsschlüsselchen genannt.

Nutze die heilende Energie der Schlüsselblume im Februar, um dich zu erden, zu heilen und zu erneuern. Feiere diesen Monat als eine Zeit des Übergangs und des neu erwachenden Lebens. Die Schlüsselblume wird immer bereit sein, dich in deinem Prozess der Heilung und des Wachstums zu unterstützen.

Ritual: Räuchern für den Übergang zum Frühling

Diese Räuchermischung symbolisiert den Übergang vom Winter zum Frühling. Schlüsselblumenblüten stehen für Glück und Reinheit. Veilchenblüten für Intuition und Träume, Krokusse für Hoffnung und Neubeginn, Hyazinthen für Schönheit und Harmonie, Narzissen für Frühling und Freude, Rosenblütenblätter für Liebe und Freundschaft. Diese Mischung eignet sich perfekt für die Räucherung während des Frühlingsbeginns und deine ganz eigenen Zeremonien in dieser Zeit. Lass dich von ihrem Duft und ihrer Energie inspirieren und erneuern!

Nimm für deine Räuchermischung Blüten, die dich ansprechen und die in deiner Umgebung zu finden sind. Gerade in dieser Jahreszeit holen wir uns gern Frühblüher ins Haus – nutze beispielsweise die Blüten der Hyazinthen aus deiner Vase, trockne sie und räuchere sie dann. Veilchen und Schlüsselblumen können wunderbar als Tee in getrockneter Form gekauft werden. Denn beide Blüten sind so voller Heilkraft, dass sie auch für andere Dinge als zum Räuchern verwendet werden können.

Wichtig zu wissen: Schlüsselblumen stehen unter Naturschutz und dürfen nicht einfach gepflückt werden! Sie können aber im Gartenmarkt gekauft werden und vielleicht ist es ja eine Idee, sie an einen Platz in die Natur zu setzen, den du gern besuchst, oder in deinen eigenen Garten.

Hier mein Vorschlag für die Räuchermischung:

Zutaten

- 2 Teile Schlüsselblumenblüten
- 1 Teil Veilchenblüten
- 1 Teil Krokusblüten
- 1 Teil Hyazinthenblüten
- 1 Teil Narzissenblüten
- 1 Teil Rosenblütenblätter

Anleitung

- Zerkleinere die getrockneten Blütenblätter grob mit einem Mörser oder einer Schere. Vermische dann alle Zutaten gut in einer Schüssel.
- Gib eine kleine Menge der Mischung auf deine Räucherkohle oder in dein Räucherstövchen. Konzentriere dich auf den Duft und die Energie, die von der Mischung ausgeht und erlaube ihr, dich in eine positive Stimmung voller Erneuerungskraft zu hüllen.

Die Magie des Frühlings in einem Schlüsselblumen-Roll-on

Die Schlüsselblume symbolisiert nicht nur die Wiederkehr des Lebens nach dem Winter, sondern auch die Freude und das Erwachen der Natur. Dieses Rezept führt dich in die Magie des Frühlings ein, indem es dir zeigt, wie du einen erdenden und freudvollen Roll-on mit Schlüsselblumenblüten und ätherischen Ölen herstellst.

Materialien

- getrocknete Schlüsselblumenblüten
- Jojobaöl oder ein anderes hautfreundliches Basisöl
- ätherische Öle: Lavendel, Zitrone und Sandelholz
- eine leere Roll-on-Flasche
- ein kleiner Trichter

Zubereitung

- Die Schlüsselblumenblüten kannst du entweder selbst sammeln und trocknen oder sie in einem Fachgeschäft für Kräuter und Heilpflanzen kaufen.
- Fülle die Roll-on-Flasche etwa zu einem Drittel mit den getrockneten Schlüsselblumenblüten. Gieße das Basisöl vorsichtig über die Blüten, bis die Flasche fast voll ist.
- Füge etwa 2 bis 3 Tropfen von jedem ätherischen Öl zu der Mischung hinzu. Die genaue Menge hängt von deinem persönlichen Geschmack und den gewünschten Eigenschaften ab.

- Schließe die Roll-on-Flasche fest und schüttle sie sanft, um die Inhaltsstoffe zu vermengen.

Trage diesen Schlüsselblumen-Roll-on auf deine Handgelenke, Schläfen oder deinen Nacken auf. Atme den zarten Duft der Schlüsselblumen und ätherischen Öle ein und spüre, wie er dich mit Freude und Erneuerung erfüllt. Nutze diesen Roll-on, um dich zu erden, die Magie des Frühlings zu erleben und das Leben in vollen Zügen zu genießen.

Achtsamkeitsmomente im Februar

Frische genießen: Schließe deine Augen und atme tief ein und aus. Spüre die kühle Luft auf deiner Haut und den sanften Wind, der durch die Bäume streicht. Nimm bewusst die frische Luft in dich auf und spüre, wie sie dich belebt.

Spüre den baldigen Neubeginn: Mach einen Spaziergang in der Natur und nimm dir Zeit, die Stille und Ruhe des Winters wahrzunehmen. Beobachte die kahlen Bäume und spüre, wie die Natur sich auf die kommende Wachstumsphase vorbereitet. Lass dich von der Einfachheit und Schönheit der Winterlandschaft inspirieren.

Zarte Blümchen: Betrachte die ersten Blüten, die im Februar hervorkommen, wie zum Beispiel Schneeglöckchen oder Krokusse. Beobachte ihre Zartheit und die Beharrlichkeit, mit der sie durch den noch kalten Boden brechen. Nimm dir Zeit, ihre Schönheit zu würdigen, und spüre die Hoffnung und das Potenzial des Neubeginns in ihrem Erscheinen.

Bewusstes Essen: Genieße winterliche Speisen – Wurzeln, Knollen, Kohl, all das Gemüse, das im Sommer gesät wurde, den Winter überdauerte und dir nun tiefe Verwurzelung, Kraft und Ausdauer schenkt. Nimm jeden Bissen mit Achtsamkeit wahr und spüre die Aromen und Texturen. Sei dankbar für die Nahrung, die dir Energie und Nährstoffe gibt, um dich im Winter zu stärken.

Selbstreflexion und innere Einkehr: Setze dich an einen ruhigen Ort und betrachte deine Gedanken und Gefühle. Lass alles kommen und gehen, ohne es zu bewerten oder festzuhalten. Sei liebevoll zu dir selbst und erkenne, dass der Februar eine Zeit des Rückzugs und der inneren Arbeit ist.

Lichtmeditation: Zünde dir eine Kerze an und beobachte still, wie sich die Flamme bewegt.

Zeit der Kreativität: Setze dich mit einem Tagebuch oder Notizbuch hin und lass deine Gedanken und Gefühle aufs Papier fließen. Male, zeichne oder schreibe, um deine innere Welt zum Ausdruck zu bringen und dich mit deinem kreativen Selbst zu verbinden. Die Zeit kannst du auch wunderbar mit einem Kind erleben, siehe die Kraniche auf dieser Seite, die mein Sohn und ich gemeinsam gemalt haben.

Praktiziere regelmäßig Yoga oder Meditation, um Körper und Geist zu entspannen und zu zentrieren. Nimm dir bewusst Zeit für diese Praktiken und lass sie dich dabei unterstützen, dich mit deinem inneren Selbst und der Energie des Februars zu verbinden.

Diese Achtsamkeitsmomente im Februar laden dich ein, bewusst im Moment zu sein und die Schönheit des Winters zu würdigen. Nimm dir Zeit für solche Augenblicke und sei liebevoll zu dir selbst.

Die Rückkehr der Kraniche

Ende Februar kommen die ersten Zugvögel aus dem Süden zurück. Das Rufen der Kraniche ist dabei kaum zu überhören, wenn sie über unsere Köpfe fliegen und die Melodie des Neuen singen. Kraniche stehen für Transformation, Erneuerung und Wiedergeburt. Die Rückkehr dieser schönen Vögel aus ihrem Winterquartier kann als Metapher für die Rückkehr des Lebens und des Lichts in die Welt verstanden werden.

Die majestätischen Flugmuster am Himmel und ihr charakteristischer Ruf spiegeln für mich die Verbundenheit und das Gleichgewicht zwischen Himmel und Erde wider. Sie erinnern uns daran, dass wir in einer natürlichen und zugleich spirituellen Welt leben und dass es wichtig ist, unsere Verbindung zu beiden Ebenen zu pflegen.

In vielen Kulturen gelten Kraniche auch als Vermittler zwischen den Welten, da sie die Fähigkeit haben, Botschaften von den Göttern oder Ahnen zu überbringen. Sie symbolisieren Weisheit und spirituelle Erkenntnis, die durch Erfahrung und Geduld erlangt werden kann.

Impuls: Kraniche beobachten

Das Ritual dient dazu, die Kraniche willkommen zu heißen und ihre Ankunft zu feiern. Es soll auch dazu beitragen, deine eigene Verbindung zur Natur zu stärken und dich an die Schönheit und den Zauber der Natur zu erinnern. Suche dafür einen Ort, an dem du Kraniche beobachten kannst. Wenn du magst, nimm die wenige Seiten zuvor beschriebene Räuchermischung für den Übergang zum Frühling mit und verbinde dich mit dem Duft der Blüten. Du musst sie gar nicht unbedingt räuchern, auch im getrockneten Zustand ist sie schon ganz wunderbar verbindend. Fülle sie in einen kleinen Beutel oder einen Einmal-Teebeutel, verknote ihn oben und nutze ihn dann für dein Ritual im Freien.

Materialien

- ein Beutel mit Kräutern
- etwas zu schreiben und zu zeichnen (zum Beispiel einfach Papier und Stift)
- etwas zu essen und zu trinken (für dich)
- eine Handvoll Vogelfutter

Anleitung

- Fahre zu deinem Ort, wo du weißt, dass Kraniche zu erwarten sein dürften. Es gibt im Internet Seiten, auf denen du diese Orte sehen kannst.

- Schließe deine Augen und atme tief ein und aus, um in die Entspannung zu kommen. Stell dir vor, wie die Kraniche über den Horizont fliegen und dich mit ihrem Ruf begrüßen.
- Öffne deine Augen und schau in den Himmel. Beobachte die Kraniche und lass dich von ihrem Anblick und ihrem Ruf berühren. Sollten sich keine zeigen, stell es dir vor deinem inneren Auge vor.
- Nimm das Papier und den Stift und schreibe oder zeichne deine Dankbarkeit und Wertschätzung für die Kraniche und die Veränderung auf, die sie in dir ausgelöst haben. Du kannst auch ein Gedicht oder einen Brief verfassen, in dem du den Kranichen deine Gefühle mitteilst.
- Nimm das Essen und das Trinken und biete es den Kranichen symbolisch an. Sprich dabei Worte der Begrüßung und des Dankes aus. Leg ihnen dann die mitgebrachten Körner hin.
- Nimm deine Kräuter und entzünde sie vorsichtig (Pass auf, dass du sonst nichts entzündest). Puste den Duft in die Luft und lass ihn zu den Kranichen aufsteigen. Stell dir vor, wie der Rauch deine Botschaften zu ihnen trägt. Es reicht auch, einfach symbolisch auf die Kräuter zu pusten, ohne wirklich zu räuchern.
- Schließe das Ritual mit einer Meditation ab, in der du dich mit der Energie der Kraniche verbindest und dich von ihnen inspirieren lässt.
- Nimm deine Notizen und bewahre sie an einem besonderen Ort auf, an dem du sie später immer wieder anschauen und dich an die Kraniche erinnern kannst.

Kraniche falten

Manchmal mag es schwierig sein, sich an kalten und ungemütlichen Februartagen nach draußen zu begeben, um die Kraniche zu begrüßen. Zum Glück gibt es auch andere Möglichkeiten, sich mit der Energie und der Schönheit dieser Vögel zu verbinden. Eine schöne Idee ist, Origami-Kraniche zu falten und ein Ritual in deinem Zuhause zu gestalten. Im Internet gibt es zahlreiche Anleitungen dazu.

Nimm dir Zeit, um quadratisches Papier in verschiedenen Farben zu finden und fange an zu falten. Vielleicht machst du dabei noch eine inspirierende Musik an, die dich beflügelt. Während du dich auf das Falten konzentrierst, lass die Schönheit und die Energie der Kraniche auf dich wirken.

Spüre die Verbundenheit mit der Natur und mit allem, was lebt. Auch wenn du nicht nach draußen gehen kannst, um die Kraniche zu begrüßen, so kannst du doch in deinem Zuhause eine warme und liebevolle Atmosphäre schaffen, die dich mit der Natur und mit der Energie dieser Vögel verbindet.

Hänge die gefalteten Kraniche auf und spüre die Energie und die Schönheit, die sie ausstrahlen. Lass dich von ihnen erden und energetisieren. Nimm dir Zeit, um dich mit ihrer Anmut und Leichtigkeit zu verbinden und dich mit allem, was lebt, in Harmonie zu bringen.

Mit Anmut tanzen

In deinem Zuhause kannst du eine wunderbare Zeit gestalten, die dich mit der Schönheit und Energie der Kraniche verbindet. Du kannst die gefalteten Kraniche aufhängen und tanzen lassen, während du dich mit ihnen und der Natur verbunden fühlst. Die Kraniche erinnern dich daran, dass du dich mit Leichtigkeit und Anmut durchs Leben bewegen kannst.

Schließe deine Augen und atme tief ein und aus. Spüre, wie sich dein Körper entspannt und wie du dich mit der Energie der Kraniche verbindest. Stell dir vor, wie sie um dich herumtanzen und wie sie dich mit ihrer Energie erden und energetisieren.

Suche nach einer sanften Musik, zu der du dich gern bewegst. Konzentriere dich auf den Klang und auf das Tanzen der Kraniche. Spüre, wie sie dich mit ihrer Energie umgeben und wie sie dir helfen, dich zu erden und in Harmonie mit der Natur zu kommen.

Stell dich aufrecht hin und spüre die Verbindung zu deinem Körper und zu deiner Umgebung. Beginne, dich zur Musik zu bewegen. Schließe die Augen und lass dich von den Klängen führen. Fühl die Energie und die Schwingungen, die durch deinen Körper fließen.

Stell dir vor, dass du ein Kranich bist, der durch die Lüfte schwebt. Beweg dich mit Anmut und Leichtigkeit, spüre den Wind in deinen Federn und die Freiheit, die sie dir geben. Fühl dich verbunden mit allem um dich herum, mit der Natur, den Bäumen, dem Himmel und der Erde. Lass dich von der Energie des Tanzes und der Kraniche erfüllen und spüre die Verbindung zu allem, was lebt.

Wenn du bereit bist, komm wieder zur Ruhe. Spüre, wie sich deine Füße fest auf dem Boden verankern. Atme tief durch und nimm die Energie der Kraniche und des Tanzes noch einmal in dich auf. Öffne deine Augen und genieße den Moment.

Ritual des Frühlingserwachens

In der Stille der aufgehenden Sonne, wenn die Welt von einem sanften Schleier aus Dunkelheit umhüllt ist, beginnt das Ritual des Frühlingserwachens. Du stehst in der Natur, auf einer Wiese, im Wald oder in einer urbanen Welt, umgeben von schlafenden Bäumen und dem noch kühlen Hauch des frühen Morgens. In deiner Hand hältst du ein kleines Glöckchen, dessen Klang das Versprechen des Frühlings in sich trägt.

Langsam hebst du das Glöckchen und es beginnt zu klingen, ein leises, perlendes Lied. Dieses Lied ist ein Weckruf an die schlummernden Samen im Schoß der Erde. Mit jedem Klang des Glöckchens sendest du Schwingungen aus, die die Samen sanft erwecken und auf ihr kommendes Wachstum vorbereiten.

Du gehst langsam und bedacht durch die Welt, das Glöckchen in der Hand. Mit jedem Schritt spürst du, wie die Energie des Frühlings erwacht. Die Luft ist erfüllt von einem Hauch von Erneuerung und die Vögel beginnen, ihre morgendlichen Lieder zu singen.

An ausgewählten Stellen hältst du inne und schwingst das Glöckchen sanft in der Luft. Du lädst die Natur ein, sich zu regen und das Leben wieder in die Welt zu bringen. Die Bäume, die noch schlafen, scheinen auf deine Einladung zu antworten, indem sie ihre Äste leicht bewegen.

Verweile immer wieder, atme, spüre die Liebe, die dich umgibt.

Wenn du das Ritual beendest, spürst du deine tiefe Verbindung zur Natur und die Vorfreude auf den kommenden Frühling. Dein Glöckchen trägt nun die Energie des Erwachens und du kannst es in deinem Zuhause aufbewahren, um diese Energie das ganze Jahr über zu spüren.

Das Ritual des Frühlingserwachens erdet dich in der Schönheit der Natur und verbindet dich mit dem unaufhaltsamen Zyklus des Lebens. Es ist ein leises, aber kraftvolles Ritual, das dich daran erinnert, dass der Frühling immer kommt, auch wenn es sich im außen Sichtbaren noch nicht zeigen mag.

Frühlingserwachen mit Gesichtsdampfbad und Fußbad

Der Frühling naht, und es ist Zeit, die Lebensgeister in unserem Körper zu wecken und frische Energie zu tanken. Ein Gesichtsdampfbad und ein entspannendes Fußbad mit natürlichen Kräutern können Wunder wirken und dir dabei helfen, den Winterblues loszuwerden.

Gesichtsdampfbad mit duftenden Kräutern

Zutaten

- jeweils 1 TL Blüten von Lavendel, Kamille, Ringelblume und Rose

Anleitung

- Suche dir einen ruhigen Ort, an dem du ungestört bist. Bereite eine Schüssel mit einem Liter kochendem Wasser vor. Nimm eine Handvoll der Kräutermischung und gib sie in das kochende Wasser.
- Setze dich bequem hin, schließe die Augen, halte das Gesicht über die Schüssel und atme tief ein und aus. Lass den Dampf des Kräuterdampfbades sanft über dein Gesicht strömen.
- Spüre, wie der beruhigende Duft der Kräuter deine Sinne belebt und deine Haut verwöhnt. Die Wärme des Dampfes öffnet nicht nur deine Poren, sondern auch deinen Geist. Der Duft ruft eine Erinnerung an die Zeit der Fülle im Sommer und die Blumen in dir wach und stimmt dich vorfreudig ein auf das, was dich in den nächsten Monaten erwartet.
- Nutze diese Zeit, um dich zu entspannen, tief durchzuatmen und den Frühling in deinem Inneren willkommen zu heißen.

Entspannendes Fußbad mit Wohlfühlkräutern

Zutaten

- 3 Tropfen ätherisches Eukalyptusöl
- 1 TL Kamillenblüten
- 1 TL Pfefferminzblätter
- 3 bis 5 Salbeiblätter

Anleitung

- Fülle eine Schüssel oder eine Wanne mit warmem Wasser und gib einen Esslöffel der Kräutermischung plus die Eukalyptustropfen in das Wasser.
- Tauche deine Füße in das duftende Fußbad und lehne dich zurück. Wenn du magst, kannst du noch Murmeln mit in das Wasser geben, an denen sich deine Füße sanft massieren können.
- Schließe die Augen und spüre, wie die wohltuenden Kräuter deine Füße erfrischen, erwecken und entspannen. Atme tief ein und aus und genieße das Gefühl der Entspannung und Erneuerung, das dich durchströmt.

Diese einfachen Rituale können dir helfen, dich mit der Energie des Frühlings zu verbinden, dich zu erden und dich auf die kommende Jahreszeit vorzubereiten. Lass die Magie der Kräuter wirken und spüre, wie deine Lebensgeister erwachen. Der Frühling bringt frische Möglichkeiten und Chancen – sei bereit, sie zu nutzen und zu genießen.

Wilde Pflanzen zum Entgiften

Der zeitige Frühling ist die perfekte Zeit, um dich mit den ersten Geschenken der Erde zu verbinden und deinen Körper zu entgiften. Wildkräuter sind jetzt reichlich vorhanden und können dir dabei helfen, dich zu erden und neue Energie zu tanken. Hier sind einige Kräuter, die du sammeln oder kaufen kannst, um deinen Detox-Prozess zu beginnen:

- Löwenzahn: Seine Blätter sind voller Nährstoffe und unterstützen die Leber bei der Entgiftung. Du kannst sie frisch in Salaten verwenden oder trocknen, um daraus Tee zu machen.
- Brennnessel: Brennnesseln sind reich an Vitaminen und Mineralstoffen. Sie helfen bei der Reinigung des Blutes und stärken das Immunsystem. Verwende die jungen Blätter in Suppen oder Smoothies.
- Giersch: Giersch ist ein wahres Superfood unter den Wildkräutern. Er enthält viel Vitamin C und wirkt entzündungshemmend. Verwende ihn in Salaten oder als Gemüse.
- Brombeerblätter: Brombeerblättertee ist wohlschmeckend und unterstützt die Nieren bei der Ausscheidung von Toxinen. Sammle die Blätter im Frühling und trockne sie für Tee.
- Gänseblümchen: Sie sind nicht nur hübsch anzusehen, sondern auch essbar. Die Blüten kannst du in Salaten verwenden. Sie unterstützen die Verdauung.
- Schafgarbe: Ihre Blätter fördern die Verdauung und helfen bei der Linderung von Magenbeschwerden. Verwende die Blätter und Blüten als Gewürz oder für Tee.
- Himbeerblätter: Sie sind eine hervorragende Quelle für Antioxidantien und unterstützen die Gesundheit des Verdauungs- und Fortpflanzungssystems. Verwende sie in Tees oder als Gewürz.
- Erste Minzblätter: Wenn du Minze im Garten hast, dann nutze die ersten zarten Triebe. Sie färben dein Wasser schön rosa und sind herrlich erfrischend. Natürlich geht auch ein Bund Minze aus dem Bioladen.

Wichtig ist: Sammle nur, was du wirklich kennst. Bei der Ernte von Wildkräutern ist es äußerst wichtig, nur das mitzunehmen, was du zweifelsfrei identifizieren kannst. Achte auf die Pflanzen und ihre Merkmale, um Verwechslungen und mögliche Gefahren zu vermeiden.

Detox-Wasser mit Wildkräutern und Zitrone

Die Natur bietet uns so viele wunderbare Möglichkeiten, uns zu erden und unseren Körper zu reinigen. Wildkräuter, die oft direkt vor unserer Haustür wachsen, sind wahre Schätze. Sie sind reich an Nährstoffen und haben entgiftende Eigenschaften, die uns dabei helfen können, uns von innen zu erfrischen und zu reinigen. Wenn du dir die Zeit nehmen magst, dann kannst du Folgendes machen:

Geh hinaus in die sanfte Morgenluft, wenn der Tau noch auf den Wiesen liegt. Die Natur erwacht langsam zum Leben und du bist ein Teil dieses wunderbaren Spektakels. Die Vögel zwitschern ihre morgendlichen Lieder, während du behutsam durch die Natur spazierst.

Deine Hände gleiten über die zarten Blätter der Wildkräuter, die sich dir in ihrer ersten Fülle zeigen. Du spürst die Verbindung zur Erde, wenn deine Finger die Pflanzen berühren. Es ist, als ob die Natur selbst dir ihre Schätze anbietet, und du fühlst dich dankbar.

Mit jedem Kraut, das du behutsam pflückst, verstärkt sich deine Verbindung zur Natur. Die frische Luft füllt deine Lunge und der Duft der gesammelten Kräuter umgibt dich. Die Sonne am Himmel steigt höher, und die Welt erwacht in all ihrer Pracht.

Zurück zu Hause angekommen, fühlst du dich erfüllt von der Magie des Moments. Du nimmst die gesammelten Wildkräuter, spülst sie sanft ab und legst sie zur Seite. Dann schneidest du eine Zitrone auf und presst ihren Saft aus. Der erfrischende Duft füllt den Raum und erinnert dich neu an die belebende Kraft der Natur.

Nun gibst du die Wildkräuter und den Zitronensaft in ein Glas mit frischem Wasser. Die Farben vermischen sich und du siehst die lebendige Energie, die darin steckt. Im Laufe von ein oder zwei Stunden wird das Getränk zu einem erdenden Detox-Wasser, das nicht nur deinen Körper erfrischt und sanft reinigt, sondern auch deine Seele belebt.

Während du dein Detox-Wasser genießt, spürst du, wie die Natur in dich hineinfließt. Du bist eins mit den Wildkräutern und der Zitrone und du fühlst, wie sie deine Sinne erwecken. Dein Körper beginnt den Reinigungsprozess und du bist bereit, die frische Energie des Tages zu begrüßen. Du bist erfüllt von Dankbarkeit für die Schätze der Erde und die Verbindung zur Natur.

Detox-Wasser

Dieses Detox-Wasser kombiniert die entgiftenden Eigenschaften von Wildkräutern mit der Kraft der Zitrone, um deinen Körper zu unterstützen und mit wichtigen Nährstoffen zu versorgen. Es hilft nicht nur dabei, deinen Körper zu entgiften, sondern schmeckt auch erfrischend und belebend. Probiere es aus und genieße die Vorteile dieses natürlichen und gesunden Morgengetränks.

Zutaten

- eine Handvoll frisch gesammelte oder gekaufte Wildkräuter (zum Beispiel Brennnessel, Löwenzahn, Gänseblümchen, Vogelmiere, Sauerampfer)
- 1 Biozitrone
- 2 l stilles oder leicht sprudelndes Wasser

Zubereitung

- Die Wildkräuter säubern. Wenn du Brennnesseln verwendest, leg sie auf ein Tuch, bedecke sie mit Stoff und geh mit einem Nudelholz darüber, um die Brennhaare zu brechen.
- Die Zitrone gut waschen und in dünne Scheiben schneiden.
- Wildkräuter und Zitronenscheiben in eine große Glaskaraffe oder einen Krug geben. Das stille oder leicht sprudelnde Wasser darübergießen. Die Mischung vorsichtig umrühren, um die Aromen zu verteilen.
- Die Detox-Mischung für mindestens 2 Stunden ziehen lassen, damit sich die Aromen entfalten können.
- Das Wasser vor dem Trinken nochmals umrühren und in Gläser oder Flaschen abfüllen.
- Genieße dieses erfrischende Wildkräuter-Detox-Wasser den ganzen Tag über. Du kannst es morgens auf nüchternen Magen trinken oder als gesunden Durstlöscher zwischendurch verwenden.

DIY: Bienenwachstücher – Nachhaltige Frischhaltefolie selbst gemacht

Bienenwachstücher sind eine umweltfreundliche Alternative zu Plastikfolie und eignen sich hervorragend, um Lebensmittel frisch zu halten. Sie bestehen aus Stoff, Bienenwachs und Jojobaöl. Hier ist eine einfache Anleitung, wie du deine eigenen Bienenwachstücher herstellen kannst, um sie dann im ganzen Jahreslauf zu nutzen.

Materialien

- Stoff (Baumwollstoffe oder Leinen)
- Backpapier
- Backblech
- Bienenwachsperlen oder Bienenwachsplatten
- Jojobaöl
- Pinsel oder Tuch zum Verteilen von Wachs und Öl

Anleitung

- Schneide den Stoff in die gewünschten Größen für deine Bienenwachstücher. Du kannst unterschiedliche Größen für verschiedene Anwendungen herstellen, kleine für Snacks oder größere für Schüsseln.
- Heize deinen Ofen auf etwa 85 bis 90 Grad vor. Stelle sicher, dass er nicht zu heiß wird, da Bienenwachs bei zu hohen Temperaturen leicht entflammt.
- Leg ein Backpapier auf das Backblech, um das Wachs aufzufangen und das Blech zu schützen.
- Leg den zugeschnittenen Stoff auf das Backblech.
- Verteile gleichmäßig Bienenwachs und Jojobaöl über den Stoff. Du kannst die Mischung nach Bedarf anpassen. Je mehr Wachs du verwendest, desto klebriger wird das Tuch. Je mehr Jojobaöl du hinzufügst, desto geschmeidiger wird es.
- Schiebe das Backblech in den vorgeheizten Ofen und lass das Wachs schmelzen. Dies dauert etwa 5 bis 10 Minuten.

- Nachdem das Wachs geschmolzen ist, nimm das Backblech aus dem Ofen. Verwende einen Pinsel oder ein Tuch, um das geschmolzene Wachs und das Öl gleichmäßig über den Stoff zu verteilen. Stelle sicher, dass der Stoff vollständig damit bedeckt ist.
- Lass die Tücher an der Luft trocknen, bis das Wachs vollständig ausgehärtet ist. Dies dauert etwa 10 bis 15 Minuten.
- Die selbstgemachten Bienenwachtücher sind jetzt einsatzbereit. Verwende sie, um Lebensmittel einzupacken oder Schüsseln abzudecken. Die Wärme deiner Hände hilft dabei, die Tücher zu formen und an Lebensmittel oder Behälter anzupassen.
- Nach Gebrauch kannst du die Tücher mit kaltem Wasser und mildem Spülmittel abwaschen. Vermeide heißes Wasser, da dies das Wachs schmelzen kann. Die Tücher können mehrfach verwendet werden und halten mehrere Monate bis zu einem Jahr.

Wildkräuter-Oxymel

In den tiefen Wäldern und auf den sonnenbeschienenen Wiesen offenbart sich uns die wahre Schatzkammer der Natur. Hier finden wir jene heilsamen Kräuter und Blumen, die seit jeher die Essenz der Erdung und Heilung in sich tragen. Herstellen können wir damit auch ein Oxymel, ein antikes Elixier der Gesundheit, das die heilenden Kräfte von Wildkräutern, Honig und Apfelessig kombiniert. Es kann als Verdauungstonikum und zur Stärkung des Immunsystems verwendet werden. Es ist ein Tropfen Lebenskraft von Mutter Natur, eingefangen in einem Glas. Dieses Elixier ruht geduldig, als würde es auf den richtigen Moment warten, um uns an seine zeitlose Weisheit zu erinnern.

Wenn wir uns dem Oxymel nähern, nähern wir uns gleichzeitig den uralten Geheimnissen der Erde. Es sind die wilden Kräuter und Pflanzen, die ihre Wurzeln in den Boden graben und ihre Blätter der Sonne entgegenstrecken, um die Energie der Natur einzufangen. Diese Kräuter, die in einem Glas mit Honig und Essig zum Oxymel verschmelzen, sind nicht nur Heilmittel, sondern auch Botschafter der Verbindung mit der Erde.

Wenn du das Glas öffnest und das Oxymel kostest, spürst du die Energie der Erde, die auch durch deine Adern fließt. Du nimmst die vitalisierende Präsenz der Wildkräuter wahr, die von Generation zu Generation überlieferte Weisheit, die in ihren Blättern und Blüten ruht. Mit jedem Schluck wirst du an die heilende Verbundenheit mit der Natur erinnert, an die tiefe Verbindung zwischen Mensch und Erde.

Das Oxymel ist mehr als nur ein Elixier. Es ist eine Reise zurück zu unseren Wurzeln, zu einem Zeitpunkt, als wir noch eins waren mit der Natur. Es ist ein Erwachen der Sinne, ein kostbares Geschenk aus der Tiefe der Wälder und Wiesen. Wenn wir es genießen, sind wir nicht nur Konsumenten, sondern auch Teilhaber an der ewigen Geschichte der Erde und ihrer Heilkraft. Es erinnert uns daran, dass die Natur immer bereit ist, uns zu umarmen und zu heilen, wenn wir uns ihr öffnen.

Wildkräuter-Oxymel

Dieses Oxymel ist nicht nur lecker, sondern auch voller gesunder Nährstoffe aus den Wildkräutern. Es kann dazu beitragen, deine Verdauung zu unterstützen, dein Immunsystem zu stärken und dich mit der Kraft der Natur zu verbinden.

Zutaten

- eine Handvoll frische Wildkräuter (zum Beispiel Löwenzahn, Gänseblümchen, Brennnesseln, Himbeerblätter)
- 1 Tasse Apfelessig
- 1 Tasse flüssiger Honig

Zubereitung

- Beginne damit, die frischen Wildkräuter zu säubern. Du kannst eine Mischung aus verschiedenen Wildkräutern deiner Wahl verwenden, je nach Geschmack und Verfügbarkeit.
- Schneide oder zupfe die Kräuter grob klein und leg sie in ein sauberes verschließbares Glas oder Einmachglas.
- Gieße den Apfelessig darüber und gib den erwärmten Honig in das Glas. Verschließe es fest mit einem Deckel.

- Schüttle das Glas, damit sich die Zutaten gut vermischen. Stell es an einen kühlen, dunklen Ort und lass es für etwa 2 bis 4 Wochen ziehen. Du kannst das Glas gelegentlich schütteln, um die Inhalte zu durchmischen.
- Nach der Ziehzeit gieße das Oxymel durch ein feines Sieb oder ein Tuch, um die festen Kräuterreste zu entfernen. Nun kannst du die Mischung in eine saubere Flasche abfüllen.
- Dein Wildkräuter-Oxymel ist jetzt einsatzbereit. Du kannst es als Verdauungstonikum einnehmen, indem du täglich einen Esslöffel vor den Mahlzeiten verdünnt in Wasser trinkst. Es ist auch eine großartige Zutat für Salatdressings oder eine erfrischende Zugabe zum Mineralwasser.

Seedbombs

Das Sammeln von Samen im Herbst und ihre sorgsame Bewahrung bis zum Frühling ist eine wundervolle Möglichkeit, sich mit der Natur zu verbinden und aktiv an der Schaffung einer lebendigeren und farbenfroheren Umwelt teilzuhaben. Es ist ein Akt der Achtsamkeit und Liebe für die Natur, der uns die Schätze der Pflanzenwelt näherbringt und gleichzeitig unsere Rolle als Hüterinnen und Hüter dieses fragilen Ökosystems betont.

Diese gesammelten Samen sind wie kleine Schätze, die darauf warten, im kommenden Frühling wieder in die Erde gelegt zu werden. Sie sind die Verkörperung des Lebenszyklus der Pflanzen, die in den warmen Monaten wuchsen und Nachkommen in Form winziger Samenkörner hinterlassen. Diese Samen bergen das Potenzial für neue Blüten, Blätter und Früchte und tragen die genetische Vielfalt der Pflanzenwelt in sich.

Im Februar ist ein guter Zeitpunkt, um die Samen vorzubereiten, damit sie in den folgenden Monaten in die Erde gegeben werden können. Seedbombs sind dabei eine herrliche Vorgehensweise: Kugeln voller Samen, die wir überall draußen in die Erde legen können. Seedbombs sind kleine Kugeln voller Leben, die in sich die Kraft der Veränderung tragen. Sie sind nicht nur eine Möglichkeit, unsere Liebe zur Natur auszudrücken, sondern auch ein Werkzeug der Verschönerung und der

Renaturierung von Lebensräumen. Mit den kleinen Samenbündeln in der Hand haben wir die Chance, die Welt um uns herum aktiv zu gestalten und einen nachhaltigen Beitrag zur Erhaltung der Artenvielfalt zu leisten.

Diese kleinen handgefertigten Kugeln sind wie magische Helferlein, die wir überallhin mitnehmen können. Ihr besonderer Vorteil liegt in ihrer Einfachheit und Effektivität. Sie benötigen keine aufwändige Pflege oder teure Ausrüstung. Alles, was sie brauchen, ist ein geeigneter Ort, um sich zu entfalten, und ein wenig Wasser. Die Seedbombs erfordern keine grünen Daumen oder speziellen Gartenkenntnisse. Sie sind für jeden zugänglich, unabhängig von Alter oder Erfahrung.

Der Vorteil von Seedbombs liegt auch darin, dass sie das Setzen von Samen spielerisch und kreativ gestalten. Sie bringen Spaß und Freude in den Prozess des Pflanzens und schaffen eine Verbindung zur Natur, die weit über das einfache Aussäen hinausgeht. Seedbombs sind wie kleine Geschenke, die wir der Erde überlassen, in der Hoffnung, dass sie uns im Frühling mit einer Vielfalt von Farben und Formen belohnen wird.

Wenn wir die Kugeln überall dort fallen lassen, wo sie gebraucht werden könnten, verankern wir unsere Träume von einer blühenden und lebendigen Welt in der Realität. Wir erinnern uns daran, dass wir, selbst in kleinen Gesten, Großes bewirken können. Wir schenken der Natur unsere Liebe und Aufmerksamkeit und erhalten dafür die wunderbare Möglichkeit, ihre Schönheit in all ihrer Pracht zu erleben. Seedbombs sind damit nicht nur Kugeln voller Samen, sondern auch Kugeln voller Hoffnung und positiver Veränderung.

DIY: Seedbombs für mehr Natur und Farbe

Die Herstellung von Seedbombs ist eine einfache und schöne Art, sich noch tiefer mit der Natur zu verbinden. Es ist ein Akt der Achtsamkeit und Fürsorge, der langfristig positive Auswirkungen auf die Welt um uns herum haben kann. Ich liebe dieses kleine DIY, das auch Gemeinschaft mit anderen Menschen stiften kann.

Materialien

- Tonpulver (in Gartengeschäften oder online erhältlich)
- Blumenerde oder Komposterde
- Samen von Wildblumen, Kräutern oder Pflanzen, die in deiner Region heimisch sind und Bienen und Schmetterlinge anziehen
- Wasser

Anleitung

- Mische den Ton und die Erde in einer Schüssel im Verhältnis 3:1 (drei Teile Erde, ein Teil Ton). Das ergibt eine gute Konsistenz für deine Seedbombs.
- Füge die Samen hinzu und vermische sie gut mit der Ton-Erde-Mischung. Achte darauf, dass die Samen gleichmäßig verteilt sind.
- Füge nach und nach Wasser hinzu und knete die Mischung, bis sie eine gleichmäßige, formbare Konsistenz hat. Sie sollte sich leicht zu Kugeln formen lassen, ohne auseinanderzufallen.
- Forme kleine Kugeln aus der Mischung, jede etwa so groß wie eine Walnuss. Drücke sie fest zusammen, damit sie gut halten.
- Lass die Seedbombs an einem warmen, trockenen Ort für einige Tage trocknen. Sie sollten fest werden, aber nicht steinhart.
- Nun sind deine Seedbombs bereit für den Einsatz. Verteile sie an den Orten, die du verschönern möchtest – auf brachliegenden Flächen, in Parks, entlang von Straßenrändern oder sogar in deinem eigenen Garten.

Denke daran, dass das Wachsen und Blühen Zeit braucht. Die Samen in den Seedbombs werden im Frühling oder Sommer keimen und dann zu prächtigen Pflanzen heranwachsen. Du wirst mit einer farbenfrohen Blütenpracht belohnt, die Bienen, Schmetterlinge und Menschen gleichermaßen erfreut.

Februar-Affirmationen

- »Ich bin tief verwurzelt wie die Schneeglöckchen, die trotz des Winters tapfer und standhaft blühen.«
- »Wie die Kraniche, die im Februar ihre Rückkehr in den Norden ankündigen, spüre ich die Energie des Wandels und der Erneuerung.«
- »Ich fühle mich sicher und geborgen wie die Schlüsselblumen, die ihre Wurzeln tief in die Erde hineinwachsen lassen.«
- »Ich lasse mich von der Schönheit der Natur im Februar inspirieren und finde Frieden und Ruhe in ihrer Energie.«
- »Ich bin dankbar für die Geschenke des Februars und erkenne die Fülle und den Reichtum, die das Leben zu bieten hat.«
- »Ich bin fest in meinem Glauben und meiner Überzeugung verankert, wie die Kraniche, die jedes Jahr ihren Weg zurückfinden und mir zeigen, dass ich auch in schwierigen Zeiten meinen Weg finden kann.«

Dinge, die du im Februar verinnerlichen darfst

Wertschätzung des Winters: Nimm dir bewusst Zeit, um den Winter zu würdigen und die Schönheit dieser Jahreszeit zu erkennen. Achte auf die einzigartige Atmosphäre, die Ruhe und Stille, die Möglichkeit des Rückzugs und der inneren Einkehr. Verbinde dich mit dem Zyklus der Natur und dem Prozess des Loslassens und der Erneuerung, der im Winter stattfindet.

Dankbarkeit für das Positive: Nutze den Februar, um dankbar zu sein für das Positive in deinem Leben. Übe dich darin, bewusst die kleinen Freuden und Erfolge wahrzunehmen und zu schätzen. Fokussiere dich auf das Gute, das dir bereits widerfahren ist, und nimm dir Zeit, um dir selbst und anderen dafür zu danken.

Achtsamkeit für das Element Luft: Im Februar steht das Element Luft im Vordergrund. Sei achtsam für die frische Luft, atme bewusst ein und aus und spüre, wie sie dich belebt und erfrischt. Nimm die Leichtigkeit und Klarheit der Luft in dich auf und lass sie dich inspirieren, deine Gedanken und Gefühle zu klären.

Pflege deines Körpers: Gib deinem Körper im Februar besondere Aufmerksamkeit. Nimm dir Zeit für regelmäßige Bewegung, Dehnübungen oder Yoga, um deinen Körper zu stärken und zu pflegen. Vergiss nicht, ausreichend zu trinken und dich gesund zu ernähren, um deinem Körper die notwendige Energie zu geben.

Verbindung mit Pflanzen: Nutze die Gelegenheit, dich mit den Pflanzen des Februars zu verbinden. Betrachte die Blüten des Schneeglöckchens, die ersten Krokusse, die ihre Köpfe aus der Erde recken. Nimm ihren Duft wahr, beobachte ihre Schönheit und spüre die Energie des Wachstums und der Erneuerung, die sie repräsentieren. Lass dich von ihrer Kraft inspirieren und verbinde dich mit der Natur.

Diese Dinge helfen dir dabei, bewusst im Moment und dankbar zu sein und deine Verbindung zur Natur und zu dir selbst zu stärken. Nutze diese Zeit der Achtsamkeit, um dich zu erden, zu wachsen und zu pflegen. Lass dich von der Ruhe und Schönheit des Februars inspirieren und trage diese Achtsamkeit in alle kommenden Tage.

Erdungsmeditation für den Februar

Setze dich an einen ruhigen Ort, an dem du ungestört bist. Schließe deine Augen und atme tief ein und aus, während du langsam in die Entspannung sinkst. Spüre, wie sich deine Gedanken beruhigen und dein Körper zur Ruhe kommt.

Nun, in diesem Zustand der inneren Ruhe, visualisiere eine alte Frau, die vor dir steht. Sie strahlt eine Ruhe und Weisheit aus, die dich sofort beruhigen. Ihre Augen sind wie Fenster zur Seele und laden dich ein, mit ihr zu gehen. Du erhebst dich und folgst ihr in einen zauberhaften Wald, in dem gerade die ersten Blumen ihre Blüten öffnen.

Die Farben und Düfte dieses Waldes umgeben dich und du spürst, wie sie deine Seele berühren und dich mit Freude und Glück erfüllen. Die zarten Blumen scheinen dir zuzulächeln, als ob sie dir ihre Energie schenken möchten. Du atmest tief ein und fühlst, wie diese Energie in dich strömt, dich auflädt und erfrischt.

Gemeinsam geht ihr weiter und kommt zu einem imposanten Baum. Die Frau sagt dir, dass du dich mit diesem Baum verbinden sollst. Du legst deine Hand auf den warmen Stamm und spürst, wie die Energie des Baumes durch deine Hand in dich hineinfließt. Du fühlst dich ruhiger und ausgeglichener, als ob du ein Teil des Waldes selbst wärst. Dieser Baum schenkt dir Kraft und Stabilität.

Eure Reise führt euch weiter zu einer Lichtung, auf der eine starke braune Bärin sitzt. Sie symbolisiert das Loslassen und den Übergang vom Winter zum Frühling. Die weise Frau lädt dich ein, auf die Bärin zuzugehen und sie sanft zu umarmen. Als du die Bärin ganz ohne Angst umarmst, spürst du, wie du dich von alten Lasten trennst. Du schaffst Platz für Neues und fühlst dich leichter und freier.

Plötzlich hörst du die Vögel, die erwachen und die Melodie des herannahenden Frühlings singen. Die weise Frau lädt dich ein, mit den Vögeln zu singen und das Neue zu begrüßen. Du spürst, wie sich dein Herz öffnet, und du beginnst, die Melodie des Übergangs in den Frühling hinein zu summen. Dein Summen und Singen wird wie das der Vögel in den nächsten Tagen immer lauter werden.

Während du auf der Lichtung stehst und den Vögeln lauschst, spürst du die Verbindung zur Erde. Du fühlst ihre Kraft und Energie, die dich stabilisiert und erdet. Du atmest tief ein und aus und du fühlst dich vollkommen im Einklang mit der Natur.

Dein Blick wandert sanft über das frische, grüne Gras, das dich umgibt, und du bemerkst die wunderschönen gelben Schlüsselblumen, die überall wachsen. Du atmest noch tiefer ein und verbindest dich in deinem Ausatmen mit dem gelben Himmelsschlüssel. Während du mit der Schlüsselblume mitschwingst, spürst du ihre sanfte Energie und ihre Fähigkeit, dich zu heilen und zu erneuern. Sie schenkt dir Verbindung zur Natur und zum Göttlichen in dir.

In den sanften Tönen des Waldes und dem Gesang der Vögel fühlst du dich getragen. Die Frau lächelt dich an und führt dich weiter durch den Wald. Gemeinsam erreicht ihr einen klaren, ruhigen Bach, dessen Wasser in der Wintersonne glitzert. Die Frau lädt dich ein, dich niederzusetzen und deine Hände in das klare Wasser zu tauchen.

Als deine Hände das Wasser berühren, spürst du, wie alle Sorgen und Belastungen des Alltags von dir abfallen und vom Bach fortgetragen werden. Du fühlst dich gereinigt und erfrischt, als ob du in einem heiligen Strom gebadet hättest.

Ihr setzt eure Reise fort und gelangt zu einem kleinen Feld, auf dem Veilchen in zarten Farben blühen. Die weise Frau ermutigt dich, zu den Veilchen zu gehen und ihren lieblichen Duft einzuatmen. Diese zarten Blumen symbolisieren Heilung und Erneuerung. Du spürst, wie ihre Energie deine Sinne belebt und dich innerlich heilt.

Schließlich erreicht ihr einen Platz, an dem sich wieder leuchtend gelbe Schlüsselblumen in voller Pracht zeigen. Die weise Frau erklärt, dass diese Blumen für das erwachende Leben stehen, für Wachstum und das langsame Erwachen der Natur. Du nimmst ihren Anblick in dich auf und fühlst, wie sich ein Gefühl der Lebendigkeit und der Hoffnung in dir ausbreitet.

Die weise Frau lächelt erneut und nimmt dich in ihre Arme. Du spürst ihre Liebe und Weisheit, die sie großzügig mit dir teilt. Du fühlst dich erfüllt von den Geschenken der Natur, von Reinigung, Wachstum, Heilung und dem erwachenden Leben.

Gemeinsam kehrt ihr zurück, indem ihr denselben Weg durch den Wald geht. Die Bilder und Empfindungen dieser Reise bleiben in deinem Herzen und begleiten dich ab jetzt im Alltag. Du öffnest langsam deine Augen und kehrst zurück, erfrischt, gestärkt und im Einklang mit der Natur und deiner inneren Weisheit.

Möge dich die Magie dieser Reise weiterhin begleiten und dich an die Schönheit und Kraft der Natur erinnern, die immer da ist, um dich zu unterstützen und zu heilen.

Mögest du glücklich sein, wie ein Baum tief verwurzelt in Mutter Erde, immer genährt von ihren Gaben. Mögest du dich aufrichten wie die zarten Blumen, die sich der Sonne entgegenstrecken, voller Freude und Leichtigkeit. Mögest du glücklich sein, im Einklang mit den Wesen dieser Erde, in tiefer Liebe zu allem Leben.

Deine Rebecca

Danke

Ich danke dem Süßgras in meinem Garten, das mich auf meiner Reise durch dieses Buch geleitet und unterstützt hat.

Ich danke meinen Seelenpflanzen. Der täglichen Verbindung mit der Liebe und Inspiration, die durch Kakao in mir geweckt wurde. Der Präsenz der Engelwurz, der Wildrosen, des Mädesüß, des Frauenmantel, des Lavendel, der Schafgarbe und des vielen Klees und der Gänseblümchen. Ich danke all den Kräutern und Blumen, die um mich herum wachsen und einfach immer da sind. Ich danke euch, ihr Bäume, die ihr immer wieder euer unterirdisches Geflecht ausstreckt und mich in eure tiefe Verwurzelung einbezieht.

Ich danke den Vögeln in meinem Garten, die sich immer zum richtigen Zeitpunkt gezeigt haben. Danke, Spatzen. Danke, Amseln. Danke, Elstern. Danke euch, ihr drei Eichelhäher. Danke, Rotspecht. Danke, Grünspecht. Danke, Buntspecht. Danke, Rotkehlchen. Danke, Meise. Danke, Blaumeise. Danke, Nachtigall. Danke, Sperber. Danke, Krähen. Danke, Tauben. Danke, Gänse, Schwäne und Kraniche. Danke, dass ihr da seid!

Danke an all die Eichhörnchen und ein besonderes Dankeschön an das Hörnchen, das mir stetig die grünen Nüsse auf den Tisch legte und für den Impuls im Frühling da war.

Ich danke all den Insekten. So viele Grashüpfer und Ohrenkneifer waren da, so viele Spinnen und Schmetterlinge. Mein Herz wird warm, wenn ich an all die Bienen denke, die um mich herum sind. An die Melodie des Bienenschwarms, die schon hörbar war, viele Tage bevor sie zu mir gekommen sind. An all die kuscheligen Wildbienen, die den ganzen Jahreslauf bestimmen, mir sagen, dass der Frühling da ist, und die letzten tiefschwarzen Holzbienen, die noch bis in den Herbst hinein um mich herum waren.

Ich danke all den Pflanzen und Baum-Devas, die mir so wohlgesinnt sind. Danke, dass ihr alle immer, immer, immer mit mir seid. Ich fühle mich aufgefangen, geliebt und getragen.

Ich danke Mutter Erde für ihre Melodie, die sie schenkt, und ihre Worte.

Ich danke meiner Freundin Vivi. Danke für dein stetiges Fragen und Dasein, deine Worte und deine Liebe. Ich danke all meinen Freundinnen, die immer da sind, wenn ich sie brauche. Danke, Alexandra, fürs Immer-wieder-Raum-Halten. Love you! Danke, liebe Olivia, für dein Zuhören und deine immer wieder klaren Worte. Paula & Sarika & Vivi, ich empfinde so viel Liebe für euch.

Ich danke dir Johannes, denn du hattest die Eingebung, dass ein Buch zum Thema »Grounded« in die Welt muss. Ohne deine Idee und das gemeinsame mit Stella auf die Suche gehen und mich finden, würden wir alle dieses Buch nun nicht in den Händen halten.

Ich danke dir liebe Stella, du bist ein Geschenk für mich und ich möchte auch jedes weitere Buch mit dir machen, denn wir sind solo verbunden, und mittlerweile verstehen wir uns fast blind. Ohne dich und dein Gespür würde es dieses Buch nicht geben, denn du hast uns miteinander verwoben. Deine Ruhe, dein Vertrauen, dein Zuhören, dein Strahlen, deine Freude und deine Liebe, all das war so wichtig für den Prozess des Buches. Danke, du Schatz!

Ich danke meiner Lektorin Diane für das aufmerksame Lektorieren, die immer wieder so guten Fragen! Und die liebevollen Worte zu den Inhalten, die mich immer wieder erreichten.

Ich danke dir, meiner Schwester Lisi für das schöne Bild vom Schmetterling im Korn auf der Diestel im August. Du bist der sanfteste, liebevollste Mensch den ich kenne. Danke, dass auch dein Auge für den besonderen Moment hier seinen Platz gefunden hat.

Voller Liebe und Sanftmut danke ich meinen Kindern, Laéna und Nael. Ohne euch wäre mein Leben nicht so bunt, so schön, so präsent und diesem Buch würde auch so Einiges fehlen. Du meine liebe Laéna hast so viele Fotos gemacht auf denen ich drauf bin und es gibt wirklich niemanden, der mich so voller Liebe und authentisch fotografiert wie du mein Schatz, du bist mit all deinem Sein und dem in die Welt gehen, ein großes Geschenk für all jene die mit in Verbindung gehen. Ich danke dir dafür – ich liebe dich so sehr. Du mein lieber Nael, hast mit mir gemeinsam Aquarelle gemalt für dieses Buch, es waren wertvolle gemeinsame Stunden und ich bin immer wieder berührt von deiner Feinsinnigkeit, es war für dich völlig klar, dass du mir helfen möchtest also hast du einen Kranich für den Impuls im Februar gemalt. Ich danke dir – ich liebe dich sooo sehr.

Durch eure Geburten habe ich überhaupt erst gelernt, mich tief in den Schoß von Mutter Erde hinein zu verbinden. Heute lebe ich, an jeder Hand ein Kind, tief verwoben und voller Liebe. Wir haben uns mal wieder in diesem Leben verabredet, schweben gemeinsam durch die Welt. Danke, dass ihr einfach genauso seid, wie ihr seid. Danke für die Ruhe, die ihr schenkt, danke für die Aufmerksamkeit, die ihr gebt, danke für all eure Liebe, die ihr in die Welt tragt.

Ich danke mir.
Ich danke dir fürs Lesen und In-Verbindung-Gehen.

Meine Angebote für dich

Wenn du mit mir in Verbindung gehen und mehr aus meiner Welt entdecken möchtest, dann gibt es viele Möglichkeiten für dich:

Meinen ganzheitlich naturverbundenen weiblichen Ansatz mit schönen Kursen, astrologischen Updates, Naturrezepten und allem rund um Connecting with your Female Wisdom and embrace your own Power findest du hier:
www.rebeccalina.com

Alles rund um das nachhaltige Leben mit Kindern mit wirklich sehr vielen wertvollen Impulsen, Rezepten und DIYs findest du dort, wo alles angefangen hat:
www.elfenkindberlin.de

Für tägliche Impulse findest du mich auf Instagram unter

- elfenkindberlin: www.instagram.com/elfenkindberlin/
- Rebecca Lina: www.instagram.com/rebeccalina_awake/
- Podcast: Rebecca Lina – awake and embrace your own power & love

Meine Kräutertees und Räuchermischungen gibt es bei mir auf der Website und hier: www.kraeuterkontor.de

Wenn du Biopflanzen für deinen Garten kaufen möchtest, dann schau mal hier:
www.bio-kraeuter.de

Und hier findest du die Meditationen dieses Buches als Audio:
www.penguin.de/lina-grounded

Register